제4판

관광산업 회계학원론

유희경 · 원철식 · 김수정 공저

백산출판사

제4판을 내면서

관광산업은 단일산업으로 세계 최대의 산업이며 세계 최고의 고용산업으로 평가되고 있다. 21세기 대표적인 산업으로 성장한 관광산업이 세계 경제에 미치는 영향력이 커짐에 따라 세계 각국은 관광산업 발전에 많은 관심을 가지게 되었으며, 관광산업은 국가의 경제적 영향뿐만 아니라 사회, 문화, 환경 등 제 부문에 있어서 미치는 영향과 효과가 매우 크다. 최근 급속히 확대되고 있는 주5일 근무제의 도입은 관광산업에 또 다른 도전을 안겨주고 있다. 관광은 여가시장에서 가장 각광을 받는 분야이다. 국제경제의 개방화에 따라 관광은 국가간 교류 증진을 통해 서로 다른 문화에 대한 이해를 제고하는데 기여할 뿐만 아니라 경제발전을 활성화하는 촉매제 역할을 하고 있다. 현대사회가 고도 산업사회로 전환되면서 관광부문도 하나의 독립산업으로 부각되고 있으며, 국가경제에 기여도가 높은 고부가가치산업이라는 인식이 높아지고 있다.

관광산업의 양적인 성장과 더불어 합리적인 경영관리활동을 위하여 회계정보의 산출과 이용의 중요성은 더욱더 커지고 있다. 관광산업을 위한 회계시스템도 큰 틀에서는 일반적인 회계제도와 다를 것이 없다. 다만, 관광산업의 특성에 의하여 이용하는 용어나 세정과목명칭, 계정의 분류 등이 다를 수 있다. 우리의 정치·경제·사회·문화 환경이 변화를 거듭하고 있는 것과 같이 회계기준도 이에 따라 변하고 있다. 이러한 변화를 반영하고 회계기준의 개정을 반영하고자 제4판을 내게 되었다.

본 교재는 크게 3가지 부분으로 분류할 수 있다. 첫째 회계시스템과 재무제표에 대한 기본적 개념이며, 둘째는 재무제표를 구성하는 요소인 자산, 부채, 자본, 수익, 비용에 대한 회계처리이고, 마지막은 재무제표의 작성과 해석에 대한 부분이다. 그러므로 본 교재는 관광경영학, 호텔경영학 또는 외식경영학을 전공으로 하는 학생들을 위하여 관광기업의 회계시스템을 이해하기 위하여 가장 기본적이라고 판단되는 내용만을 포함하도록 하였다.

특히 우리의 기업회계기준이 종전의 기업회계기준에서 기업회계기준서로 대치되면서 많은 회계처리방법이 변화하였다. 이에 따라 제4판에서는 기업회계기준서에서 규정하고 있는 내용들을 수록하였으며, 미국의 호텔업회계기준인 USALI(Uniform System of Accounts for the Lodging Industry)의 내용과 비교하면서 설명하였다.

본 교재는 2002년 7월 초판을 내면서 12장으로 구성되었던 내용이 2004년 2월 개정판에서는 제13장으로, 이번 제4판에서는 제14장으로 확대되었다. 다만, 분량을 400쪽 정도에 맞추도록 하여 중요하다고 판단되는 내용만을 포함하도록 하였다. 이번 제4판에서는 결산을 제6장에서 제11장으로 배열했으며, 제1장의 관광산업의 개요를 업그레이드하였다. 또한 본 교재는 호텔, 외식업, 여행사 등 관광산업을 예로 들어 이해를 높일 수 있도록 하였다. 그럼에도 불구하고 관광경영학도들이 다른 과목에 비하여 회계과목을 어렵다고 느끼는 것이 보편적이라 여전히 걱정이 된다. 관광기업의 운영을 위하여 여타 과목들과 마찬가지로 회계과목도 중요한 부분을 차지하기 때문에, 독자들이 어렵다는 생각을 지우고 집중하여 학습한다면 좋은 학습효과를 얻을 수 있을 것으로 기대한다.

강의를 담당하시는 교수님들께서는 16주를 기준으로 한다면 모든 장을 소화할 수 있을 것이나, 시간이 부족하거나 양이 많다고 판단되는 경우에는 제8장과 제14장의 내용을 우선적으로 생략할 수 있을 것이다.

아직도 충분히 정리되지 못한 내용들은 독자들의 아낌없는 지적과 조언을 받아들이고 계속된 수정과정을 통하여 보다 좋은 교재가 되도록 노력할 것이다. 본 교재의 제4판이 출간될 수 있도록 배려해주신 백산출판사의 진욱상 사장님과 복잡한 수정작업을 정성껏 하여주신 편집부 여러분께 깊이 감사드린다.

2013년 7월

저 자

차 례

Chapter 02 | 회계시스템의 기초(Ⅰ)

Chapter 03 | 회계시스템의 기초(Ⅱ)

Chapter 04 | 거래의 기록

Chapter 05 | 손익계산

Chapter 06 | 자산계정(Ⅰ): 유동자산

Chapter 07 | 자산계정(Ⅱ): 비유동자산

Chapter 08 | 자산계정(Ⅲ): 유가증권

Chapter 09 | 부채계정

Chapter 10 | 자본계정

Chapter 11 | 결 산

Chapter 12 | 기타의 재무제표

Chapter 13 | 재무제표분석

Chapter 14 | 외화환산회계 · 프랜차이즈회계 · 호텔영업부문회계

Chapter | 부 록

CHAPTER | 01

관광산업의 개요

1.1 관광산업의 정의

1.2 관광산업의 특성

1.3 관광산업의 종류

1.4 관광환경 변화

1.5 우리나라 관광산업의 현황

1.6 관광산업회계기준

01 관광산업의 개요

관광산업이란 관광객에게 다양한 서비스를 제공하는 영업의 총체를 말한다. 관광산업의 가장 중요한 영역은 이동을 위한 운송업, 숙박을 위한 호텔업, 여행서비스를 중개하는 여행업, 그리고 식사를 위한 외식업이다. 본 장에서는 관광산업의 정의, 특성, 종류 및 현황을 살펴보고 관광산업을 위한 회계기준을 학습하고자 한다.

1.1 관광산업의 정의

관광산업은 나라마다 산업분류체계가 서로 다르기 때문에 국제적으로 통일된 관광산업의 정의나 통계상의 분류체계가 명확하게 정비되어 있지 않다. 다만, 세계관광기구(The Unites Nations World Tourism Organization : UNWTO)나 경제협력개발개구(Organization for Economic Cooperation and Development : OECD) 등에서 관광부문에 관한 정의, 기준, 범위를 설정하여 제시하고 있다.

세계관광기구에서는 관광부문을 관광경제와 관광산업으로 구분하고 있는데, 관광경제는 여행수요로 인한 직·간접적 효과로 규정하고 있으며 이 중 직접적인 효과만을 산출한 것을 관광산업으로 정의하고 있다. 우리나라 관광진흥법에서는 관광산업(tourism industry)이란 "관광객을 위하여 운송, 숙박, 음식, 운동, 오락, 휴양 또는 용역을 제공하거나 그 밖에 관광에 딸린 시설을 갖추어 이를 이용하게 하는 업"으로 여행업, 관광숙박업, 관광객이용시설업, 국제회의업, 카지노업, 유원시설업, 관광편의시설업으로 관광사업의 종류를 분류하고 있다.

관광의 기업활동을 관광산업 또는 관광업이라고 하며 이는 서비스업이며 무형의 수출산업이다. 산업분류상 관광산업을 분류하는데 있어 관광산업을 하나의 산업으로 보기 어렵다는 견해와 관광활동을 증진시키기 위해 직접 재화 및 서비스를 제공하기 때문에 하나의 산업으로 인식해야 한다는 상반된 의견이 제시되고 있다. 그러나 다수의 관광대국들의 경우 세계관광시장의 규모가 급성장함에 따라 그 중요성을 인식하여 관광산업을 하나의 산업으로 분류하고 있다.

한편, 관광산업은 사적 관광산업과 공적 관광산업으로 구분할 수 있다. 사적 관광산업이란 다양한 관광욕구에 대응하여 관광객에게 직접적으로 재화와 서비스를 제공하는 직접적인 관광사업과 관광객에게 간접적으로 편의를 제공하는 간접 관광사업을 말한다. 또한 공적 관광산업이란 대외적으로 국제친선 및 관계 개선을 위하는 것이며, 대내적으로는 외래관광객 유치를 통한 외화획득과 건전한 국민관광을 도모하는 등 공익을 위한 관광사업을 추진하는 것이다.

1.2 관광산업의 특성

관광산업은 관광지의 기후 조건, 교통의 편리성, 관광지의 유형, 관광자원의 질 및 개발 상황 등 공급측면에서의 경쟁요소뿐만 아니라 시장규모, 물류비용, 인력공급 등 경영측면에서의 여건과 관광객의 수준, 소비성향 등 관광수요 측면의 질에 따라서도 크게 영향을 받는 산업이다. 이러한 관광산업의 특성을 설명하면 다음과 같다.

1 서비스성

관광산업은 서비스 산업으로 단순히 유형의 상품만을 고객에게 제공하는 것이 아니라 무형의 인적 서비스를 함께 제공하는 산업이다. 그러므로 인적 서비스에 대한 의존도가 기타 산업보다 높으며 이로 인해 여러 기업들이 매출액의 30~40%에 해당하는 금액을 종업원의 임금이나 급료, 기타 복리후생비로 지출하고 있다.

2 복합성

관광산업은 관광객의 욕구를 충족시켜주는 다양한 업종 즉 여행업, 숙박업, 음식업, 교통업, 오락업 등을 포함한 복합 산업의 성질을 지니고 있다. 또한 관광산업은 정부 및 지방자치단체 등과 같은 공적기관과 민간기업이 복합적으로 구성되는 조직상의 복합성을 띠고 있는 것이 그 특성이라고 할 수 있다.

3 입지의존성

관광산업은 관광자원(tourism resource)을 기반으로 하고 있으며 상품의 생산·판매·소비가 동시에 일어나기 때문에 입지 의존성이 매우 높다. 따라서 관광산업은 관광지의 유형, 관광지의 기후 조건, 관광지로의 접근 용이성 등의 지리적 의존도가 높은 것이 그 특성이다.

4 변동성

관광산업은 정치·경제·사회·문화 등의 변화에 따라 지대한 영향을 받는다. 특히 관광산업은 국제적인 성격을 띠고 있기 때문에 국제 정치정세, 경제변동과 불황 및 주요 관광객 공급국가의 경기변동 등에 따라 영향을 쉽게 받는다. 따라서 관광산업을 발전시키기 위해서는 이러한 변동 요인들에 대한 지속적인 관찰 및 적극적인 대처가 필수적이라 하겠다.

5 계절성

관광산업은 성수기와 비수기가 뚜렷한 산업이다. 연중 여행이 휴가철인 6~8월에 집중되어 성수기를 이루고, 특히 겨울철에는 여행의 빈도가 줄어 비수기를 이루는 현상을 보인다. 특히 휴양지 호텔의 경우 관광성수기와 비수기에 수요와 공급의 불균형 문제가 심각하게 제기되고 있다.

6 공익성 및 기업성

관광산업은 관광사업자가 기업인으로서 이윤만을 추구하는 것이 아니라 국위선양과 상호 이해를 통한 국제친선의 증진, 국제문화의 교류, 세계평화의 기반구축 등의 공익성도 함께 추구하는 산업이다. 뿐만 아니라 외화획득과 경제발전, 국제무역의 증신, 소득효과, 고용효과, 지역사회개발 등의 경제적 파급효과가 매우 큰 산업이다.

7 다각성

관광산업은 자연·문화·사회·교육·경제·무역·정치·역사·지리 등 그 관련 분야가 광범위할 뿐만 아니라 다각적인 성격을 띠고 있다. 따라서 관광산업에 종사하는 사람은 관련 분야의 지식을 갖추어 고객의 요구에 부응할 수 있어야 하며 또한 국제수준에 맞는 감각과 교양을 갖추어야 한다. 특히 관광산입 종사자들은 관광산업의 다각적인 측면을 보다 잘 이해하여 고객에게 최상의 서비스를 제공하기 위해 영어, 일어 등의 외국어 능력을 갖추고 있어야 한다.

1.3 관광산업의 종류

관광산업은 크게 5개 부문으로 구분되는데 숙박산업, 운송사업, 식음료사업, 쇼핑사업, 기타 여행이나 관광에 관련되는 사업이나 각종 행사 등으로 구성되어 있으며 이들 사업은 여행자들에게 각종 제품과 서비스를 제공한다. 관광진흥법에서 관광사업을 여행업, 관광숙박업, 관광객이용시설업, 국제회의업, 카지노업, 유원시설업 및 관광편의시설업으로 나누고 있으며 그 내용을 살펴보면 다음과 같다.

1 관광숙박업

관광숙박업은 호텔업과 휴양 콘도미니엄업의 2가지로 나누어지며 호텔업은 "관광객의 숙박에 적합한 시설을 갖추어 이를 관광객에게 제공하거나 숙박에 딸리는 음식 · 운동 · 오락 · 휴양 · 공연 또는 연수에 적합한 시설 등을 함께 갖추어 이를 이용하게 하는 업"으로 관광호텔업, 수상관광호텔업, 가족호텔업, 한국전통호텔업, 호스텔업의 5종이 있다. 휴양 콘도미니엄은 "관광객의 숙박과 취사에 적합한 시설을 갖추어 이를 그 시설의 회원이나 공유자, 그 밖의 관광객에게 제공하거나 숙박에 딸리는 음식 · 운동 · 오락 · 휴양 · 공연 또는 연수에 적합한 시설 등을 함께 갖추어 이를 이용하게 하는 업"으로 규정하고 있다.

2 여행업

"여행자 또는 운송시설 · 숙박시설 · 그 밖에 여행에 딸리는 시설의 경영자 등을 위하여 그 시설 이용 알선이나 계약체결의 대리, 여행에 관한 안내, 그 밖의 여행 편의를 제공하는 업”으로 일반여행업, 국외여행업, 국내여행업의 3종이 있다.

3 관광객이용시설업

“관광객을 위하여 음식・운동・오락・휴양・문화・예술 또는 레저 등에 적합한 시설을 갖추어 이를 관광객에게 이용하게 하는 업”이나 “대통령령으로 정하는 2종 이상의 시설과 관광숙박업의 시설 등을 함께 갖추어 이를 회원이나 그 밖의 관광객에게 이용하게 하는 업”으로 전문휴양업, 종합휴양업(제1종, 제2종), 자동차야영장업, 관광유람선업(일반관광유람선업, 크루즈업), 관광공연장업, 외국인전용 관광기념품 판매업의 6종이 있다.

4 국제회의업

“대규모 관광수요를 유발하는 국제회의(세미나・토론회・전시회 등을 포함)를 개최할 수 있는 시설을 설치・운영하거나 국제회의의 계획・준비・진행 등의 업무를 위탁받아 대행하는 업”으로 국제회의시설업과 국제회의기획업의 2종이 있다. 국제회의시설업은 대규모 관광수요를 유발하는 국제회의를 개최할 수 있는 시설을 설치・운영하는 업이며 국제회의기획업은 대규모 관광수요를 유발하는 국제회의의 계획・준비・진행 등의 업무를 위탁받아 대행하는 업이다.

5 카지노업

1994년 8월 3일 관광진흥법 개정안에 의하여 관광산업으로 전환되어 신설된 카지노업은 “전문 영업장을 갖추고 주사위・트럼프・슬롯머신 등 특정한 기구 등을 이용하여 우연의 결과에 따라 특정인에게 재산상의 이익을 주고 다른 참가자에게 손실을 주는 행위 등을 하는 업”을 말한다.

6 유원시설업

“유기시설(遊技施設)이나 유기기구(遊技機具)를 갖추어 이를 관광객에게 이용하게 하는 업”으로 종합유원시설업, 일반유원시설업, 기타유원시설업의 3종이 있다.

7 관광편의시설업

종전의 관광지정시설업이 변경된 것으로 “관광진흥법 제1호부터 제6호까지의 규정에 따른 관광사업 외에 관광 진흥에 이바지할 수 있다고 인정되는 사업이나 시설 등을 운영하는 업”으로 관광유흥음식점업, 외국인전용유흥음식점업, 관광식당업, 시내순환관광업, 관광사진업, 여객자동차터미널시설업, 관광펜션업, 관광궤도업, 한옥체험업, 외국인관광 도시민박업의 11종으로 구분되어 있다.

위의 관광진흥법상의 분류는 관광산업을 민간업체 중심으로만 분류하였을 뿐만 아니라 항공업체를 관광산업으로 보지 않는 문제점이 있다. 따라서 보다 포괄적으로 관광산업을 살펴보면 다음의 3가지 구성 요소로 크게 나누어 설명할 수 있다.

1) 직접공급부문(direct providers)

항공사, 호텔, 운송업, 여행사, 음식업, 기념품점 등이 이 부문에 속한다. 이 부문의 사업체는 오로지 여행자들만을 위해 존재하는 것이 아니지만 그들이 공급·생산하는 제품이나 용역을 여행자들이 직접 사용한다는 점에서 직접공급부문이라고 한다.

2) 서비스보조부문(support services)

위에서 언급한 직접공급부문을 보조하는 기능을 맡은 분야로 여행전문잡지, 음식재료공급자, 전문경영대행회사, 관광연구기관 등이 있다.

3) 관광개발기관부문(developmental organizations)

관광계획을 수립 및 집행하는 자, 정부기관, 개발업자, 교육 및 훈련기관 등을 말한다.

1.4 관광환경 변화

1 경제환경 변화

글로벌 금융위기 이후의 경제 회복을 위한 정책적 노력이 세계 각국에서 이루어짐에도 불구하고, 계속되는 유럽 재정위기 우려와 미국 신용강등 위협, 국제 금융시장 불확실성의 지속으로 세계경제의 저성장 기조는 쉽게 해결되지 않을 것으로 보인다. 주요 국가들에서는 이에 따른 수출 둔화, 물가 급등, 금융자산 부실화 등의 경제 불안 요인을 안정화하고, 경제회복 및 신성장동력 확보를 통한 지속적 성장 기반을 마련하려는 노력들이 이루어지고 있다.

이에 선진국을 비롯한 세계 각국에서 관광산업을 '고부가가치를 창출하는 복・융합 산업'으로서 국가 전략산업으로 조명하는 움직임이 나타나고 있다. 2011년 주요 경제대국의 관광장관들이 참석한 제3차 T20장관회의에서는 글로벌 경제위기를 극복하는 경제 활성화 전략으로서 관광산업의 중요성을 제기하였다. 또한 국가 간 관광교류 활성화가 공공 교류 및 타 산업분야의 상호협력 증진에 기여하는 점에서 관광산업이 국가경제에 미치는 효과가 상당한 것으로 인식되고 있다.

세계관광기구(UNWTO)에 따르면 2011년 해외관광객 규모가 작년보다 4.4% 증가한 9억 8천만 명을 기록하였고, 2011년 국제관광수입은 전년에 비해 3.8% 증가한 1.03조 달러를 기록하면서 사상 처음으로 1조 달러를 넘었다. 상반기 유럽시장을 비롯하여 국제 관광시장은 긍정적인 기조를 형성하였으나, 하반기에는 주요 선진국들이 향후 재정건전화를 위한 재정긴축계획을 발표하여 상반기에 비해 다소 낮은 성장세를 보였다. 유럽의 경우 유로존 경제위기에도 불구하고 2011년 유럽의 국제 관광수입은 4,634억 달러를 기록했고, 아시아 태평양 지역 2,894억 달러, 국제관광객 수는 2억 1천 6백만 명을 기록하였다. 또한 남아시아와 동남아시아 모두 지역 내 수요 강세의 혜택을 얻은 반면, 동북아시아 및 오세아니아는 비교적 약한 성장을 보였는데, 이는 일본 해외 여행시장의 일시적 성장률 감소에 기인한 것으로 보인다. 세계여행관광협회(WTTC)는 2011년의 전반적인 경제 상황의 영향으로 세계 관광시장의 성장률은 예측했던 수치보다 다소 낮았지만, 장기적으로는 10년간 4% 이상으로 유지될 것이라고 예측하여, 경제 활성화 전략으로서 관광산업의 잠재 역량은 앞으로도 주목될 것으로 보인다.

2 사회환경 변화

주 40시간 근무제 확대에 따른 국민들의 생활양식 변화는 사람들에게 금전적·시간적 여유를 갖게 하였고, 여행·레저산업의 수요를 증가시켰다. 가족동반의 여가활동이 늘어났을 뿐만 아니라, 20~30대의 자유여행(FIT) 수요가 급격히 증가하여 FIT여행이 관광시장의 새로운 트렌드로 자리잡았다. 단순히 보고 즐기는 여행이 아니라 직접 체험하는 참여여행에 대한 관심이 커지면서 체험학습 관광·녹색관광·스마트관광·레저관광 등 다양하고 차별화된 관광활동에 대한 수요가 증가하였다. 관광과 여행을 통해 삶의 의미를 되돌아보고, 관광활동을 통해 개인의 삶의 질과 지역사회의 발전을 추구하는 '지속가능한 관

광활동'에 대한 관심이 증대되었고, 캠핑, 승마, 요트 등 아웃도어 레크레이션 활동에 대한 관심도 높아졌다.

공정여행에 대한 소비자의 인식이 확산되었고, 소비자가 주도하여 자신의 관광경험을 활용한 관광상품을 만들어내는 창조 관광사업의 발굴과 육성 노력이 이루어지고 있다. 소비자의 다양한 관광수요를 충족하고, 관광행태의 다변화 속에서 차별화된 상품 제시를 통해 다양한 소득계층의 관광객을 수용하고, 의료관광, 크루즈관광, MICE관광 등 고부가가치를 창출하는 특화시장 개척이 이루어지고 있다. 또한 국제 스포츠 행사, F1 코리아 그랑프리, 국제영화제 등 대형 이벤트 개최로 문화·체육·관광교류가 확대되는 추세이다.

3 기술환경 변화

모바일 인터넷을 통해 언제 어디서나 현장의 정보를 수집하고 이용할 수 있는 모바일 시대가 본격화되었고, 특히 스마트 기기의 사용이 전국민적으로 확산되고 있다. 이에 정보제공 방식이 전통적인 형태에서 디지털 형태로 변환되었으며, 소셜네트워크 서비스·클라우드 서비스 등 다양한 방법을 통한 정보교환 기술이 발전하였다.

새로운 기술이 소비자 개인의 접근 방식을 확대시키면서 여행의 행태에도 영향을 주었다. 모바일과 인터넷 환경을 기반으로 관광객들이 시간과 장소에 구애받지 않고 정보를 공유하는 여행행태가 새로운 트렌드로 자리잡았다. 특히 이러한 서비스는 자신만의 관심이나 취미에 맞는 테마를 정해서 이동하는 개별관광객(FIT)들이 서비스 수요를 증가시켰다. 이에 따라 관광업계에서도 FIT 관심 테마를 활용한 온·오프라인 마케팅, 뉴미디어 통합 마케팅을 실시하고 있다.

한국관광공사에서는 기존의 '대한민국 구석구석 캠페인'에 스마트폰, SNS를 접목한 소비자 참여형 마케팅으로 국내여행 촉진 캠페인을 확대 실시하고 전략적 관광소재를 발굴, 홍보하는 등 다양한 사업을 전개하였다. 2011년 2월에는 '대한민국 구석구석' 애플리케이션을 선보여 소비자들이 스마트폰으로 편리하고 유용하게 여행정보를 접할 수 있도록 하는 등 뉴미디어를 활용한 통합 마케팅 커뮤니케이션 체계를 구축하여 활용하고 있다.

4 기후환경 변화

2011년도는 일본 대지진, 태국 홍수, 미국 토네이도와 허리케인, 뉴질랜드 지진, 칠레 화산폭발 등 자연재해가 많은 한 해였다. 특히 3월 일본 대지진과 원전사고로 인한 방사능 유출로 나리타를 포함한 일본행 노선을 일시 운휴하는 항공사가 늘어났으며, 이후에도 여행 안전 우려로 한국을 비롯한 동북아시아 방면 외래관광객 증가세가 위축 분위기로 전환되기도 하였다. 자연재해의 발생과 중·장기적 기후변화 문제의 중요성에 대한 인식이 국제적으로 확산되면서, 환경 보존과 생물 다양성 보존을 위한 국제적인 공조 노력이 이루어졌다. 2011년 UNWTO 관광총회에서는 '지속가능 관광의 이념 확산'이라는 슬로건 아래, 환경을 생각하는 관광산업과 전 세계 동반성장을 위한 관광산업의 역할에 대해 논의하였다.

또한 세계여행관광협회(WTTC)는 더반에서 열린 국제기후 변화협상(International Climate Change Negotiations)에서 현지 협정 완료의 여부와는 관계없이, 여행 및 관광산업이 지속가능한 성장을 이루고 전 세계에 수백만의 새로운 고용을 창출할 수 있도록 기여하는 기후변화정책을 개발할 것을 각국 정부에 촉구하는 공식성명을 발표하였다. 각국 정부에서는 관광산업 분야의 저탄소 성장 정책의 필요성을 조명하고, 환경문제에 대한 공감대를 형성하는 등 국제사회의 공조 노력이 이루어지고 있다.

1.5 우리나라 관광산업의 현황

우리나라의 2012년 3월 31일 기준 여행업은 14,397개, 관광숙박업 903개, 관광객이용시설업 316개, 국제회의업 437개, 카지노업 15개, 유원시설업 327개, 관광편의시설업 3,654개 사업체로 전국 총 20,049개의 사업체를 가지고 있다.

우리나라의 관광산업의 외래 관광객 및 관광수입에 관한 국내관광동향은 경제성장에 따른 소득증대로 국내관광은 물론 국제관광도 괄목할 만한 발전을 이룩하였다.

1 외래 관광객 및 해외관광객

관광부문 중 국제관광을 중심으로 살펴보면 우리나라를 방문한 외래 관광객은 1988년 올림픽을 계기로 200만 명을 넘어선 이래 지속적으로 증가하여 1991년에 300만 명, 1998년에 400만 명, 2000년에는 500만 명, 2005년에는 600만 명, 2009년에는 700만 명, 2010년에는 879만 명, 2011년에는 979만 명, 2012년에 1,110만 명에 달해 1,000만 명 외래 관광객시대가 도래하였다.

그리고 내국인의 해외여행은 1989년 해외여행자유화가 시행되면서 처음으로 100만 명을 돌파하였고, 이후 급속히 증가하여 1996년과 1997년에는 400만 명을 넘어섰다. 1998년 내국인의 해외여행은 우리 경제의 외환위기 여파로 약 300만 명 수준으로 격감하였으나 1999년부터 다시 증가하기 시작하여 2000년에는 500만 명, 2005년에는 1,000만 명, 2010년에는 1,249만 명, 2011년에는 약 1,269만 명에 달하고 있다.

2 관광수입 및 지출

외래관광객에 의한 우리나라의 관광수입은 1985년 이전까지는 10억 달러(U$) 미만이었으나 1986년에는 15억 달러를 기록하였다. 이후 우리나라의 외래관광수입은 크게 증가하여 1995년 이후 50억 달러대를 유지하였으며, 2010년 100억 달러를 넘어섰으며, 2011년도는 약 122억 달러, 2012년도는 141억 달러에 이르고 있다.

한편 우리나라의 해외관광지출은 해외여행자유화 조치로 인해 1989년 이후 급속히 늘어났는데, 1988~97년 기간 중 해외관광지출액의 연평균 증가율이 28.96%로 크게 증가하였다. 2011년도의 해외관광지출액은 약 150억 달러에 달한다. 또한 1991~97년 기간 중(1993년 제외)에는 관광수지 적자폭이 크게 확대되었으며, 특히 1996~97년에는 각각 10억 달러대의 관광수지 적자를 기록하였다. 이러한 와중에 1997년 말 우리 경제가 외환위기를 맞으면서 관광수지 적자문제가 부각되기 시작하였으나, 1998~2000년의 관광수지는 관광수입 증대 노력에 힘입어 각각 42억 달러, 28억 달러, 6억 달러의 흑자를 기록하였다. 그러나 2001년 이후에는 다시 내국인의 해외여행으로 인한 관광지출이 늘어남에 따라 2007년도에는 약 108억 달러의 최고 적자를 기록하였으며, 이후 감소추세를 나타내 2011년도는 27억 달러의 적자를 기록했다.

3 전망

출입국자의 장기적인 추세를 보면, 우리나라를 방문하는 외래객은 80년대 후반에는 두 자리수의 높은 성장률을 보였으나 90년대에는 연평균 5.6%의 성장을 보인 반면, 90년대 내국인의 해외여행은 연평균 15.6%나 성장함으로써 해외여행이 빠른 증가세를 보이고 있다. 특히 우리 경제가 회복세를 보인 1999년의 경우 내국인의 해외여행이 전년도에 비해 무려 41.6%나 늘어남으로써 급증세를 보였다. 그러나 꾸준히 늘어나던 내국인의 출국자수가 2008년과 2009년도에는 각각 10%와 20% 감소했으며, 2011년도는 1.6% 증가에 그쳤다. 한편 우리나라의 외래객 입국자수와 관광수입을 비교해 보면, 2000년의 경우 입국자수는 전년 대비 14.2% 증가하였으나 관광수입은 오히려 2.8% 감소해 개별 입국자의 소비액이 줄어들고 있다는 사실을 확인할 수 있다.

방한 외래객의 1인당 평균소비액은 1996년의 1,477달러 이후 지속적으로 감소하고 있으며, 2011년도는 1,250달러로 1988년의 1,395달러보다도 낮은 소비액을 보이고 있어 방한 외래객의 소비를 유도하고 촉진시키는 방안을 강구할 필요가 있음을 시사하고 있다.

표 1-1 국내관광동향 (단위 : 백만 달러, 만 명, %)

구분	2006	2007	2008	2009	2010	2011
외래관광객	615(2.2)	644(4.8)	689(6.9)	781(13.4)	879(12.5)	976(11.3)
국민해외여행객	1,160(15.2)	1,332(14.8)	1,199(-10.0)	949(-20.9)	1,249(31.5)	1,269(1.6)
관광수입	5,759(-0.6)	6,093(5.8)	9,719(59.5)	9,782(0.7)	10,321(5.5)	12,247(18.7)
관광지출	14,337(19.2)	16,950(18.2)	14,580(-14.0)	11,040(-24.3)	14,292(29.4)	14,992(4.9)
관광수지	-8,576	-10,856	-4,861	-1,258	-3,970	-2,744

〈자료〉 한국관광공사 관광통계, ( )는 성장률

1.6 관광산업회계기준

오늘날의 회계실무는 "일반적으로 인정된 회계원칙"에 의하여 이루어지고 있다. 일반적으로 인정된 회계원칙(Generally Accepted Accounting Principles: GAAP)이란 회계실무의 지침으로 다수의 권위 있는 전문가에 의하여 합의되고 많은 사람들로부터 광범위하게 받아들여지는 회계기준이다. 가장 대표적인 GAAP는 우리나라의 경우 금융감독위원회에서 제정한 기업회계기준이며, 미국의 경우는 재무회계기준심의회(Financial Accounting Standards Board: FASB)에서 발표하는 보고서(statement)이다.

관광산업의 경우 특별히 관광산업만을 위한 회계기준은 우리나라의 경우 아직 제정되어 있지 않으나, 미국의 경우 호텔업은 뉴욕시의 호텔협회에서 제정하고 미국호텔·모텔협회에서 승인한 USALI(Uniform System of Accounts for the Lodging Industry)가 마련되어 있으며 여행업은 미국여행사협회(American Society of Travel Agents)에서 마련한 여행업 회계 매뉴얼인 TAAP(Travel Agency Accounting Procedure)가 있다. 또한 레스토랑은 전국레스토랑협회(National Restaurant Association)에서 제정한 USAR(Uniform System of Accounts for Restaurants)이 마련되어 있다.

미국의 관광산업 업종별 회계처리기준을 자세히 살펴보면 다음과 같으며 아울러 우리나라의 관광산업 업종별 회계처리기준이 마련되어야 하는 이유에 대해서도 살펴보고자 한다.

1 숙박업 회계처리 기준

미국의 호텔회계는 1926년 3월에 마련된 USAH(Uniform System of Accounts for Hotels)로부터 시작되었다. USAH는 호텔기업의 특성에 맞는 회계기준 마련의 필요성에 따라 뉴욕시의 호텔협회(Hotel Association of New York City)에서 제정한 것이다. USAH는 그간 8번에 걸쳐 개정되었으며 1985년 12월 8차 개정 후 1986년부터 시행되었다. USAH는 1996년 다시 개정되면서 그 명칭이 USALI(Uniform System of Accounts for the Lodging Industry)로 바뀌었으며 미국호텔·모텔협회(American Hotel and Motel Association)에서 승인한 호텔기업의 GAAP로 인정되고 있다.

USALI는 재무제표 작성에 대한 규정을 주로 담고 있으며, 구체적인 회계처리방법은 거의 규정하고 있지 않다. 다만 호텔기업의 특성에 맞추어 재무제표의 양식 등을 통일화하여 규모의 대소나 운영형태의 상이 등에도 불구하고 모든 호텔기업이 적용 가능하도록 하였다.

앞서 언급한 바와 같이 우리나라의 경우는 아직까지 호텔업을 대상으로 한 업종별 회계처리 기준이 마련되어 있지 않은 상태이다. 따라서 호텔회계제도는 통일화되지 못하고 기업마다 상이한 제도를 이용하고 있는 실정이다. 우리나라 호텔회계제도의 적용실태를 살펴보면 다음의 5가지로 분류할 수 있다.

① USALI를 도입하여 채택하고 있는 호텔 : 이런 호텔들은 대부분 외국과의 합작호텔 또는 경영기술도입계약을 체결한 호텔이다.

② 기업회계기준에 따르는 호텔 : 주식회사의 외부감사에 관한 법률의 적용을 받는 외부감사대상 호텔들로 대부분의 국내 호텔들이 기업회계기준을 따르고 있다.

③ USALI와 기업회계기준을 혼용하고 있는 호텔 : 기업회계기준에 따라 회계처리를 하나 USALI에 의한 계정의 분류 및 부속명세서의 작성 등 호텔기업의 특성에 맞도록 수정·보완된 회계제도를 이용하는 호텔들이다.

④ 세법상의 규정에 따르는 호텔 : 소규모의 호텔들로 세법상의 회계처리규정을 주로 채택하는 호텔이다. 소규모 호텔의 경우에는 경영자들이 법인세·소득세의 계산에 지대한 관심을 갖고 있어 회계처리방법을 애초 세법에 맞추고 있다.

⑤ 호텔기업 자체 회계제도를 개발하여 사용하고 있는 호텔 : 특급호텔에서 풍부한 경험 및 실력을 갖춘 회계전문가가 호텔기업특성에 맞는 자체 회계제도를 개발하여 사용하고 있는 경우이다. 이 경우는 신축호텔 등에서 볼 수 있다.

2 여행업 회계처리 기준

대부분의 미국 여행사들은 미국여행사협회(American Society of Travel Agents)에서 마련한 여행업 회계 매뉴얼인 TAAP(Travel Agency Accounting Procedure)에 준하여 회계처리를 하고 있다. 그러나 우리나라의 경우 앞서 언급한 바와 같이 여행업을 대상으로 한 표준화된 회계처리 기준이 마련되어 있지 않아 업체마다 나름대로의 회계처리 방식을 취하고 있다. 이로 인해 업체간의 경영분석이나 타산업과의 비교분석 등이 어려운 상황이다. 이러한 어려운 상황을 조금이나마 극복하기 위해 1997년 한국일반여행업협회에서는 여행업을 대상으로 하는 회계 매뉴얼을 만들었다. 여행업 회계 매뉴얼은 여행업이 갖는 특수성을 고려하여 계정과목 등이 통일되어 있는 표준화된 회계처리 기준이다. 여행업 회계 매뉴얼은 여행업 회계와 여행업 세무로 구성되어 있다. 여행업 회계에서는 여행업 손익계산서와 대차대조표에 관한 내용을 다루고 있으며 여행업 세무에서는 부가가치세법과 기타 세법에 관한 내용을 다루고 있다.

그러나 아직까지 많은 여행사들이 회계처리를 함에 있어 여행업 회계 매뉴얼을 이용하여 직접 회계처리를 하기보다는 개별적으로 공인회계사에게 의뢰하여 경영 성과를 파악하고 있는 실정이다.

3 레스토랑 회계처리 기준

레스토랑 회계처리 기준인 USAR(Uniform System of Accounts for Restaurants)은 미국의 전국레스토랑협회(National Restaurant Association)에서 1958년에 승인되어 만들어진 것으로 그 이후에 여려 차례의 개정 작업을 걸쳤다. USAR(Uniform System of Accounts for Restaurants)은 레스토랑 경영자들로 하여금 공통의 언어를 사용하여 회계 보고서를 작성할 수 있게 함으로써 사업상의 이해가능성과 비교가능성을 가능하게 하였다. 뿐만 아니라 USAR(Uniform System of Accounts for Restaurants)은 제3의 외부정보 이용자로 하여금 레스토랑 운영의 결과인 재무제표를 산업 평균과 비교할 수 있게 함으로써 그들의 원활한 의사결정에 많은 도움을 주었다.

그러나 현재 우리나라는 레스토랑 회계처리 기준이 마련되어 있지 않아 업체마다 나름대로의 회계처리 방식을 취하고 있다.

이상에서 살펴본 바와 같이 관광산업은 그 업종별로 회계처리 기준이 각각 마련되어 있지 않아 기업간의 비교나 국제간의 비교 및 경영 합리화를 위하여 보다 유용한 회계정보를 제공하고 있지 못하는 형편이다. 따라서 관광산업의 거대화 및 발전에 따라 조속히 업종별 회계처리 기준이 마련되어야 할 필요성이 절실하며 그 이유를 보다 구체적으로 살펴보면 다음과 같다.

① 국제간 비교 가능
② 관광산업의 업종별 특성을 고려한 기준 마련의 필요성
③ 관광산업의 국제화 · 거대화에 대비
④ 관광산업 회계실무 담당자를 위한 회계처리 기준의 정립
⑤ 재무제표의 이해가능성 · 비교가능성 증대
⑥ 관광산업내의 관련 기업들의 기업공개 유도
⑦ 경영관리활동에의 정보능력 증대
⑧ 관광산업의 통계 및 연구자료의 통일화
⑨ 정부의 정책수립 및 학계의 연구에 기여

우리가 흔히 관광산업을 굴뚝 없는 산업이라고 부르고 있다. 실제로 IMF 체제 1년째인 1998년 우리나라를 방한한 외래객 입국자수는 전년보다 8.8% 증가한 4,250,216명이었다. 이와 같이 관광산업은 국가가 돌발적 환경변수로 인하여 많은 경제적인 어려움을 겪고 있을 때 오히려 부가가치 생산성을 높임으로써 경제회복에 큰 역할을 수행하였다.

관광산업은 그 특성상 제조업이나 판매업과 같은 산업과는 많은 차이점이 있으므로 관광산업을 더욱 발전시키고 보다 합리적이고 투명한 경영을 위해서는 관광산업 업종별 회계처리 기준이 마련되어야 할 것이다.

연습문제

1 관광산업의 정의에 대해 설명하시오.

2 관광산업의 특성에 대해 설명하시오.

3 관광산업의 종류에 대해 설명하시오.

4 관광숙박업의 종류에 대해 설명하시오.

5 여행업의 종류에 대해 설명하시오.

6 관광편의시설업의 종류에 대해 설명하시오.

7 관광산업 업종별 회계처리 기준의 필요성에 대해 설명하시오.

CHAPTER | 02

회계시스템의 기초(Ⅰ)

2.1 회계의 의의

2.2 회계의 대상

2.3 회계시스템

2.4 회계정보이용자

2.5 회계의 분류

2.6 재무제표

2.7 회계의 이론적 구조

02

회계시스템의 기초(I)

회계시스템은 기업의 재무적 거래를 기록하고 다양한 재무제표를 통하여 그 결과를 이해자집단에게 보고하는 것을 목적으로 한다. 본 장에서는 회계의 목적과 분류를 살펴보고, 회계의 이론적 구조를 형성하는 회계가정, 회계주체, 회계정보의 질적 특성, 회계원칙, 회계절차 등을 학습하고자 한다.

2.1 회계의 의의

본래 회계(accounting)란 용어는 우리말로 "셈"을 뜻한다. 따라서 회계란 '셈한다' 또는 '계산한다'는 말로 나타낼 수 있다. 이 때 셈의 대상, 즉 회계의 대상은 회계주체(기업)의 경제적 활동으로 통상 회계적 사건 또는 거래를 말한다. 따라서 전통적인 회계의 의의는 "기업의 경제적 활동을 화폐단위에 의하여 기록・분류・요약하여 그 결과를 일정한 형식(예 : 손익계산서와 대차대조표 등 재무제표)으로 보고하는 기술"로 파악되고 있다.

그러나 회계에 대한 보다 현대적인 정의는 1966년 미국회계학회(American Accounting Association : AAA)가 발표한 「기초적 회계이론에 관한 보고서(A

Statement of Basic Accounting Theory : ASOBAT)」에서 회계를 "정보이용자가 합리적 판단이나 경제적 의사결정을 하는데 필요한 경제적 정보를 식별・측정・전달하는 과정"으로 정의한 것이다. 즉 회계를 정보이용자(information users)들에게 기업의 재무상태와 변화 등에 대한 정보를 제공하여 의사결정의 유용성을 제고시키는 정보시스템(information system)으로 파악하는 것이다.

따라서 관광산업회계의 의의도 일반적인 회계의 의의와 다를 바 없으며, 다만 회계주체를 관광산업으로 한정한 회계영역일 뿐이다. 그러므로 관광산업회계는 다수의 이해관계자에게 관광산업의 재무정보제공을 통하여 의사결정에 유용하게 이용될 수 있는 정보(useful information)를 제공하여 의사결정의 질(質)을 높이고자 하는 정보의 유용성을 그 목적으로 한다.

2.2 회계의 대상

회계의 대상은 회계주체(본 교재의 회계주체는 기업을 전제하고 있음)의 회계적 사건(accounting events : 이는 거래라고 함)이다. 즉 회계시스템은 회계주체를 중심으로 하여 그 주체의 회계적 사건을 측정하여 보고한다. 여기서 회계주체란 일정한 목표를 설정하여 경제활동을 하고 있는 영리목적의 기업이 그 중심이 된다. 이는 경제활동을 수행하는 다양한 주체 중 기업이 그 규모에 있어 가장 중요한 역할을 수행하며, 경제적 사건의 다양성과 복잡성이 가장 크기 때문이다. 또한 회계적 사건은 통상거래를 의미하는 것으로 회계주체가 외부로부터 자원을 조달하여 재화와 서비스를 생산・판매하여 이익을 분배하는 일련의 활동을 통해 회계주체가 소유하고 있는 자원에 변동을 가져오는 사건이다.

2.3 회계시스템

전통적으로 회계를 기업의 언어(language of business)라고 한다. 즉 회계는 기업정보에 대한 의사소통(communication)의 수단이다. 회계시스템은 회계주체(기업)의 회계적 사건에 따른 재무정보를 식별 · 측정 · 기록 · 분류 · 요약 및 전달하는 시스템이다. 회계시스템의 기본적 기능은 ① 거래의 인식과 측정기능, ② 자료처리와 재무제표작성기능, ③ 재무제표를 통한 회계정보의 보고기능으로 구분할 수 있으며, [그림 2-1]과 같이 나타낼 수 있다.

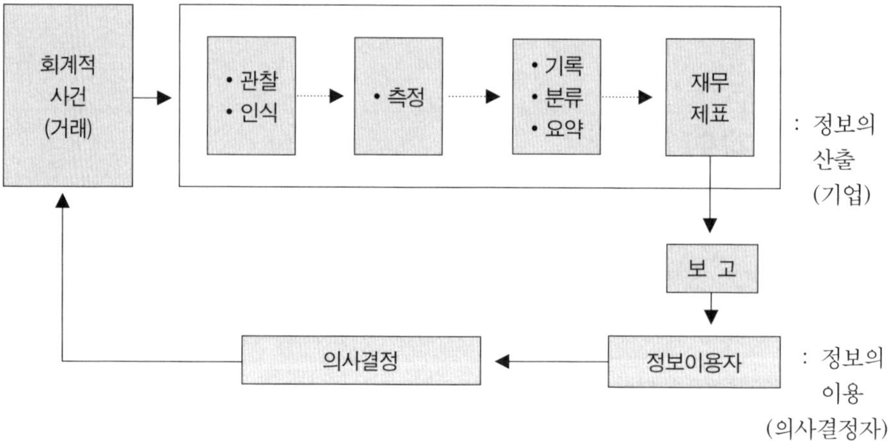

그림 2-1 회계정보시스템

따라서 기업은 정보이용자가 의사결정에 필요로 하는 회계정보가 어떤 것인가를 파악하고, 경제적 사건이 기업의 경제적 상태에 미치는 변화 및 영향의 크기를 측정한 후 이를 정보이용자가 이용할 수 있는 회계보고서(예: 재무제표)에 담아 제공하게 된다. 즉 회계시스템은 회계정보의 산출과 전달을 통하여 정보이용자들의 합리적 의사결정에 기여하도록 한다. 정보이용자가 투자대상이 되는 대체안을 선택할 때 각 대체안에 대한 보상(return)과 위험(risk)을 예측 ·

비교함으로써 최대의 보상을 얻을 수 있는 대체안을 선택하도록 도움을 주는 것이 바로 회계시스템이다.

2.4 회계정보이용자

기업을 둘러싸고 있는 이해자집단이 증가하면서 회계정보에 대한 욕구도 점차 증대되고 있다. 따라서 기업은 다양한 정보이용자(information users)들의 정보욕구를 충족시킬 수 있도록 기업의 재무상태와 경영성과에 관한 정보를 보다 많이 이해하기 쉽게 전달하여야 한다.

회계시스템에 의하여 제공되는 정보는 회계정보이용자에게 유용하며 관련성이 있어야 한다. 회계정보이용자는 크게 내부정보이용자와 외부정보이용자로 구분된다.

1 내부정보이용자

회계정보의 내부정보이용자는 기업의 경영활동에 대하여 책임을 지는 관리자, 경영자를 포함한 모든 종업원들이다. 내부정보이용자는 자신의 부(wealth)의 증대가 아니라 기업 자체(corporation itself)의 부를 증대시키기 위하여 의사결정을 한다. 즉 기업의 관리자나 경영자는 기업목표를 수립하고, 경영활동을 평가하며, 적절한 통제활동을 수행하기 위하여 회계정보를 이용한다. 내부정보이용자를 위한 회계영역을 관리회계(managerial accounting)라고 한다.

2 외부정보이용자

외부정보이용자는 기업의 경영결과에 직접적인 관심을 갖는 외부인으로 주주

· 채권자 · 종업원 · 정부 · 고객 · 지역사회 · 기타 사회단체 등이다. 외부정보이용자는 불특정 다수로서 기업이 제공하는 회계정보를 이용하여 자기 자신의 부를 보다 증대시키기 위해 의사결정을 한다. 외부정보이용자는 기업의 회계책임(accounting responsibility) 대상이 되는 모든 이해관계자집단을 포함한다. 이에 따라 기업에 직접적인 이해관계를 갖지 않는 언론기관, 한국관광호텔업협회 등의 경제단체, 재무분석가, 증권선물거래소, 학자 등도 기업의 회계보고서에 관심을 갖고 있다. 외부정보이용자를 위한 회계영역을 재무회계(financial accounting)라고 하며 그들의 의사결정과정에서 필요 정보를 설명하면 다음과 같다.

1) 투자자

투자자는 특정 기업의 주식이나 사채를 보유하고 있는 현재투자자(present investor)와 미래에 그런 증권을 구입할 가능성이 있는 잠재투자자(potential investor)를 포함한다. 투자자는 보유하고 있는 특정 기업의 주식이나 사채를 팔 것인가의 여부를 결정하기 위하여 그 기업이 만족할 만큼 잘 운영되고 있는가를 판단한다. 또한 특정 기업의 주식 등을 구입하여 소유주가 될 것을 고려하는 경우에도 회계정보를 이용한다. 즉 투자자들은 다수 기업을 대상으로 경영자의 자원활용이나 수탁책임의 이행 정도를 평가하여 수익률이 높은 기업의 주식이나 사채 등에 투자하고자 한다.

2) 채권자

금융기관, 식음재료 및 물품의 납품업자들도 역시 호텔에 대한 신용의 제공여부 및 신용기간의 연장 등과 관련하여 발생될 위험의 평가에 회계정보를 이용한다. 즉 기업의 채무상환능력 판단에 있어 회계정보는 중요하다.

3) 정 부

정부는 기업활동에 따른 이익에 대한 세금의 부과, 운송 운임이나 호텔 서비스의 가격통제, 호텔산업의 육성을 위한 정책수립 및 기타 영업활동 등에 대한 적절한 통제를 위하여 회계정보를 이용한다.

4) 종업원

종업원들은 높은 성과의 달성 및 달성된 성과의 적정한 배분을 위하여 회계정보를 이용한다. 특히 노동조합은 성과의 배분 · 고용의 안정 · 근무환경의 개선 · 종업원의 교육훈련 · 복지시설의 확충 등을 위한 단체협약 및 임금협상을 위하여 회계정보를 이용한다.

5) 소비자

근래에 들어 기업의 서비스 및 상품으로 인한 피해의 예방 및 보상을 통하여 소비자의 권리를 찾으려는 각종 소비자단체가 형성되고 있다. 이들은 적절한 가격 및 품질수준 유지 등을 위하여 회계정보를 이용한다.

6) 지역사회

지역사회단체 및 지역주민들도 위락시설의 조성, 공해와 환경오염의 방지, 지역사회개발, 인근주민의 고용확대, 자연훼손 등 지역사회의 이익추구를 위한 활동을 위하여 회계정보를 활용한다.

2.5 회계의 분류

회계는 [그림 2-2]와 같이 회계주체가 영리를 목적으로 하는 기업인가의 여부에 따라 영리회계와 비영리회계로 구분할 수 있다. 비영리회계(non-profit organization accounting)는 정부, 각종 기금, 학교 등의 비영리단체, 즉 영리를 목적으로 하지 않는 조직에 대한 회계문제를 다루는 영역이며, 영리추구를 목적으로 하는 기업을 위한 영역이 기업회계(accounting for business enterprise)이다.

또한 회계는 회계정보이용자에 따라 재무회계와 관리회계로 구분된다. 재무회계(financial accounting)는 기업외부의 이해관계자들에게 기업의 경영성과나 재무상태를 보고하기 위한 재무제표의 작성 · 전달을 주된 목적으로 하는 분야이다. 반면에 관리회계(managerial accounting)는 기업 자체의 부를 증대시키고자 의사결정을 하는 기업의 관리자들에게 경영관리를 위하여 필요한 회계정보의 산출 · 제공을 주된 목적으로 하는 분야이다.

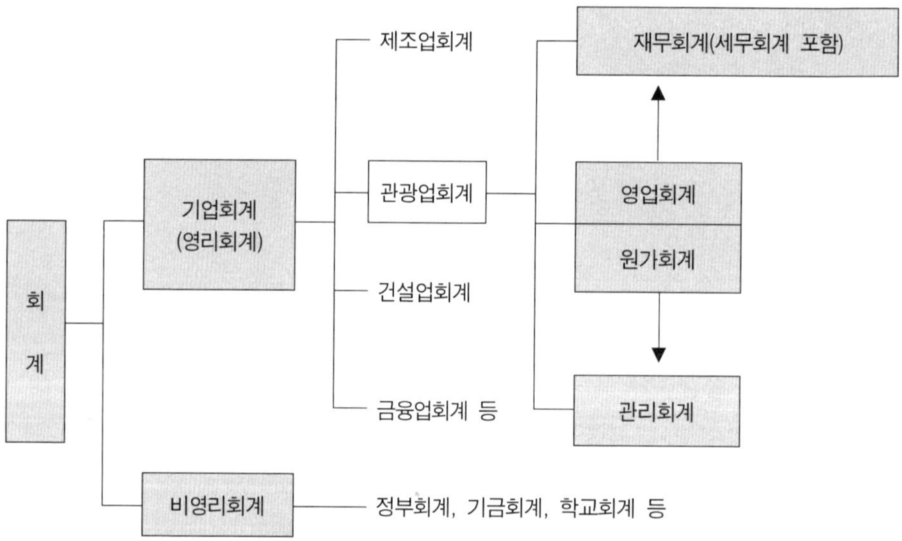

그림 2-2 일반적인 회계의 분류

한편, 재무회계와 관리회계를 연결시켜 주는 분야로 원가회계가 있다. 원가회계(cost accounting)는 원재료를 이용하여 재화나 서비스를 생산함에 소요되는 원가계산을 주된 목적으로 하는 회계영역이다. 특별히 호텔기업의 경우에는 많은 영업부문에서 매일 매시간 지속적으로 용역 및 상품판매가 이루어지므로 개별

영업부문별 활동을 매일매일 종합하는 영업회계(operation accounting)를 별도의 분야로 구분할 수 있다.

또한 재무회계분야 중 정부(세무당국)를 위한 세무회계분야가 있다. 세무회계(tax accounting)는 기업의 소득에 대하여 법인세나 소득세를 과세하게 되는 바, 법인세나 소득세 과세표준과 이에 따라 부담할 세금을 산정하기 위한 회계분야이다. 세무회계는 재무회계가 제공한 회계정보를 기준으로 하여 세법상 세무조정의 절차를 거쳐 과세표준과 부담할 세액을 계산한다.

본 교재는 관광기업에 대한 회계분야 중 재무회계분야의 기초적인 회계원리에 대한 내용만을 다룰 것이다.

2.6 재무제표

1 재무제표의 의의

재무제표(financial statement)란 특정 회계기간 동안 발생한 기업의 재무상태의 변동을 화폐가치로 표시하여 불특정 다수의 정보이용자에게 제공하기 위하여 작성되는 회계보고서이다. 회계의 목적이 정보이용자들의 경제적 의사결정에 유용한 기업실체에 관한 정보를 제공하는 것이라면 재무제표는 이러한 회계의 목적을 달성하기 위한 구체적인 수단이다.

재무제표는 다양한 의사결정자들의 의사결정에 공통적으로 이용될 수 있는 회계정보를 담게 된다. 따라서 재무제표는 일반적으로 인정되는 회계원칙에 의하여 작성되어야 하고, 일정한 형식을 갖추어야 한다. 또한 재무제표는 이사회와 정기주주총회에서 확정된다. 이에 따라 "재무제표가 사실상 확정된 날"은 정기주주총회 제출용 재무제표가 이사회에서 최종 승인된 날을 말한다. 다만, 주주총회에 제출된 재무제표가 주주총회에서 수정되어 승인된 경우에는 주주총회일을 말한다.

2 재무보고의 목적과 재무제표

1) 재무보고와 재무제표

재무보고는 현재 및 잠재 투자자와 채권자가 합리적인 의사결정을 하는데 유용한 정보를 제공하는 것을 목적으로 하며, 재무제표는 재무보고의 핵심적인 수단이다. 투자자와 채권자의 의사결정에 유용한 정보란 기업의 미래현금흐름의 크기, 시기 및 불확실성을 예측하는데 도움을 주는 정보를 말하며, 더 구체적으로는 기업의 재무상태, 경영성과, 이익잉여금처분(또는 결손금처리), 현금흐름 및 자본변동에 관한 정보를 말한다.

또한 경영자는 위탁받은 자원을 보전하고 그 효율적인 운용을 통하여 수익을 창출할 책임뿐만 아니라 이에 대한 결과를 정확히 측정하여 진실하고 투명하게 보고할 회계책임을 가지고 있다. 재무제표는 주주가 경영자의 이와 같은 수탁책임을 평가하는데 도움을 준다.

재무제표는 정보이용자의 경제적 의사결정에 유용한 정보를 제공함에 있어서 과거에 발생한 거래나 사건의 재무적 영향에 관한 정보를 제공하는 데 중점을 두고 있으며, 비재무적 정보를 제공하는데 중점을 두고 있는 것은 아니다. 다만, 주석을 통한 비재무적 정보의 제공이 확대되는 추세이다.

2) 재무제표의 종류

기업회계기준서 제21호(재무제표의 작성과 표시 I)에 의하면 기본적 재무제표는 대차대조표, 손익계산서, 이익잉여금처분계산서(또는 결손금처리계산서), 현금흐름표, 자본변동표로 구성되며, 주석을 포함한다. 재무제표의 명칭으로 앞서와 같이 대표적으로 사용하는 것 대신에 전달하고자 하는 정보의 성격을 충실히 나타내는 범위 내에서 재무상태보고서, 경영성과보고서, 이익잉여금처분보고서(또는 결손금처리보고서), 현금흐름보고서, 자본변동보고서 등의 재무제표의 명칭을 보충적으로 사용할 수 있다. 재무제표에는 재무제표 이용자의 의사결정에 유용할 것으로 판단되는 여러 가지 명세서와 경영자의 분석보고서나 검토보고서 등과 같은 설명자료를 첨부할 수 있다. 다만, 이러한 첨부자료는 재무제표의 범위에 포함되지 아니한다.

한편, USALI는 기본재무제표로 대차대조표(balance sheet), 손익계산서(statement of income), 자본변동표(statement of owner's equity), 현금흐름표(statement of cash flows), 주석(notes to the financial statements)을 포함하고 있어 우리와 달리 이익잉여금처분계산서는 기본재무제표에서 제외하고 있다.

3) 재무제표의 상호관련성

재무제표를 구성하는 대차대조표, 손익계산서, 재무상태의 변동에 관한 보고서는 동일한 거래나 사건의 각각 다른 측면을 반영하므로 서로 다른 정보를 제공하는 동시에 한편으로는 밀접한 상호연관성을 가지고 있다. 따라서 그 중 어느 하나만으로 특정 정보이용자가 필요로 하는 모든 정보를 제공하지 못할 수 있으며, 다른 재무제표와 함께 전체적인 측면에서 이해되어야 한다. 예를 들어, 손익계산서를 분석함에 있어 대차대조표와 재무상태의 변동에 관한 보고서를 동시에 고려하지 않는다면 당해 기업실체의 경영성과를 완전하게 파악하지 못할 수도 있다.

3 재무제표의 분류

1) 작성시기에 따른 분류

① 결산재무제표(closing financial statement) : 공식적인 회계연도의 말인 결산시점에서 작성되는 재무제표이며, 대개 1년 단위로 작성한다.

② 중간재무제표(interim financial statement) : 회계기간 중에 수시로 작성되는 재무제표이며, 반기별 · 분기별 · 월별 재무제표 등이다.

2) 작성대상에 따른 분류

① 개별재무제표(individual financial statement) : 하나의 기업만을 대상으로 작성하는 재무제표이다.

② 연결 및 결합재무제표(consolidated or combined financial statement) : 지배회사와 종속회사 또는 기업집단을 하나의 기업실체로 보고 작성하는 재무제표이다.

3) 대상년도에 따른 분류

① 단일재무제표(single financial statement) : 한 회계연도(one fiscal year)만의 정보를 포함하는 재무제표이다.

② 비교재무제표(comparative financial statement) : 두 회계연도 이상의 정보를 동시에 포함하는 재무제표이며, 대개 당기와 전기를 비교하는 형식으로 작성된다.

4) 작성양식에 따른 분류

① 계정식 재무제표(account form financial statement) : 재무제표를 작성함에 있어서 T계정 양식을 이용한 재무제표이다.

② 보고식 재무제표(report form financial statement) : 재무제표 작성시 항목별 보고양식으로 작성하는 재무제표이다.

4 기업회계기준상 재무제표 작성과 표시의 일반원칙

재무제표는 다양한 이해관계자들의 상이한 의사결정에 공통적으로 유용한 정보를 담을 수 있도록 작성되어야 한다. 이에 따라 재무제표는 통일된 양식으로 작성되어야 한다. 기업회계기준서 제21호에서 규정하고 있는 주요한 재무제표 작성과 표시의 일반원칙은 다음과 같다.

① 재무제표 작성책임 : 재무제표의 작성과 표시에 대한 책임은 경영자에게 있다.

② 계속기업의 전제 : 경영자는 재무제표를 작성할 때 기업의 존속가능성을 평가하여야 하며, 기업이 경영활동을 청산 또는 중단할 의도가 있거나, 경영활동을 계속할 수 없는 상황에 놓인 경우를 제외하고는 계속기업(going concern)을 전제로 재무제표를 작성하여야 한다.

③ 회계정책의 선택 : 기업회계기준에서 회계처리방법을 구체적으로 정하지 않은 거래나 회계사건에 대한 회계정책은 경영자가 다음 사항를 고려하여 결정한다.

* 유사 또는 관련 거래나 회계사건에 대한 기업회계기준
* 재무회계개념체계
* 일관성이 있는 회계관습 및 회계실무

④ 비교재무제표의 작성 : 재무제표는 당해 회계연도분과 직전 회계연도분을 비교하는 형식으로 작성하여야 한다. 비교재무제표는 재무상태 및 경영성과의 기간별 비교가능성을 제고시킨다.

⑤ 항목의 구분과 통합표시 : 중요한 항목은 재무제표의 본문이나 주석에 그 내용을 가장 잘 나타낼 수 있도록 구분하여 표시하며, 중요하지 않은 항목은 성격이나 기능이 유사한 항목과 통합하여 표시할 수 있다.

⑥ 재무제표 항목의 표시와 분류의 계속성 : 재무제표의 기간별 비교가능성을 제고하기 위하여 재무제표 항목의 표시와 분류는 다음의 경우를 제외하고는 매기 동일하여야 한다.

* 기업회계기준에 의하여 재무제표 항목의 표시와 분류의 변경이 요구되는 경우
* 사업결합 또는 사업중단 등에 의해 영업의 내용이 중요하게 변경된 경우
* 재무제표 항목의 표시와 분류를 변경함으로써 기업의 재무정보를 더욱 적절하게 전달할 수 있는 경우

⑦ 재무제표 보고양식 : 재무제표는 이해하기 쉽도록 간단하고 명료하게 표시하여야 하며, 기준서에 예시된 재무제표의 양식을 참조하여 작성한다.

⑧ 재무제표 종류 : 재무제표는 대차대조표, 손익계산서, 이익잉여금처분계산서(또는 결손금처리계산서), 현금흐름표, 자본변동표 및 주석으로 구분하여 작성하며, 다음 사항을 각각 재무제표의 명칭과 함께 기재한다.

* 회사명
* 대차대조표일 또는 회계기간
* 보고통화 및 금액단위

⑨ 금액의 표시 : 재무제표 이용자에게 오해를 줄 염려가 없는 경우에는 금액을 천원이나 백만원 단위 등으로 하여 기재할 수 있다.

5 외부감사제도

기업이 제공하는 재무제표의 신뢰성을 보다 증진하기 위한 사회적 제도로 기업회계기준에 의한 회계처리뿐만 아니라 공인회계사(certified public accountant: CPA)에 의한 외부감사제도를 채택하고 있다. 기업의 재무제표에 대한 감사를 회계감사라고도 한다. 회계감사의 종류는 주식회사의 필수기관 중 하나인 감사(監事)가 행하는 내부감사와 외부의 공인회계사가 행하는 외부감사로 나눌 수 있다.

외부감사는 기업이 작성한 재무제표가 기업회계기준에서 정한 바대로 공정하게(fair) 작성되었는가를 기업과 이해관계가 없는 외부 공인회계사가 검증하고 감사보고서(audit report)를 통하여 의견을 표명하는 제도이다. 회계감사가 종료되면 감사증거를 기초로 회계처리와 재무제표 작성이 어떻게 이루어졌는가에 대하여 다음 4가지 의견 중 하나인 감사의견을 표명하게 된다.

① 적정의견(unqualified opinion) : 재무제표가 기업회계기준에 따라 적정하게 표시되어 있음을 나타내는 의견이다. 감사보고서상 의견문단에서 "적정하게 표시하고 있습니다"라고 기술된다.

② 한정의견(qualified opinion) : 특정한 사실이나 항목을 제외하고 재무제표가 기업회계기준에 따라 적정하게 표시되어 있음을 나타내는 의견이다.

감사보고서상 의견문단에 "~을 제외하고는 적정하게 표시하고 있습니다"라고 기술된다.

③ 부적정의견(adverse opinion) : 재무제표가 전체적으로 기업회계기준에 따르지 못하여 적정하게 표시되지 아니하는 경우에 표명하는 의견이다. 감사보고서상 의견문단에서 "적정하게 표시하고 있지 않습니다"라고 기술된다.

④ 의견거절(disclaimer of opinion) : 감사인이 감사의견을 형성하기에 충분한 증거자료를 검토하지 못하였거나 계속기업에 대한 의문이 드는 경우에 표명하는 의견이다. 감사보고서상 의견문단에서 "감사의견의 표명을 거절합니다"라고 기술된다.

2.7 회계의 이론적 구조

회계의 구조(framework of accounting)는 회계의 전체 구조를 하나의 시스템으로 파악하고 일관된 논리체계를 형성하는 구조적 틀을 말한다. 회계의 이론적 구조는 회계목적을 달성할 수 있도록 이론체계를 구체화하는 모형이며, 회계의 틀이라고도 한다. 회계의 이론적 구조는 회계목적을 달성하기 위하여 다양한 요소들, 즉 회계목적 · 회계주체 · 회계가정 · 회계정보의 질적 특성 · 회계개념 · 회계원칙 · 회계관습 · 회계절차 · 회계실무 등으로 구성되며 일반적인 모형은 [그림 2-3]과 같다.

1 회계목적

회계의 목적은 정보이용자가 경제적 의사결정을 하는데 있어 유용한 정보를 제공하기 위한 것으로 그 구체적인 내용을 미국회계학회의 기초적 회계이론에 관한 보고서(A Statement of Basic Accounting Theory: ASOBAT)와 미국재무회계기준심의위원회(Financial Accounting Standards Board: FASB)의 재무회계 개념보고서(Statement of Financial Accounting Concepts: SFAC)에서 살펴보면 다음과 같다.

미국회계학회의 기초적 회계이론에 관한 보고서(ASOBAT)에서는 회계의 목적을 첫째는 한정된 자원의 이용을 위한 의사결정, 둘째는 기업의 인적 · 물적 자원의 효과적 지휘와 통제, 셋째는 자원의 유지와 보고, 넷째는 사회적 기능의 통제와 촉진을 위한 것으로 정의하고 있다.

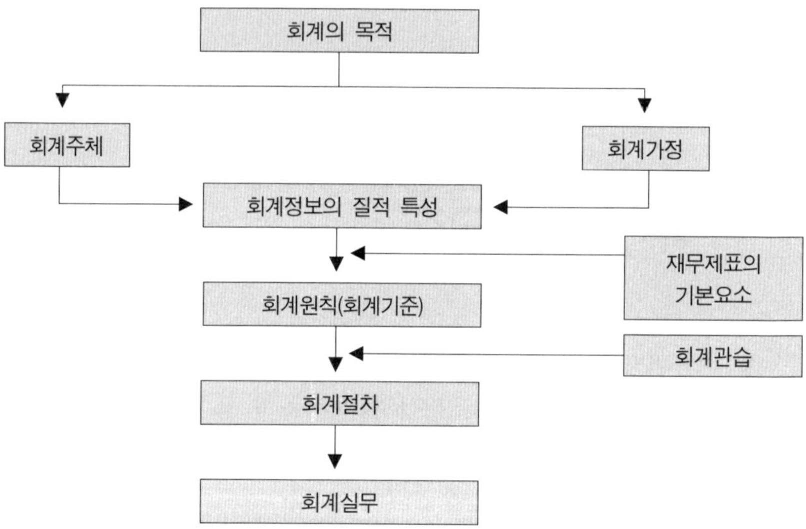

그림 2-3 회계의 이론적 구조

반면, 미국 재무회계기준심의위원회(FASB)의 재무회계개념보고서(SFAC)에서는 회계는 첫째는 투자 및 신용결정에 유용한 정보의 제공, 둘째는 현금흐름 전망을 평가하는데 유용한 정보의 제공, 셋째는 기업의 자원, 채무 및 소유주지분에 관한 정보의 제공을 그 목적으로 한다고 언급하고 있다.

회계목적을 한마디로 요약한다면 "자원의 최적배분(optimal allocation of resources)을 위한 유용한 정보의 제공"이라고 말할 수 있다. 회계는 정보이용자들의 각종 의사결정에 유용한 정보를 측정하여 제공함으로써 개인 · 기업 ·

단체 · 국가 등이 소유자원의 최적 배분활동을 수행할 수 있도록 한다. 그러므로 회계는 단순한 재무적 정보의 기록활동인 부기(bookkeeping)뿐만 아니라 보다 광범위한 정보의 산출, 해석, 이용을 포함하는 넓은 개념이다.

2 회계주체

회계주체는 회계행위에 대한 실질적인 행위자를 말한다. 일반적으로 회계주체는 기업실체(business entity), 즉 기업자신(business itself)을 말한다. 회계주체 이론은 기업실체이론과 자본주이론이 가장 대표적이다.

기업실체이론(business entity theory)은 기업의 모든 이해관계자(예 : 주주, 경영자, 종업원, 채권자 등)로부터 분리되어 독립한 기업 그 자체를 회계의 주체로 보는 견해이다. 즉 회계의 주체는 의인화되어 권리 · 의무를 행할 수 있는 독립적인 기업이다. 현대회계는 기업실체이론을 전제로 한다. 반면에, 자본주이론(proprietorship theory)은 기업은 자본주(주주)의 사유물이기 때문에 회계주체도 자본주로 보고, 회계처리를 자본주 입장에서 행하는 견해이다.

3 회계가정

재무제표는 일정한 가정 하에 작성된다. 회계가정(accounting postulates)은 회계이론을 연역적으로 설명하기 위한 기본적 가정(basic assumption)이며, 회계공준이라고도 한다. 회계가정으로는 기업실체의 가정, 계속기업의 가정, 회계기간의 가정, 화폐단위 측정의 가정 등을 들 수 있다.

1) 기업실체의 가정

기업실체의 가정(postulate of business entity)이란 기업은 기업의 소유주, 경영자 또는 종업원과는 별도로 기업 그 자체가 독립적으로 존재한다는 가정이다. 따라서 기업이 수행하는 경제활동의 기록 · 계산 · 보고 등의 회계업무는 소유주나 종업원의 업무가 아니라 기업 그 자체가 수행하는 업무라는 것이다. 기업을 이와 같이 인식할 때 건물 · 설비 · 비품 등의 자산은 주주나 출자자의 소유가 되지 않고 기업의 자산이 되며, 자본도 기업의 자본이 되는 것이지 출자자나 주주의 자본이 되는 것은 아니다.

예를 들면, 호텔소유주가 소유하고 있는 개인 토지는 호텔조직의 자산에 포함되어서는 안되는 것이다. 뿐만 아니라 기업의 부채도 소유주의 부채와 별개로 보고되어야 한다. 즉 기업의 자산, 부채, 자본 그리고 기업의 거래만이 회계기록되고, 소유주의 개인적인 자산, 부채, 비용 등은 기업의 회계로 기록되어서는 아니된다.

2) 계속기업의 가정

계속기업의 가정(postulate of going concern)이란 회계실체(기업)는 목적과 의무를 이행하기에 충분할 정도로 장기간 존속한다고 가정하는 것이다. 즉 기업실체(기업)는 그 경영활동을 청산하거나 중대하게 축소시킬 의도가 없을 뿐만 아니라 그러한 필요성도 없다고 가정한다. 그러나 이 가정은 기업이 영구적으로 영업활동을 수행할 것이라는 의미는 아니며 의도된 활동, 계약 및 매매계약 등을 수행하기에 충분한 기간동안 안정성과 계속성이 보장된다는 전제이다.

기업을 계속기업으로 파악할 때 기업의 존속기간을 인위적으로 구분하여 회계기록을 마감하고, 일정기간의 경영성과와 일정시점의 재무상태를 파악하여 기업의 이해관계자에게 보고하게 된다. 이와 같은 정기적 회계보고의 필요성 때문에 회계기간의 관습이 발달하여 제도로서 확립되었다. 즉 계속기업의 가정으로부터 회계기간 개념이 정립된 것이다.

3) 회계기간의 가정

회계기간의 가정(postulate of accounting periods)이란 기업의 존속기간을 인

위적으로 구분하여 회계기간을 설정하고 그 설정된 기간에 따라 회계측정과 보고를 행하는 것으로 기간별보고의 가정이라고도 한다. 인위적인 회계기간은 정상영업순환주기(normal operating cycle)가 1년 이상인 경우에는 1년 이상의 기간을 채택할 수도 있으나 대부분 1년을 기준(one year rule)으로 하고 있다. 그러므로 회계담당자는 계속되는 기업의 영업활동을 인위적인 기간으로 구분하는 셈이 되므로 기업의 거래 또는 사건을 특정 회계기간으로 귀속시키는데 있어 적합성을 고려해야 한다.

4) 화폐단위 측정의 가정

화폐단위 측정의 가정(postulate of monetary measurement)이란 기업실체의 경제활동에서 발생하는 거래나 경제적 사건을 화폐단위를 사용하여 측정・보고하는 것을 말한다. 이는 기업실체의 경영활동에서 발생하는 수많은 거래나 사건을 의미있는 정보로 측정・보고하기 위해서는 공통적인 척도가 필요한데, 명목화폐단위를 이러한 공통기준으로 사용한다는 것이다. 화폐단위측정의 전제는 시간의 경과에도 불구하고 화폐가치가 비교적 안정적인 것으로 가정한다. 그러나 극도의 인플레이션이나 기타 사유로 인해 명목화폐단위의 사용이 재무정보의 왜곡을 가져오고 나아가 정보이용자의 의사결정을 크게 오도할 가능성이 있다면 보다 적정한 다른 기준을 고려할 수 있다.

4 회계정보의 질적 특성

회계정보의 질적 특성(qualitative characteristics of accounting information)은 정보이용자들의 의사결정에 유용한 정보가 되기 위하여 회계정보가 갖추어야 할 속성(attributes)을 말한다. 이는 회계정보기준(accounting information criteria) 또는 회계의 질적 기준(accounting quality criteria)이라고도 한다. 회계정보의 질적 특성은 계층적 구조를 이루며 다양한 내용을 포함하는데 이를 상세히 설명하면 다음과 같다.

1) 목적적합성

정보가 유용하기 위해서는 이용자의 의사결정에 목적적합하여야 한다. 목적적합한 정보란 의사결정 시점에서 과거 및 현재 사건의 평가 또는 미래 사건의 결과예측에 도움을 주거나, 과거의 평가를 확인 또는 수정함으로써 이용자의 경제적 의사결정에 영향을 미치는 정보를 말한다. 어떤 정보가 목적적합성(relevance)을 가지기 위해서는 예측가치와 피드백가치 중에서 하나 이상을 충족하고 정보의 적시성이 있어야 한다.

(1) 예측가치와 피드백가치

목적적합한 정보는 미래에 대한 예측능력을 제고시켜 정보이용자의 의사결정에 영향을 미칠 수 있는 예측가치(predictive value)나 과거의 기대치를 확인 또는 수정함으로써 정보이용자의 의사결정에 영향을 미칠 수 있는 피드백가치(feedback value)가 있어야 하는데, 이러한 정보의 예측가치와 피드백가치는 상호 관련이 있다. 보통 회계정보는 예측가치와 피드백가치를 동시에 가지고 있는데, 예를 들면 기업은 중간보고서(interim report)를 통해 연도 말에 나타날 이익을 예측할 수 있을 뿐만 아니라, 동시에 그때까지 이미 나타난 결과치를 피드백하여 종전의 기대치와 비교하여 차이가 있을 때에는 수정할 수 있다.

(2) 적시성

목적적합한 정보는 정보의 적시성(timeliness)을 전제로 한다. 즉 의사결정시점에서 필요한 정보가 제공되지 않는다면 동 정보는 의사결정에 이용될 수 없고 따라서 목적적합성을 상실한다. 이는 적시성 그 자체가 정보를 목적적합하게 하는 것은 아니지만, 적시성 없이는 목적적합성을 논할 수 없음을 의미한다. 그러나 적시성 있는 정보를 제공하기 위해서는 신뢰성을 희생해야 하는 경우가 있으므로, 경영자는 정보의 적시성과 신뢰성 간의 균형을 고려하여야 한다. 예를 들어, 정보를 적시에 제공하기 위해서는 거래나 사건의 모든 내용이 확정되기 전에 보고해야 할 필요가 있다. 이 경우 정보의 목적적합성은 향상되나 신뢰성은 저하된다. 반대로 모든 내용이 확정될 때까지 보고가 지연될 경우 정보의 신뢰성은 제고될 수 있으나, 그 보고시점 이전에 의사결정을 해야 하는 이용자에게는 이미 목적적합성을 상실하여 유용하지 않은 정보가 될 것이다. 따라서 목적적합성과 신뢰성 간의 선택은 이용자의 경제적 의사결정 요구를 최대한 충족시킬 수 있는 방향으로 이루어져야 한다.

2) 신뢰성

정보가 유용하기 위해서는 신뢰할 수 있어야 한다. 신뢰성(reliability) 있는 정보란 그 정보에 중대한 오류나 편의가 없고 객관적으로 검증가능하며, 나타내고자 하는 바를 충실하게 표현하고 있다고 이용자가 믿을 수 있는 정보를 의미한다. 회계정보가 신뢰성이 있기 위해서는 객관적인 자료와 증거에 의하여 공정하게 처리되어야 한다.

어떤 정보가 이용목적에 적합할지라도 그것이 믿을 수 없으며, 또한 신뢰할 수 없을 때에는 목적하는 바의 의사결정을 할 수 없게 된다. 믿을 수 있는 정보가 되기 위해서는 표현의 충실성, 중립성, 검증가능성이 충족되어야 한다.

(1) 표현의 충실성

정보가 신뢰성을 갖기 위해서는 그 정보가 나타내고자 하거나 나타낼 것으로 기대되는 거래나 사건을 사실대로 충실하게 표현하여야 한다. 즉 표현의 충실성(representational faithfulness)이란 회계상의 측정치(또는 설명)와 그 측정치(또는 설명)가 표현하고자 하는 자원이나 사건이 서로 일치하여야 한다는 것이다. 예를 들어, 대차대조표는 대차대조표일 현재 인식기준을 충족시키는 기업의 자산, 부채 및 자본을 구성하는 거래나 사건을 충실하게 표현해야 한다.

(2) 검증가능성

특정 회계정보가 신뢰성을 갖기 위해서는 객관적으로 검증 가능하여야 한다. 검증가능성(verifiability)이란 동일한 경제적 사건이나 거래에 대하여 동일한 측정방법을 적용할 경우, 다수의 서로 다른 측정자들이 유사한 결론에 도달할 수 있어야 함을 의미한다. 이러한 회계정보의 특성은 측정방법의 편의(bias)보다는 측정자의 편의를 감소시킴으로써 향상시킬 수 있다. 예를 들어, 회계정보가 독립된 감사인에 의해 검증되면 회계정보 이용자는 이러한 정보를 보다 신뢰할 수 있을 것이다. 왜냐하면, 경영자는 자신의 이익을 위해 회계정보를 조작하려는 측정자 편의를 가질 수 있지만, 일반적으로 독립된 감사인은 이러한 측정자 편의가 적기 때문이다.

(3) 중립성

중립성(neutrality)이란 재무정보의 결과가 특정 이해관계자에게 유리한 영향을 미쳐서는 안된다는 속성을 말한다. 다시 말하면 정보가 신뢰성을 갖기 위해서는 편의(bias) 없이 중립적이어야 한다는 것이다. 미리 의도된 결과나 성과를 유도할 목적으로 재무제표상에 특정 정보를 선택하여 표시함으로써 정보이용자의 의사결정이나 판단에 영향을 미친다면 그 재무제표는 중립적이라 할 수 없다. 또한 회계정보는 효율적인 자원배분을 유도할 수 있어야 하므로 회계정보를 이용함으로써 발생되는 경제적 효과가 특정 이용자에게 편향되어지는 회계정보를 제공하는 회계기준은 중립적이라 할 수 없다. 따라서 회계정보가 중립성을 유지하기 위해서는 측정방법에 있어 편의를 줄여야 할 뿐만 아니라 회계기준 자체의 신뢰성을 유지하는 것도 중요하다.

3) 비교가능성

비교가능성(comparability)이란 정보이용자로 하여금 두 개의 경제현상 간에 유사성과 차이점을 식별하게 할 수 있는 정보의 자질을 말한다. 특정기업에 관한 어떤 정보가 다른 기업에 관한 유사한 정보와 비교될 수 있거나 동일기업에 있어서 어떤 정보가 다른 기간이나 다른 시점의 유사한 정보와 비교될 수 있다면 그러한 정보는 크게 유용하다고 말할 수 있다.

비교가능성을 얻기 위해서는 모든 기업으로 하여금 동일한 회계방법을 사용하게 하고, 또한 정확히 동일한 양식으로 정보를 보고하도록 하는 것이 최선의 방법이다. 왜냐하면, 예를 들어 재고자산을 후입선출법으로 평가한 경우와 선입선출법으로 평가한 경우 두 개의 금액은 비교가능성을 가지지 못할 것이기 때문이다.

4) 중요성

회계정보의 중요성(materiality)이란 기업환경에 비추어 회계정보의 생략이나 오기 등이 정보이용자의 판단을 달리하게 하거나 또는 그 판단에 영향을 미칠 정도의 크기를 말한다.

중요성은 양적 중요성과 질적 중요성으로 구분한다. 양적 중요성은 금액에 있어서의 중요성을 말하며, 질적 중요성은 금액에 있어서는 무시해도 좋을 만큼 사소한 것이라도 그 사실의 존재 여부가 이용자의 의사결정에 커다란 영향을 미치게 되는 사항들을 말한다. 질적 중요성의 예로 임원 및 주주와의 내부거래, 관계회사와의 내부거래, 재무제표에 영향을 미치는 사항(예: 임원의 공금유용) 등에 대해서는 그것이 비록 금액적으로 사소한 것일지라도 이용자의 의사결정에 중대한 영향을 미치는 것으로 판단될 때에는 이를 어떤 방법으로든지 공시해야 한다.

중요성은 회계정보의 기본적 특성을 회계실무에 적용시킬 때 이론과 실무의 차이를 극복하는 실행의 구체적 기준이 된다.

5) 효율성과 이해가능성

효율성과 이해가능성은 회계정보의 질적 특성이라기보다는 회계정보 제공시의 제약조건이라 할 수 있다.

효율성(efficiency)이란 정보제공에 소요되는 비용이 의사결정자가 정보를 제공받음으로써 얻는 효익보다 작아야 한다는 제약이다. 즉 정보이용자에 대한 정보의 효익(benefits)이 정보를 얻는데 소요되는 원가(costs)를 초과한다면 이러한 정보획득과정은 효율적이라 할 수 있다.

이해가능성(understandability)이란 회계정보를 정보이용자들이 이해할 수 있어야 효용이 있다는 것이다. 아무리 목적적합하고 신뢰할 수 있는 정보라 해도 정보이용자가 이해할 수 없으면 전혀 쓸모 없는 정보가 된다. 따라서 기업이 제공하는 회계보고서는 표준화된 양식에 간결하고 보편성 있는 용어로 작성되어야 정보내용의 이해가능성을 증진시킬 수 있다.

5 회계원칙

회계원칙(accounting principles)은 회계행위를 할 때 준수하여야 할 행위의 지침으로서 회계실무를 이끌어 가는 지도원리이다. 회계원칙은 회계기준(accounting standards)이라고도 한다. 회계원칙은 기업환경의 변화에 따라 변화하는 특성을 가지며 모든 기업에 적용 가능한 보편타당성을 가져야 한다. 회계원칙 중에서도 일반적인 보편타당성을 갖고 다수인의 지지를 받는 원칙을 "일반적으로 인정된 회계원칙(Generally Accepted Accounting Principles: GAAP)"이라 한다.

이 원칙은 다양한 정보이용자의 기본적 정보욕구를 충족시키기 위하여 제공할 정보의 내용과 보고형식 등을 표준화시킨다. 또한 이 원칙은 법령이나 회계관습 등에 의하여 형성된다.

우리나라의 기업회계기준·준칙·해석 및 기업회계기준서 등이 일반적으로 인정된 회계원칙이며 보다 구체적 내용을 살펴보면 다음과 같다.

1) 역사적 원가기준

역사적 원가기준(historical cost principle)은 원가를 회계처리 및 회계보고의 기준으로 하는 원칙이다. 원가란 보통 취득원가(acquisition cost) 또는 역사적 원가(historical cost)를 뜻하는데, 재화 또는 서비스를 취득할 당시의 교환가격

(exchange price) 또는 화폐적 대가(monetary consideration)를 의미하는 것이다. 예를 들면, 자산의 경우 취득시점의 취득원가로 계상되어 처분될 때까지 취득원가가 장부에 기록됨을 의미한다. 역사적 원가는 시간이 경과되어도 취득당시의 원가로 기록되어 평가시점의 시가와는 차이가 있을 수 있다는 비판도 있다. 그러나 취득당시의 원가는 객관적으로 결정되고 후일에도 검증가능하기 때문에 신뢰성이 높다는 장점 때문에 역사적 원가기준이 널리 사용되고 있다.

2) 수익실현의 원칙

수익실현의 원칙(revenue realization principle)이란, 수익은 실현된 시점에서 수익으로 인식하여야 한다는 원칙이다. 수익의 실현은 수익의 획득과정이 거의 대부분 완료(earned)되고, 획득된 수익이 객관적으로 측정가능할 때 일어나게 되는데, 일반적으로 기업이 채택하는 수익실현시점은 판매시점이 된다.

3) 수익 · 비용 대응의 원칙

수익 · 비용 대응의 원칙(principle of matching costs with revenues)이란, 비용인식에 대한 원칙으로 비용은 그와 관련된 수익이 인식되는 회계기간에 그 관련수익에 대응시켜서 인식하여야 한다는 원칙을 말한다. 이 원칙에 의하면 일정기간 동안 발생한 수익과 관련비용을 대응시켜서 당기순이익을 산출하게 되므로 일정기간의 기간손익을 합리적으로 산출할 수 있게 된다. 그러나 수익과 직접 대응시키기 곤란한 경우에는 발생기간에 즉시 비용처리하거나 일정기간에 걸쳐 인위적으로 배분하기도 한다.

4) 계속성의 원칙

계속성의 원칙(consistency principle)이란, 선택 가능한 회계처리방법 중 한 가지 방법을 선택하며 정당한 이유 없이 이를 변경하여서는 안 되며 매기 계속 적용하여야 함을 말한다. 계속성의 원칙은 기간별 비교가능성을 제고시킨다.

5) 완전공시의 원칙

완전공시의 원칙(full disclosure principle)이란, 정보이용자의 의사결정에 영향을 미칠 수 있는 목적적합한 정보는 빠짐없이 제공하여야 한다. 목적적합성을 의사결정에 차이를 가져올 수 있는 정보의 능력이라 정의한다면, 완전공시의 원칙은 의사결정에 차이를 발생시킬 수 있는 양적·질적 정보 모두를 회계보고서에 기록하여 보고하여야 한다는 원칙이다.

6) 객관성의 원칙

객관성의 원칙(objectivity principle)이란, 회계정보는 객관적으로 측정되고 검증가능하여야 한다는 원칙이다. 대체로 정보가 객관적이고 검증가능하다면 둘 이상의 자격있는 사람이 동일한 자료를 조사해도 유사한 측정치의 결론에 도달할 것이다. 다만, 측정의 결과가 제3자와 다소 상이하다 하여도 문서적 증거 및 증빙에 의해 뒷받침된다면 객관성이 충족된다고 본다.

그러나 어떠한 정보도 완전히 객관적일 수는 없으며, 다만 추정·예측·측정과정이 정보이용자들이 믿을 수 있는 자료와 방법에 의해 행해진다면 그 정보는 검증가능하고 객관적이라고 할 수 있다.

6 회계관습

회계관습(accounting conventions)은 회계실무에서의 관습적인 규칙(customary rule)으로 실무적으로 존중되고 받아들여지고 있는 것이다. 이는 많은 이들의 동의에 의하여 관행적으로 이루어지는 실무규칙이며 실무적 편의를 고려하여 형성된다. 회계관습이 회계원칙처럼 굳어진 예는 중요성(materiality), 보수주의(conservatism), 업종별 회계실무(industry accounting practices) 등이 있다. 예를 들어, 호텔기업이 계정과목의 분류에 있어 호텔기업의 특성을 반영하는 것이나 USALI에서 제시하는 부문별 손익계산서의 작성을 따르는 것 등은 호텔산업의 회계관습을 존중하는 것이라 할 수 있다.

7 회계절차

본래 절차란 행위의 순서나 방법을 뜻한다. 회계절차(accounting procedures)는 회계기법을 적용함에 따르는 회계행위의 순서나 회계방법을 말한다. 즉 이는 회계원칙 적용의 구체적인 과정이다. 예를 들어, 감가상각비를 기록하는 경우 감가상각의 기본요소인 취득원가, 잔존가치, 내용년수에 대한 결정과 감가상각방법을 결정한 후 감가상각비를 계산하는 일련의 과정을 거쳐야 한다. 많은 경우 회계절차는 회계원칙에 포함되어 규정되기도 한다.

8 회계실무

회계실무(accounting practices)는 실제로 회계행위가 이루어지는 것을 말한다. 이는 회계가정 · 회계원칙 등으로부터 도출된 회계처리방법을 경제적 사건에 대하여 실제로 적용하는 것이다. 특히 호텔 · 여행사 · 외식업 등 특수한 산업이나 업종에 관해서는 그 산업 또는 업종의 특성을 고려하여 업종별 회계처리방법을 인정한다. 업종별 회계실무는 특정 산업이나 업종에서 존중되고 있는 실무 · 방법 · 규칙 등으로 회계관습에 속한다.

일반적으로 인정된 회계원칙은 실무에서 일반적으로 수용되고 있는 회계절차 및 회계관습을 성문화된 회계기준으로 체계화한 것이다. 즉 대부분의 회계기준은 회계실무상 적용되는 방법들을 귀납적 접근법(inductive approach)에 의하여 논리적으로 체계화한 것이다. 귀납적 접근법은 회계실무에서의 수용가능성이 높고 보편타당성이 있다는 장점이 있지만, 논리적 일관성이 결여될 수 있는 단점이 있다.

연습문제

1 회계의 내부정보이용자와 외부정보이용자에 대한 예를 들고, 그들은 어떠한 목적으로 회계정보를 이용하는가를 설명하시오.

2 기업회계(영리회계)와 비영리회계의 차이점을 설명하시오.

3 재무회계와 관리회계의 차이점을 설명하시오.

4 재무제표의 의의를 설명하고, 우리나라 기업회계기준에서 제시하고 있는 재무제표 작성 및 표시의 원칙들을 설명하시오.

5 회계가정이란 무엇이며 대표적인 회계가정을 설명하시오.

6 회계가정의 하나로 계속기업(going concern)을 가정하고 있다. 1997년 외환위기나 2008년 미국발 금융위기와 관련하여 많은 기업이 도산하는 경우에 비추어, 계속기업에 대한 평가는 어떻게 이루어져야 하는가?

7 재무제표는 정보이용자들이 자원의 효율적인 배분을 하기 위한 경제적 의사결정을 함에 유용한 정보를 제공하는 것을 목적으로 하고 있다. 재무제표가 유용하기 위해서 제공하는 회계정보가 갖추어야 하는 질적 특성을 설명하시오.

8 회계원칙 중에서 역사적 원가기준이란 무엇인지 설명하시오.

9 수익실현의 원칙이란 무엇인지 설명하시오.

10 수익·비용 대응의 원칙이란 무엇인지 설명하시오.

CHAPTER | 03

회계시스템의 기초(Ⅱ)

03

회계시스템의 기초(Ⅱ)

기업의 재무적 정보는 회계시스템을 통하여 산출된 재무제표로 제공된다. 재무제표란 다양한 정보이용자의 공통된 정보욕구를 충족시키기 위해 작성된 일반목적의 회계보고서를 말한다. 본 장에서는 재무제표의 구성요소인 자산, 부채, 자본, 수익, 비용, 이익 등의 개념과 그 분류를 학습하고, 거래 기록의 전제가 되는 회계방정식과 회계순환과정을 학습하고자 한다.

3.1 재무제표와 기본요소

재무제표는 정보산출자인 기업이 정보이용자를 위하여 유용한 정보를 제공하는 수단이다. 즉 재무제표는 기업의 경영활동에 대한 주요 내용을 간결하게 요약한 회계보고서 또는 재무보고서이다. 각각의 재무제표는 재무제표를 구성하는 기본요소를 가지게 된다. 재무제표를 구성하는 기본요소는 재무제표의 종류에 따라 다르게 되며, 기본요소를 구분하여 표시하는 것은 정보이용자의 경제적 이사결정에 더욱 유용한 정보를 제공하기 위한 것이다. 본 장에서는 기본재무제표 중 대차대조표와 손익계산서의 내용과 그 기본요소만을 설명하기로 한다. 현금흐름표, 자본변동표 등의 기본요소는 제12장에서 설명하기로 한다.

1) 대차대조표

(1) 대차대조표의 의의

대차대조표(Balance Sheet: B/S)는 일정시점에 있어서 기업의 재무상태를 나타내는 회계보고서이며, 기본적 구성요소는 자산, 부채, 자본이다. 대차대조표는 기업에 투자된 자금의 운용상태인 자산과 기업자금의 조달원천인 부채와 자본(소유자지분)을 결산일 현재의 잔액으로 표시하는 재무상태표이다.

대차대조표상 자산은 기업이 조달한 자금이 어떻게 투자되고 있는가를 보여주며, 부채와 자본은 자산에의 투자를 위하여 어떤 원천으로부터 자금이 조달되었는가를 보여준다. 자산은 기업의 경제적 자원을 말하며, 부채는 경제적 채무를, 자본은 소유주 즉 주주의 잔여지분(residual equity)을 말한다.

대차대조표는 손익계산서와 함께 재무제표 중 가장 중요한 것이다. 이는 대차대조표가 기업의 재무구조, 유동성, 재무적 탄력성, 수익성과 위험 등을 평가하는데 유용한 정보를 제공하기 때문이다. 대차대조표의 유용성을 요약하면 다음과 같다.

① 기업의 경제적 자원(자산)과 자원에 대한 의무(부채) 및 소유주지분에 관한 정보를 제공한다.
② 기업의 재무유동성 및 지급능력에 대한 정보를 제공한다.
③ 기업의 안전성 및 자본구조에 대한 정보를 제공한다.
④ 기업의 장기계획이나 새로운 투자의사결정에 필요한 정보를 제공해준다.
⑤ 채권자나 주주의 지분에 관한 정보를 제공한다.
⑥ 회계기간의 영업성과(이익)를 총괄적으로 제시한다.

(2) 대차대조표의 기본구조

대차대조표를 작성함에 있어 중요한 사항들을 요약하면 다음과 같다.

① 대차대조표에는 대차대조표라는 명칭, 회사명, 대차대조표일, 보고통화 및 금액단위가 기재되어야 한다.

② 자산은 유동자산과 비유동자산으로 구분한다. 유동자산은 당좌자산과 재고자산으로 구분하고, 비유동자산은 투자자산, 유형자산, 무형자산, 기타비유동자산으로 구분한다.

③ 부채는 유동부채와 비유동부채로 구분한다.

④ 자본은 자본금, 자본잉여금, 자본조정, 기타포괄손익누계액 및 이익잉여금(또는 결손금)으로 구분한다.

⑤ 자산과 부채는 유동성이 큰 항목부터 배열하는 것을 원칙으로 한다. 이때 유동성이란 현금화 가능성을 의미한다.

⑥ 대차대조표의 표시와 분류방법은 기업의 재무상태를 쉽게 이해할 수 있도록 결정되어야 한다.

⑦ 중요하지 않은 항목은 성격 또는 기능이 유사한 항목으로 통합하여 표시할 수 있으며, 통합할 적절한 항목이 없는 경우에는 기타항목으로 통합할 수 있다. 이 경우 세부 내용은 주석으로 기재한다.

⑧ 자산과 부채는 원칙적으로 상계하여 표시하지 않는다. 다만, 다른 기업회계기준에서 요구하거나 허용하는 경우에는 예외로 한다.

(3) 대차대조표의 기본요소

① 자 산

자산(assets)이란 기업이 소유하고 있는 경제적 자원을 말한다. 즉 자산이란 과거의 거래나 사건의 결과로 특정한 회계실체가 취득하여 그 지배 하에 둠으로써 미래에 경제적 효익을 얻게 될 경제적 자원이다. 미래 경제적 효익(probable future economic benefit)은 자산이 단독 또는 다른 자산과 공동으로 기업에 미래 현금 유입을 유발할 수 있도록 직접적 또는 간접적으로 영향을 미칠 수 있는 능력을 말한다. 미래 경제적 효익은 용역잠재력(service potential)이라고도 한다. 그러므로 자산은 다음과 같은 요건을 갖춘다.

- 희소한 경제적 자원(economic resources)이다.
- 장래에 경제적 효익을 제공할 수 있는 것이라야 한다.

• 보유기업만이 사용할 수 있는 독점적인 배타적 권리가 있어야 한다.
• 교환가능성(exchangeability), 즉 현금화 가능성이 있어야 한다.

자산은 유동성에 따라 유동자산과 비유동자산, 물리적 실체(physical substance)의 존재 여부에 따라 유형자산과 무형자산, 화폐성 여부에 따라 화폐성자산과 비화폐성자산 등으로 구분한다. 유동성의 판단은 결산일(대차대조표일)로부터 1년 기준(one-year rule)이 일반적이며, 화폐성 여부란 일정액의 고정된 화폐액으로 표시될 수 있는가의 여부이다.

기업회계기준은 유동성을 기준으로 자산을 유동자산과 비유동자산으로 구분하고 있다. 또한 유동자산은 당좌자산과 재고자산으로, 비유동자산은 투자자산, 유형자산, 무형자산, 기타비유동자산으로 구분하고 있다. 기업회계기준에 의한 자산의 분류를 살펴보면 [그림 3-1]과 같다. 반면에 USALI에서는 자산을 유동자산(current assets) 장기성채권(noncurrent receivables), 투자자산(investments), 유형자산(property and equipment), 기타자산(other assets)으로 구분하고 있다.

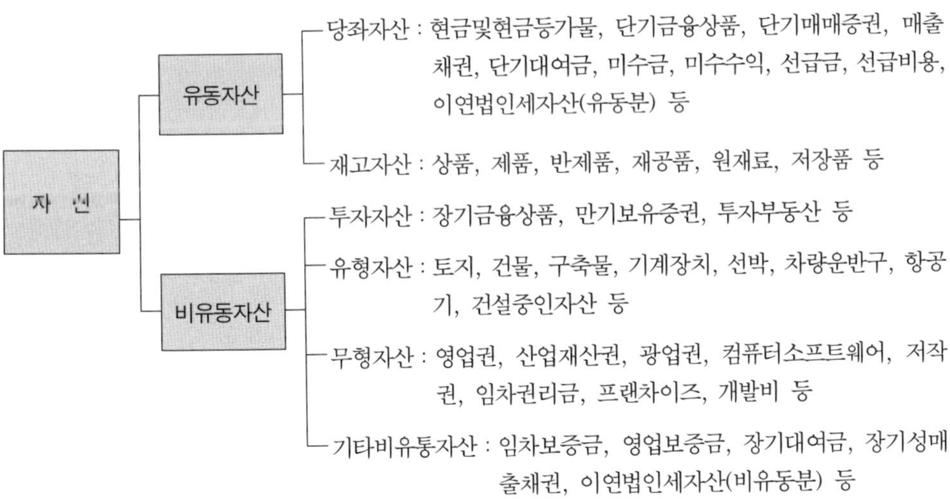

그림 3-1 자산의 분류

② 부 채

부채(liabilities)란 장래 일정한 금액을 일정한 시기에 타인에게 지급할 금전적 의무를 말한다. 부채는 계약상의 지급의무액, 지급일, 지급대상자 등이 확정되어 있는 확정부채가 일반적이나, 때로는 우발부채(contingent liabilities)가 나타나기도 한다. 기업의 채무인 부채의 특성은 다음과 같다.

- 부채는 과거의 경제적 사건으로부터 발생하여 현재시점(at the present time)에 존재하여야 한다.
- 부채는 의무이다. 의무의 범위는 계약상의 법적인 의무는 물론이고 기업활동에 따른 통상적인 의무(예: 서비스 보증의무) 및 형평적 의무까지도 포함한다. 사회적·도덕적 관습 등에 따라 발생하는 의무를 형평적 의무(equitable obligation)라고 한다.
- 일반적으로 기업실체가 자산을 이미 인수하였거나 자산을 취득하겠다는 취소불능계약을 체결한 경우 현재의 의무가 발생한다. 취소불능계약이란 의무불이행의 경우 상당한 위약금을 지급해야 하는 등 자원의 유출을 피할 수 없는 계약을 말한다.
- 무조건적 상계권(unconditional right of offset)이 존재하는 경우에는 부채가 아니다. 무조건적 상계권이란 기업이 지급의무를 아무런 조건 없이 임의로 해약할 수 있는 권리를 말한다.
- 부채는 미래의 희생(future sacrifice)이다. 즉 부채는 미래에 자원의 유출 또는 사용이 예상되는 의무이다.
- 부채는 지급액·수취인 등이 확정된 경우뿐만 아니라 금액의 합리적 추정이 어려운 경우나 확실한 수취인이 존재하지 않는 경우에도 인식될 수 있다.

부채는 상환일을 기준으로 유동부채와 비유동부채로 분류한다. 유동부채(current liabilities)란 결산일로부터 1년 이내에 상환일이 도래하는 부채이며 단기부채이다. 반면에 비유동부채(noncurrent liabilities)는 상환기일이 결산일로부터 1년 이후에 도래하는 부채로 장기부채라고 한다. 기업회계기준에 의한 부채의 분류를 살펴보면 [그림 3-2]와 같다.

부 채
- 유동부채 : 매입채무(외상매입금, 지급어음), 단기차입금, 미지급금, 선수금, 미지급비용, 미지급법인세, 미지급배당금, 유동성장기부채, 선수수익, 단기충당부채, 이연법인세부채(유동분) 등
- 비유동부채 : 임대보증금, 사채, 장기차입금, 장기성매입채무, 장기충당부채, 이연법인세부채(비유동분) 등

그림 3-2 **부채의 분류**

③ 자 본

자본(capital)은 기업의 소유주인 주주에게 속하는 지분이며 소유주지분(owner's equity), 주주지분(stockholder's equity), 순재산(net worth), 또는 자기자본이라고도 한다. 자본은 잔여지분(residual interest)으로 기업의 자산에서 경제적 의무인 부채를 차감하고 남은 부분이다. 기업회계기준상 자본은 자본금, 자본잉여금, 자본조정, 기타포괄손익누계액 및 이익잉여금으로 분류한다. 기업회계기준에 의한 자본의 분류를 살펴보면 [그림 3-3]과 같다.

자 본
- 자본금 : 보통주자본금, 우선주자본금
- 자본잉여금 : 주식발행초과금, 감자차익, 자기주식처분이익 등
- 자본조정 : 주식할인발행차금, 배당건설이자, 자기주식, 주식매수선택권, 감자차손, 자기주식처분손실 등
- 기타포괄손익누계액 : 매도가능증권평가이익, 해외사업환산손익, 현금흐름위험회피파생상품평가손익 등
- 이익잉여금 : 법정적립금, 임의적립금, 미처분이익잉여금

그림 3-3 **자본의 분류**

2) 손익계산서

(1) 손익계산서의 의의

손익계산서(Income Statement: I/S 또는 Profit and Loss Statement: P/L)는 일정기간 동안 기업의 경영성과를 나타내주는 회계보고서이며, 이익계산서 또는 경영성과보고서라고도 한다. 경영성과는 일정기간의 수익과 그 수익을 얻기 위하여

사용된 비용을 대응시켜 계산한다. 수익과 비용의 차액은 기간손익이다. 수익이 비용보다 큰 경우에는 이익이, 비용이 수익보다 큰 경우에는 손실이 나타난다.

(2) 손익계산서의 기본요소

손익계산서의 유용성, 작성 원칙 및 양식 등에 관해서는 제5장에서 자세히 살펴보도록 하고, 여기서는 손익계산서의 기본요소인 수익과 비용, 포괄이익에 대해서만 살펴보고자 한다.

① 수 익

수익(revenue)이란 주요 경영활동으로서의 재화의 판매, 용역의 제공 등에 따른 경제적 효익의 유입으로서, 이는 자산의 증가 또는 부채의 감소 및 그 결과에 따른 자본의 증가로 나타난다. 예를 들면, 재화나 용역을 제공한 대가로 현금이나 매출채권이 증가하게 된다. 또한 기업이 차입금을 상환하기 위하여 재화나 용역을 채권자에게 제공할 수 있으며 그 결과로 부채가 감소한다.

수익은 기업실체와 주요 경영활동의 결과로 발생하였거나 발생할 현금유입액으로 측정되며, 경영활동의 종류와 당해 수익이 인식되는 방법에 따라 매출액(영업수익)과 영업외수익으로 구분한다.

② 비 용

비용(expense)이란 주요 경영활동으로서의 재화의 생산・판매, 용역의 제공 등에 따른 경제적 효익의 유출・소비로서, 이는 자산의 감소 또는 부채의 증가 및 그 결과에 따른 자본의 감소로 나타난다. 예를 들어, 호텔이 용역의 생산 및 판매과정에서 비용이 발생하면 재고자산이나 현금의 유출, 유형자산의 사용 또는 미지급비용의 증가가 나타난다.

비용은 기업실체의 주요 경영활동의 결과로 발생하였거나 발생할 현금유출액으로 측정된다. 또한 그 영위하는 주요 경영활동의 종류와 당해 비용이 인식되는 방법에 따라 매출원가, 판매비와 관리비, 영업외비용, 법인세비용 등으로 분류된다.

③ 포괄이익

포괄이익은 기업실체가 일정기간 동안 소유주와의 자본거래를 제외한 모든 거래나 사건에서 인식한 자본의 변동을 말한다. 즉 포괄이익에는 소유주의 투자 및 소유주에 대한 분배 등 자본거래를 제외한 모든 원천에서 인식된 자본의 변동이 포함된다. 거래접근법에 의한 포괄이익은 수익의 합계에서 비용의 합계를 차감하여 측정한다.

3.2 회계등식

(1) 회계등식의 구조

회계등식(accounting formula)이란 대차대조표 요소들 간의 관계를 등식으로 표현한 것이며, 회계방정식 또는 대차대조표등식(balance sheet formula)이라고 한다. 다음의 대차대조표등식은 기업의 자산총액은 채권자와 소유주(주주)의 지분총액과 동일하게 나타낸다. 지분(equity)이란 기업의 자산에 대하여 청구할 수 있는 권리를 말하며, 채권자의 청구권인 부채(채권자지분 : creditor's equity)와 소유주(주주)의 청구권(owners' equity)인 자본으로 구성된다.

자산 = 부채 + 자본
　　= 채권자지분 + 소유주지분 = 총지분
　　= 타인자본 + 자기자본 = 총자본

예를 들어, (주)서울호텔이 설립을 하면서 현금 3억원을 보유하고 있으며, 이는 전액 주주의 출자분이라면 "자산 3억원 = 자본 3억원"이 된다. 그 후 은행에서 2억원을 차입하였다면 자산총액은 5억이 되며 "자산 5억원 = 부채 2억원 + 자본 3억원"이라는 등식이 성립하게 된다.

회계주체를 자본주로 보는 자본주이론에서는 자본에 대한 파악이 중요하며, 이에 따라 순재산(net worth, net asset))인 자본의 계산이 강조된다. 자본등식(capital formula)은 대차대조표등식을 변형하여 소유주지분인 자본의 계산과정을 나타내는 등식으로 다음과 같다.

자산 − 부채 = 자본

자본등식에서 소유주지분인 자본은 자산과 부채의 평가치에 의하여 결정된다. 위의 (주)서울호텔의 예에서 은행차입 이후를 보면 "자산 5억원 − 부채 2억원 = 자본 3억원"으로 나타난다.

(2) 회계등식과 복식부기시스템

기업의 회계적 사건인 거래는 기업의 자산, 부채 또는 자본에 영향을 미친다. 모든 회계거래는 회계등식의 틀 안에서 기록되기 때문에 어느 시점에서든지 "자산의 합계 = 부채의 합계 + 자본의 합계"라는 등식이 유지되어야 한다. 거래를 기록하는 복식부기시스템(double entry system)은 회계등식을 바탕으로 하므로 복식부기에 의한 장부기입의 정당성을 인정해 주는 전제가 된다. 보다 상세한 복식부기시스템에 의한 기록과정은 4.2에서 설명하기로 한다.

3.3 회계순환과정

1 회계순환과정의 의의

회계순환과정(accounting cycle)은 기업이 재무보고를 하기 위하여 수행하는 일련의 회계처리과정을 말한다. 즉 회계순환과정은 거래를 장부에 기록하고 결산시점에 재무제표를 작성하기까지 반복적으로 수행되는 회계절차이다. 회계순환과정은 거래를 장부상에 기록하고 재무제표의 작성·공시를 통하여 정보이용자에게 유용한 회계적 정보를 제공해 주는 회계시스템이다.

회계순환과정은 순환의 기간, 즉 회계기간을 설정하여야 한다. 회계기간(accounting period)은 재무제표를 작성하는 정기적인 기간이며, 모든 회계처리는 회계기간의 설정을 전제로 한다. 가장 일반적인 회계기간은 1년이며 이를 1년 기준(one year rule)이라고 한다. 그러나 재무제표는 신속한 회계정보의 제공 필요성에 따라 월별, 분기별 또는 반기별로 작성되기도 한다.

2 회계순환과정의 요약

회계순환과정은 기중의 회계절차와 기말의 회계절차로 구분된다. 기중의 회계절차는 거래를 장부에 기록하는 과정으로 거래의 분석, 분개장에의 분개, 원장에의 전기를 말한다. 기말의 회계절차는 결산절차라고도 하며 결산예비절차와 본절차를 거쳐 재무제표를 작성하는 회계정보의 산출과정이다.

결산예비절차는 결산전의 절차로서 수정전시산표의 작성, 수정사항의 파악 및 재고조사표의 작성, 수정사항의 기입, 수정후시산표의 작성과정을 말한다. 결산본절차는 결산마감절차로 정산표의 작성, 재무제표의 작성 및 장부의 마감과정을 말한다.

기중의 회계절차에 대해서는 제4장에서 자세히 설명을 하고 기말의 회계절차, 즉 결산절차에 대하여서는 제6장에서 상세히 살펴보기로 한다. [그림 3-4]는 이러한 과정을 도표로 나타낸 것이다.

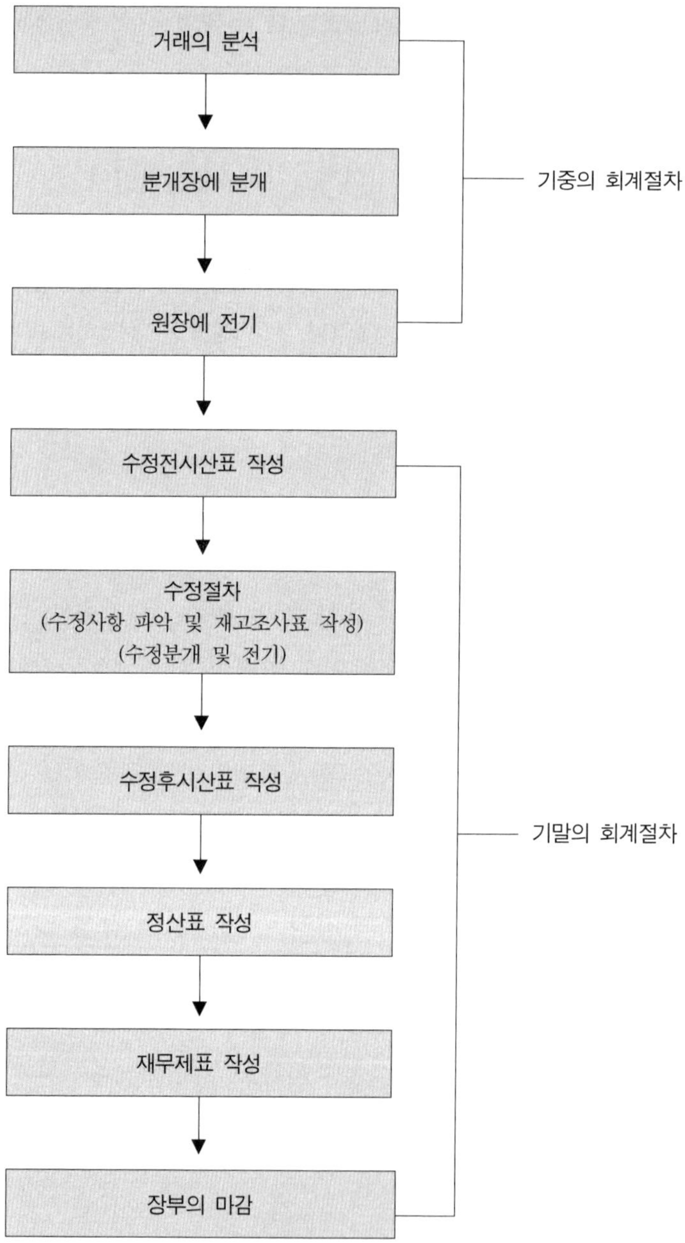
거래의 분석
분개장에 분개
원장에 전기
기중의 회계절차
수정전시산표 작성
수정절차
(수정사항 파악 및 재고조사표 작성)
(수정분개 및 전기)
수정후시산표 작성
정산표 작성
재무제표 작성
장부의 마감
기말의 회계절차

그림 3-4 회계순환과정

연습문제

1 대차대조표의 의의 및 구성요소에 대하여 설명하시오.

2 대차대조표와 손익계산서 중 어느 것이 먼저 작성되어야 하는가? 왜 그런가?

3 기업회계기준상 자산과 부채 그리고 자본에 대한 분류를 설명하고, 어떠한 계정과목들이 포함되고 있는가를 예를 드시오.

4 대차대조표상에서는 어떠한 시점이라도 자산총계가 부채와 자본총계와 항상 일치하여야 한다. 그 이유는 무엇인가?

5 다음 (   )속에 정확한 금액을 계산하시오.

자 산	부 채	자 본
₩500,000	( )	₩300,000
( )	₩200,000	₩700,000
₩800,000	₩400,000	( )

6 다음 자료를 기초로 자산과 부채의 금액을 계산하고, 자본금을 계산하시오.

• 현금	₩40,000	• 장기차입금	₩200,000
• 토지	₩75,000	• 건물	₩120,000
• 이익잉여금	₩30,000	• 자본잉여금	₩20,000
• 외상매출금	₩70,000	• 비품	₩80,000
• 외상매입금	₩35,000	• 자본금	(?)

7 손익계산서의 의의 및 구성요소에 대하여 설명하시오.

8 회계의 순환과정에 대해 설명하시오.

CHAPTER | 04

거래의 기록

04 거래의 기록

정보이용자를 위한 회계보고서는 회계시스템을 통하여 거래를 인식 · 측정 · 기록하는 과정을 통하여 작성된다. 그러므로 거래를 정확히 기록하는 과정은 정확한 회계보고서 작성의 전제가 된다. 본 장에서는 거래의 의의, 분류 및 기록을 위한 분개와 전기의 절차를 살펴보고 거래를 기록하는 장부에 관하여 학습하고자 한다.

4.1 거래의 의의와 분류

1 거래의 의의

회계순환과정의 첫 단계로 회계의 출발점은 회계적 거래(accounting transaction)의 파악에서부터 시작된다. 회계상의 거래는 부기상의 거래이며 일상생활의 거래와는 차이가 있다. 회계상의 거래란 회계상 기록의 대상이 되는 개별적 사건으로 기업이 자산 · 부채 · 자본 상태에 증가 또는 감소와 같은 변화를 초래하는 모든 사항을 말한다. 또한 수익 · 비용의 발생도 궁극적으로 자본의 증가나 감소를 초래하기 때문에 거래에 포함된다.

기업에 어떤 경제적 사건이 발생하면 회계담당자는 우선 그 사건이 회계상 기록의 대상이 되는 것인지의 여부를 판단하여야 한다. 이는 모든 일상적 거래가 회계의 대상이 되는 것이 아니기 때문이다. 회계상의 거래로 인식되기 위해서는 다음의 두 가지 요건을 충족시켜야 한다. 첫째는 회계 주체의 재무상태, 즉 자산·부채·자본에 변화를 초래하여야 하며, 둘째는 화폐단위에 의한 객관적인 측정이 가능하여야 한다.

대부분의 일상적인 거래는 회계상의 거래로 인식되나 종업원의 채용, 고객의 예약, 자산의 임대차계약 등은 일상적인 거래로만 인식되며, 반대로 화재나 도난에 의한 손실, 현금의 분실 등은 회계상의 거래로 인식된다.

2 거래의 분류

거래는 발생 원천에 따라, 손익발생 여부에 따라, 현금수지 여부에 따라, 거래의 기록시기에 따라 분류할 수 있으며 자세한 내용을 살펴보면 다음과 같다.

1) 거래발생 원천에 따른 분류

거래의 발생 원천이 기업의 외부인가 또는 내부인가에 따라 외부거래와 내부거래로 나누어진다.

(1) 외부거래

외부거래(external transactions)는 기업의 외부자와의 관계에서 발생하는 거래로 회계적 거래의 대부분을 차지한다. 외부거래는 식음재료·상품·유형자산 등을 구입하는 구입거래와 객실 및 식음료 서비스·상품 등을 판매하는 판매거래 그리고 접대비 등 비용발생거래 등으로 나누어진다.

[예] 부천호텔은 객실 100실을 객실당 ₩50,000에 월드컵 출전 선수들에게 판매하다.

(2) 내부거래

내부거래(internal transactions)는 기업 내부에서 발생한 거래로 외부자와는 관련이 없는 거래이다. 화재손실의 발생, 현금과부족상태의 발생, 영업부문별 원가계산, 결산시의 정리 분개사항 등은 내부거래이다.

[예] 경인호텔은 수해로 컨벤션센터에 손상(추정액: ₩500,000)을 입었다.

2) 손익발생 여부에 따른 분류

이는 거래가 당기순손익에 영향을 미치는가의 여부에 따른 분류로 교환거래, 손익거래, 혼합거래로 나누어진다.

(1) 교환거래

교환거래(exchange transactions)는 자산・부채・자본의 증감변동이 발생하나 수익이나 비용은 발생하지 않는 거래로 당기순이익에 영향을 미치지 않는 거래이다. 교환거래는 자산상호간의 교환거래, 부채상호간의 교환거래, 자본상호간의 교환거래, 자산・부채 간의 교환거래, 자산・자본 간의 교환거래, 부채・자본 간의 교환거래로 나누어질 수 있다.

[예] 경인호텔은 토지 ₩1,000,000을 현금으로 매입하다.

(2) 손익거래

손익거래(profit and loss transactions)는 수익이나 비용이 발생하는 거래로 당기순이익에 영향을 미치는 거래를 말한다. 손익거래는 수익이 발생하는 수익거래, 비용이 발생하는 비용거래, 수익과 비용이 동시에 발생하는 수익・비용 동시거래로 나누어진다.

[예] 경원식당은 종업원의 급료 ₩3,000,000을 현금으로 지급하다.

(3) 혼합거래

혼합거래(mixed transactions)는 교환거래와 손익거래가 혼합되어 있는 거래로 자산 · 부채 · 자본의 변화뿐만 아니라 수익이나 비용이 발생하는 거래를 말한다.

[예] 수정여행사는 미래기업으로부터 차입한 차입금과 이에 대한 이자비용 ₩2,080,000을 현금으로 지급하다.

3) 현금수지 여부에 따른 분류

현금의 수입이나 지출을 수반하는가에 따른 분류로 현금거래와 대체거래로 구분된다.

(1) 현금거래

현금거래(cash transactions)는 전적으로 현금의 수입이나 지출이 수반되는 거래이다. 현금거래는 현금수입을 가져오는 입금거래와 현금지출을 요하는 출금거래로 구분된다.

[예] 수정호텔은 고객으로부터 객실료 ₩300,000을 현금으로 받다.

(2) 대체거래

대체거래(transfer transactions)는 현금의 수입이나 지출을 전혀 수반하지 않거나, 부분적으로 현금의 수입이나 지출을 수반하는 거래로 현금 수반 정도에 따라 완전대체거래와 부분대체거래로 나누어진다.

[예] 부천호텔은 연회 행사비 ₩3,000,000 중 ₩2,000,000은 현금으로 받고 잔액은 3개월 만기 약속어음으로 받다.

4) 거래의 기록시기에 따른 분류

거래는 일정한 회계기간 중 어느 시점에서 기록하는가에 따라 개시거래, 기중거래, 결산거래로 나눈다.

(1) 개시거래

개시거래(opening transactions)는 회계연도 초에 행하는 분개에 대한 거래로 자산・부채・자본의 전기이월을 기록하기 위한 거래이거나 재수정분개를 위한 거래를 말한다.

[예] 서울식당은 1월 1일 전기이월된 식재료 ₩500,000이 있다.

(2) 기중거래

기중거래(going transactions)는 회계기간 중 영업활동을 통하여 발생하는 거래로 영업거래라고도 하며 대부분의 외부거래가 여기에 속한다.

[예] 서울여행사는 8월 7일 비품을 현금 ₩1,000,000에 매입하다.

(3) 결산거래

결산거래(closing transactions)는 회계연도 말에 결산정리 및 장부마감을 위하여 발생하는 거래로 대부분이 내부거래이다.

[예] 부산호텔은 10월 1일 건물의 화재보험료 1년분 ₩50,000을 현금으로 지급하였으며, 12월 31일 결산을 하다.

4.2 복식부기시스템

1 거래의 이중성

거래의 이중성(a dual aspect of an accounting transaction)이란 [그림 4-1]에서 보는 바와 같이 하나의 거래가 기업의 재무상태를 구성하는 두 가지 이상의 항목에 이중적인 변화를 주는 것을 말한다. 즉 거래는 반드시 원인과 결과라는 양면성을 가지고 있다.

회계적 거래는 거래의 이중성에 의하여 언제나 왼편(차변)과 오른편(대변)에 동시적으로 동일한 금액으로 기록된다. 이와 같이 회계적 거래의 기록은 거래의 이중성에 의하여 차변과 대변이 동일한 금액으로 변화하게 되는데, 이를 복식부기의 원리(principle of double entry book-keeping)라 한다. 또한 거래의 이중성에 따라 모든 거래는 차변(왼편)과 대변(오른편)에 동일한 금액을 기입하기 때문에 차변금액의 합계와 대변금액의 합계는 항상 일치하게 되는데, 이를 대차평균의 원리(principle of equilibrium)라고 한다.

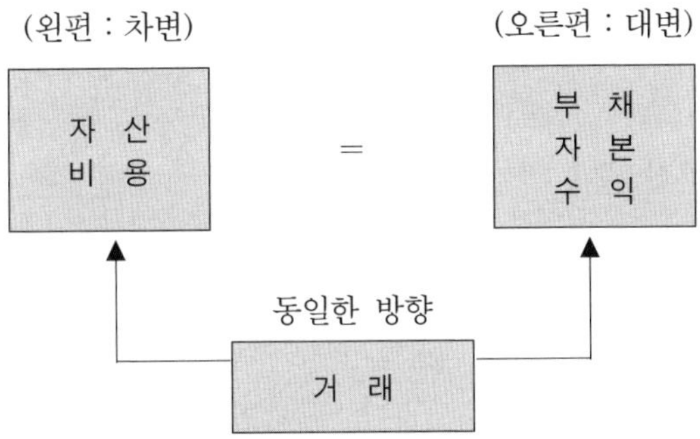

그림 4-1 **거래의 이중성**

2 거래요소의 결합

거래는 자산의 증가와 감소, 부채의 증가와 감소, 자본의 증가와 감소, 수익의 발생, 비용의 발생 등 8가지 요소로 이루어진다. 이러한 거래요소(elements of transaction) 또는 거래의 구성요소들을 거래의 8요소라고 한다.

거래요소의 결합은 거래의 8요소가 서로 결합하여 여러 가지 조합(combination)을 이루는 관계이다. 거래요소의 결합은 항상 차변요소와 대변요소의 상호 결합형태로 나타난다. 차변요소는 자산의 증가, 부채의 감소, 자본의 감소, 비용의 발생(및 수익의 감소)이며 대변요소는 자산의 감소, 부채의 증가, 자본의 증가, 수익의 발생(및 비용의 감소)이다.

따라서 어떠한 경우에도 차변요소들 간의 결합이나 대변요소들 간의 결합은 나타나지 아니한다. 거래는 차변요소와 대변요소가 각각 하나씩만 결합할 수도 있고, 또는 한편의 한 요소와 다른 편의 두 가지 이상의 요소가 결합할 수도 있으며, 때로는 양편에 두 가지 이상의 요소들이 복합적으로 결합하기도 한다. 거래요소가 차변과 대변에 각각 하나의 요소가 결합되는 거래를 단순거래라고 하며, 차변 또는 대변에 두 가지 이상의 요소가 결합되는 거래를 복합거래라고 한다. 거래요소의 결합관계를 나타내면 [그림 4-2]와 같다.

거래의 8요소에 의한 결합관계를 보다 구체적으로 나누어 예를 들어 설명하면 다음과 같다.

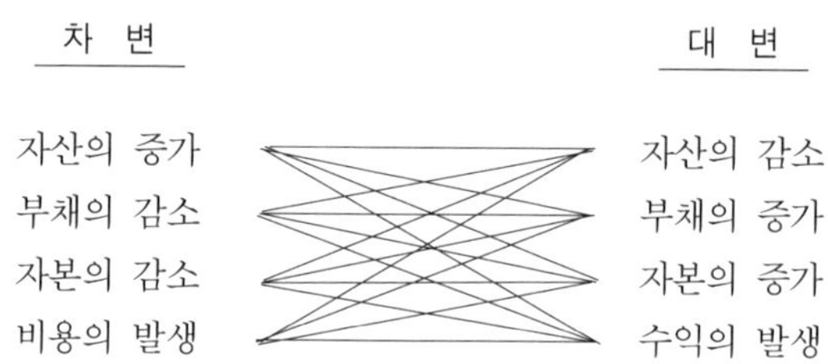

그림 4-2 거래요소의 결합관계

[예 1] 목포식당은 식재료 ₩1,000,000을 현금으로 구입하다.
자산(식재료)의 증가 ₩1,000,000 − 자산(현금)의 감소 ₩1,000,000

[예 2] 부산호텔은 객실 비품 ₩500,000을 외상으로 구입하다.
자산(비품)의 증가 ₩500,000 − 부채(미지급금)의 증가 ₩500,000

[예 3] 부천여행사는 현금 ₩10,000,000을 출자하여 영업을 시작하다.
자산(현금)의 증가 ₩10,000,000 − 자본(자본금)의 증가 ₩10,000,000

[예 4] 수정호텔은 대여금에 대한 이자 ₩400,000을 현금으로 받다.
자산(현금)의 증가 ₩400,000 − 수익(이자수익)의 발생 ₩400,000

[예 5] 대구여행사는 차입금 ₩20,000,000을 현금으로 지급하다.
부채(차입금)의 감소 ₩20,000,000 − 자산(현금)의 감소 ₩20,000,000

[예 6] 부천호텔은 외상매입금 ₩2,000,000을 지급하기 위하여 대한은행으로부터 현금 ₩2,000,000을 차입하다.

부채(외상매입금)의 감소 ₩2,000,000 – 부채(차입금)의 증가 ₩2,000,000

[예 7] 전주식당은 대한은행으로부터 차입한 ₩2,000,000을 출자금으로 전환하다.

부채(차입금)의 감소 ₩2,000,000 – 자본(자본금)의 증가 ₩2,000,000

[예 8] 목포호텔은 경인상사로부터 차입금 ₩500,000에 대해 채무면제를 받다.

부채(차입금)의 감소 ₩500,000 – 수익(채무면제이익)의 발생 ₩500,000

[예 9] 전주식당의 출자자(소유주)인 미래기업이 자본금 ₩3,000,000을 현금으로 인출해 가다.

자본(자본금)의 감소 ₩3,000,000 – 자산(현금)의 감소 ₩3,000,000

[예10] 대전호텔의 출자자인 갑의 차입금 ₩700,000을 영업상의 차입금으로 전환하다.

자본(자본금)의 감소 ₩700,000 – 부채(차입금)의 증가 ₩700,000

[예11] 천안여행사는 이익잉여금 중 ₩100,000을 이익준비금으로 적립하다.

자본(이익잉여금)의 감소 ₩100,000 – 자본(이익준비금)의 증가 ₩100,000

[예12] 울산호텔은 출자자인 갑의 자본금 ₩2,000,000을 그에게서 받아야할 대여금에 대한 이자와 상계하다.

자본(자본금)의 감소 ₩2,000,000 – 수익(이자수익)의 발생 ₩2,000,000

[예13] 속초호텔은 광고비 ₩700,000을 현금으로 지급하다.

비용(광고비)의 발생 ₩700,000 – 자산(현금)의 감소 ₩700,000

[예14] 강릉식당은 지급해야 할 급료 ₩4,000,000을 현금부족으로 지급하지 못하다.

비용(급료)의 발생 ₩4,000,000 – 부채(미지급급료)의 증가 ₩4,000,000

[예15] 대구여행사는 종사원의 급료 ₩5,000,000을 주식발행하여 지급하다.

비용(급료)의 발생 ₩5,000,000 – 자본(자본금)의 증가 ₩5,000,000

[예16] 백암호텔은 임대료수익 ₩400,000을 이자비용과 상계하기로 하다.

비용(이자비용)의 발생 ₩400,000 – 수익(임대료)의 발생 ₩400,000

3 계정의 이용

1) 계정의 의의

복식부기시스템의 근간을 이루고 있는 것으로서 거래를 체계적으로 기록하기 위하여 실무에서 이용되고 있는 것이 계정이다. 좀더 구체적으로 언급하면 계정(account: a/c)이란 자산 · 부채 · 자본 · 수익 및 비용의 변동을 기록하고 계산하기 위하여 거래를 항목별로 기록 · 계산하는 단위이다. 계정은 기록 · 계산의 편리함과 손쉬운 이해를 위하여 각 계정에 부여되는 명칭인 계정과목(title of account), 계정의 증감변동을 어느 편에 기록할 것인가를 결정하기 위하여 차변과 대변의 구분(debit or credit) 및 계정의 증감변동을 기록할 장소인 계정계좌(account space)를 필요로 한다.

계정의 양식은 표준식, 잔액식, T형식이 있다. 표준식(standard form)은 계정을 좌우로 구분하여 좌측은 차변, 우측은 대변으로 하는 양식이다. 잔액식(balance form)은 차변과 대변 금액의 차이, 즉 계정잔액을 기입하도록 하는 양식이다. T형식(T-form)은 교재 등에서 많이 이용하는 가장 간편한 형태로 계정과목, 차변과 대변의 구분, 일자, 상대계정과목 및 거래금액 등을 간략히 기록한 양식이다. 앞으로의 설명은 T계정을 이용하기로 하며, 계정양식의 예를 살펴보면 <표 4-1>과 같다.

표 4-1 계정의 양식

1) 표준식 계정양식

ㅇㅇㅇ계정 ××면㉦

월	일	적 요	분 면	금 액	월	일	적 요	분 면	금 액
	㉠	㉡	㉢				㉡	㉢	

2) 잔액식 계정양식

○○○계정

××면㉦

월	일	적 요	분 면	차 변	대 변	차 또는 대	잔 액
	㉠	㉡	㉢	㉣	㉣	㉤	㉥

3) T-계정양식

○○○계정

××면㉦

차 변	대 변

㉠ : 거래발생일자
㉡ : 거래를 요약하여 기록하나, 일반적으로 상대계정과목을 기입
㉢ : 분개장의 쪽(page)수
㉣ : 거래금액을 기입
㉤ : 잔액이 차변이면 차, 잔액이 대변이면 대라고 기입
㉥ : 차변금액과 대변금액과의 차액
㉦ : 해당계정이 위치한 원장의 쪽(page)수를 기입하거나, 계정과목표에 의한 계정의 코드번호를 기입

2) 계정의 분류

계정은 기본적으로 대차대조표계정과 손익계산서계정으로 구분된다. 이는 대차대조표와 손익계산서가 가장 중요한 재무제표이며, 여타의 재무제표도 대차대조표와 손익계산서의 계정들을 이용하여 작성되기 때문이다.

(1) 대차대조표계정

대차대조표계정(balance sheet accounts)은 대차대조표상에서 기업의 재무상태를 표시하는 계정이다. 대차대조표계정은 대차대조표요소인 자산・부채・자본의 변화를 집계한 것임으로 자산계정, 부채계정 및 자본계정으로 분류되며 각 계정은 거래의 내역에 따라 보다 세분화된다. <표 4-2>는 기업회계기준에서 정하고 있는 대차대조표계정의 분류이다.

표 4-2 대차대조표계정의 분류

항 목	기업회계기준상의 분류
자산계정	· 유동자산 : 당좌자산, 재고자산 · 비유동자산 : 투자자산, 유형자산, 무형자산, 기타비유동자산
부채계정	· 유동부채 · 비유동부채
자본계정	· 자본금 · 자본잉여금 · 자본조정 · 기타포괄손익누계액 · 이익잉여금

(2) 손익계산서계정

손익계산서계정(income statement accounts)은 손익계산서상에서 기업의 영업성과를 표시하는 계정들로 수익계정과 비용계정으로 구분되며 각 계정은 거래의 내역에 따라 보다 세분화된다. <표 4-3>은 기업회계기준에서 정하고 있는 손익계산서계정의 분류이다.

표 4-3 손익계산서계정의 분류

항 목	기업회계기준상의 분류
수익계정	· 매출액 · 영업외수익
비용계정	· 매출원가 · 판매비와관리비 · 영업외비용 · 법인세비용

3) 계정기입의 원칙

계정기입의 원칙(debit and credit rules)은 거래 발생시 나타나는 항목을 자산・부채・자본・수익・비용의 계정으로 구분하고 각 항목의 증가 또는 감소가 각 계정의 차변 또는 대변에 어떻게 기록되는가를 나타내는 원칙이다. 즉 거래는 거래의 이중성과 계정기입의 원칙에 따라 한 계정의 차변에 기입됨과 동시에 다른 계정의 대변에 동일한 금액이 기입된다. 계정기입의 원칙은 앞서 설명한 거래요소의 결합을 계정에 기록하는 것이다. 각 계정별로 계정기입의 원칙을 살펴보면 다음과 같다.

① 자산계정의 증가는 차변에, 자산계정의 감소는 대변에 기입한다.
② 부채계정의 증가는 대변에, 부채계정의 감소는 차변에 기입한다.
③ 자본계정의 증가는 대변에, 자본계정의 감소는 차변에 기입한다.
④ 수익계정의 증가(발생)는 대변에, 수익계정의 감소(소멸)는 차변에 기입한다.
⑤ 비용계정의 증가(발생)는 차변에, 비용계정의 감소(소멸)는 대변에 기입한다.

일정한 시점에서 한 계정의 차변과 대변에 기입된 금액의 차액을 계정잔액이라고 하는데, 차변에 잔액이 남으면 차변잔액(debit balance)이라고 하며, 반대로 대변에 잔액이 남으면 대변잔액(credit balance)이라고 한다. 대차대조표계정 중 자산계정은 차변잔액을, 부채 및 자본계정은 대변잔액을 갖는다. 대차대조표계정의 계정잔액은 결산시 대차대조표를 작성하는 자료가 된다.

한편, 손익계산서계정인 수익・비용계정에는 각각 발생액(증가액) 및 소멸액(감소액)이 기입되고, 발생액과 소멸액의 차액인 순발생액은 손익계산서를 작성하는 자료가 된다. 수익계정의 대변 순발생액은 손익계산서의 대변에, 비용계정의 차변 순발생액은 손익계산서의 차변에 기입된다.

이상의 계정기입의 원칙에 따라 각 계정에 기입하고 결산시 이들 계정을 대차대조표 및 손익계산서의 작성에 연결시키는 과정을 나타낸 것이 [그림 4-3]이다.

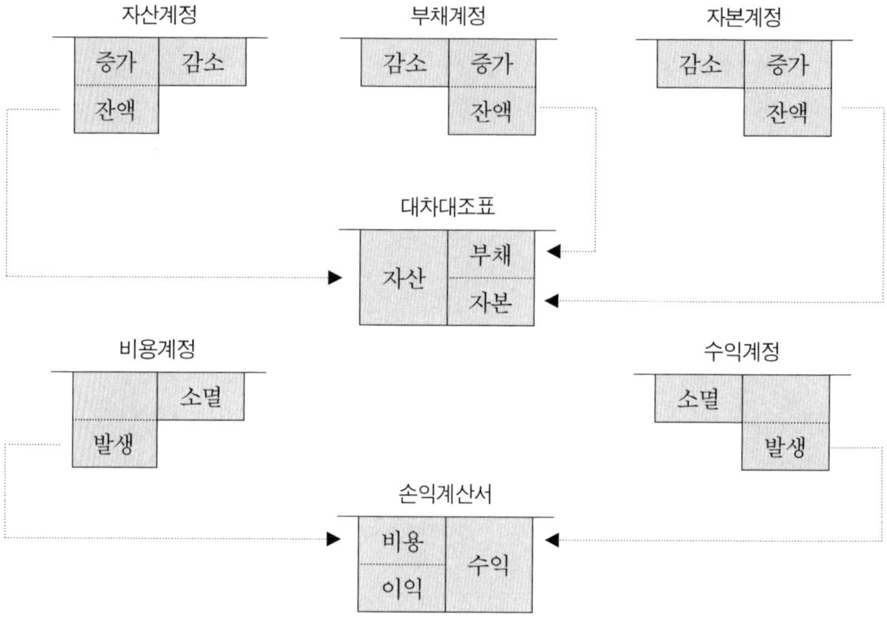

그림 4-3 계정기입과 재무제표의 연결

4.3 분 개

1 분개의 의의

회계순환과정의 두 번째 단계인 분개(journalizing 또는 journal entry)는 발생한 거래를 최초로 분개장 등 장부에 기록하는 과정이다. 분개를 하기 위해서는 각 거래마다 계정과목과 금액을 결정하고 차변(왼편)과 대변(오른편) 중 어디에 기입할 것인가를 결정하여야 한다. 즉 분개는 구체적인 계정과목, 금액, 기록장소를 결정하는 과정이다.

분개를 하는 경우 거래의 이중성에 의하여 차변과 대변에 동시적으로 기입되며, 기록되는 금액도 차변과 대변이 동일하여야 한다. 분개는 모든 거래의 최초 기록이기 때문에 분개의 오류는 최종적인 재무제표를 잘못 작성하는 결과를 가져온다. 따라서 분개를 할 경우에는 반드시 분개의 원칙이 지켜져야 한다.

2 분개의 원칙

분개의 원칙(rule of journal entry)은 어느 계정을 차변에 기록하고 어느 계정을 대변에 기록할 것인가를 구분하는 원칙으로 구체적으로 기술하면 다음과 같다.

① 자산의 증가는 차변에, 자산의 감소는 대변에 기입한다.
② 부채의 증가는 대변에, 부채의 감소는 차변에 기입한다.
③ 자본의 증가는 대변에, 자본의 감소는 차변에 기입한다.
④ 수익의 증가는 대변에, 수익의 감소는 차변에 기입한다.
⑤ 비용의 증가는 차변에, 비용의 감소는 대변에 기입한다.

위와 같이 분개의 원칙에 따라 거래를 차변과 대변의 양쪽으로 나누어 기입을 하면, 차변금액과 대변금액은 항상 일치하게 된다. 이에 따라 차변금액의 합계와 대변금액의 합계도 항상 일치하게 된다. 이와 같은 차변과 대변의 일치관계를 대차평균의 원리(principle of equilibrium)라고 하며, 이 원리에 의하여 분개 및 계정기입의 정확성을 검토하여 기록의 오류나 누락 등을 확인한다.

분개장을 이용하지 않고 차변과 대변의 구분, 계정과목, 금액만을 기입하는 약식 분개의 예를 들면 다음과 같다.

[예 1] 관광식당이 식재료 ₩500,000을 현금으로 매입하다.

(차) 식재료 500,000 (대) 현금 500,000
(또는 매입)

[예 2] (주)부림관광농원은 종업원 급료 ₩2,000,000을 현금으로 지급하다.

(차) 급료 2,000,000 (대) 현금 2,000,000

[예 3] 서울호텔은 하나여행사로부터 외상대금 ₩700,000을 현금 회수하다.
(차) 현금 700,000 (대) 외상매출금 700,000

3 분개장

분개장(journal)은 거래를 발생순서에 따라 처음으로 기입하는 장부이다. 분개장은 일반분개장(general journal)과 특수분개장(special journal)으로 나누어진다.

일반분개장(general journal)은 가장 일반적인 형태로 하나의 분개장에 모든 종류의 거래가 기록되는 것으로 기록해야 하는 거래의 수가 비교적 적은 기업에서 사용되고 있다. 그러나 거래의 수가 많은 대부분의 기업에서는 일반분개장과 함께 특수분개장(special journal)이 사용되고 있다. 특수분개장(special journal)이란 빈번하게 발생하는 특정의 거래를 대상으로 거래유형별로 기입할 수 있도록 특수하게 고안된 분개장으로 매출장, 매입장, 현금수입장, 현금지급장 등이 있다. 특수분개장에 대해서는 4.5 장부편에서 자세히 살펴보도록 하겠다.

4 분개장의 양식

일반분개장의 대표적인 양식으로는 표준식과 병립식이 있다. 두 가지 일반분개장의 양식 및 기입의 예를 보면 <표 4-4>와 같다.

표 4-4 일반분개장의 양식

1) 표준식

분 개 장

××면ⓜ

차 변	원 면	일 자	적 요	원 면	대 변
ⓡ 10,000	ⓒ 1232	ⓖ 7월 1일	ⓛ 식재료/외상매입금 (식재료 외상매입함)	ⓒ 2123	ⓡ 10,000

2) 병립식

분 개 장

××면㉤

일 자		적 요	원 면	차 변	대 변
7	1	(식재료)	1232	10,000	
		(외상매입금)	2123		10,000
		식재료 외상매입			

㉠ : 거래가 발생한 일자를 기록한다. 일자란 맨 위에 연도를 기입하고 일자란의 첫줄에는 월일을 기입한다.

㉡ : 분개시의 계정과목이 기입된다. 이때 차변과 대변을 명료하게 좌・우로 구분하여야 한다. 계정과목 아래에 거래의 내용을 간략히 기입한다.

㉢ : 전기를 하면서 해당 계정과목의 계정번호를 기입하거나 또는 분개장에 기입된 거래를 총계정원장에 전기할 때 총계정원장상의 계정과목번호를 기입한다.

㉣ : 차변란에는 차변 계정과목의 금액을, 대변란에는 대변 계정과목의 금액을 기입한다.

㉤ : 분개장의 쪽(page)수를 기입한다.

4.4 전 기

회계순환과정의 세 번째 단계인 전기(posting)는 분개장 등에 분개된 거래를 원장으로 옮겨 적는 것이다. 원장은 계정과목별로 계정을 설정하여 작성되는데, 기업의 모든 계정을 포함한 장부를 총계정원장(general ledger)이라고 한다. 총계정원장은 회계시스템을 구성하는 모든 개별계정의 집합체이다.

원장기입의 절차는 다음과 같다.

① 분개장의 차변계정의 금액을 원장의 당해 계정의 차변에 전기한다.

② 분개장의 대변계정의 금액을 원장의 당해 계정의 대변에 전기한다.

③ 원장의 분면란에는 전기한 분개가 기입되어 있는 분개장의 페이지 번호를 기입한다.

④ 원장의 적요란에는 분개의 상대과목을 기입한다. 이것은 거래에 대한 정보가 된다.

원장의 양식에는 표준식, 잔액식, T계정 양식이 있는데, 가장 간단한 형태의 T계정을 이용한 전기의 예를 보면 <표 4-5>와 같다.

표 4-5 T계정을 이용한 전기의 예

(1) 거래 : (주)부천레스토랑은 11월 7일 식재료 ₩700,000을 현금으로 매입하다.

분개 : (차) 식재료 700,000 (대) 현금 700,000

전기 :

식재료	
11/7 현금 700,000	

현금	
	11/7 식재료 700,000

(2) 거래 : 경인호텔(주)는 5월 1일 객실 비품 ₩500,000을 3개월 후 지급조건으로 구입하다.

분개 : (차) 비품 500,000 (대) 미지급금 500,000

전기 :

비품	
5/1 미지급금 500,000	

미지급금	
	5/1 비품 500,000

4.5 장 부

1 장부의 의의

회계장부(accounting books) 또는 장부(books)는 거래를 조직적이고 체계적으로 기록·계산·정리할 수 있도록 일정한 양식을 갖춘 책자이다. 즉 회계장부는 회계적 거래를 기록·계산·보고하는 모든 문서 및 보고서를 뜻한다.

2 장부의 종류

회계장부는 기본적으로 [그림 4-4]에서 보는 바와 같이 주요부와 보조부로 구분되며 자세한 내용을 살펴보면 다음과 같다.

1) 주요부

주요부(main books) 또는 주요장부란 장부 중 가장 기본이 되는 것으로서 거래의 기록 · 계산을 위하여 기업이 반드시 작성 · 비치하는 장부이다. 주요부는 어느 기업이든지 반드시 작성 · 비치해야 하는 장부로서 분개장(journal)과 원장(ledger)으로 구분된다.

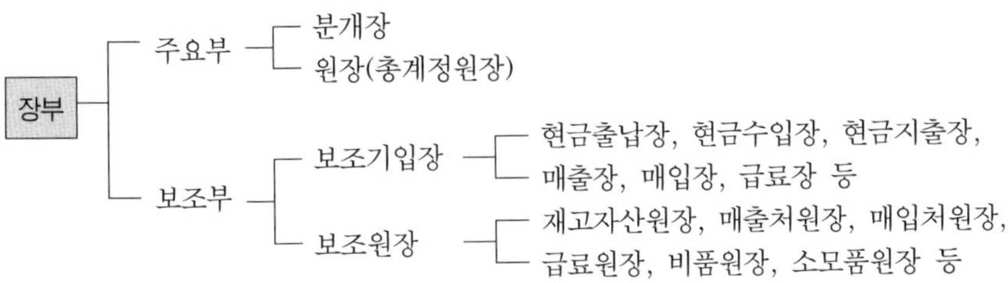

그림 4-4 장부의 분류

(1) 분개장

분개장(journal)이란 거래를 발생순서에 따라 분개형식으로 기록하는 장부이다. 거래가 발생하면 각 계정에 전기하기 위한 준비단계로써 분개를 하게 되는데, 분개한 내용을 간단한 거래의 요약과 함께 기록하는 장부가 곧 분개장이다. 분개장은 거래가 처음으로 기록되는 장부이기 때문에 원시기입장이라고도 한다. 그리고 분개장에는 모든 거래가 발생한 날짜순으로 기입되므로 언제든지 특정일에 있어서 영업활동의 전모를 파악할 수 있다.

분개장의 양식은 이미 앞에서 제시하였다.

(2) 원장

원장(ledger)이란 거래를 계정과목별로 기록한 장부를 말한다. 구체적으로 말하면 원장에는 자산 · 부채 · 자본 · 수익 · 비용에 관한 모든 계정이 설정되어 있는 장부로서 분개장에 기입되어 있는 거래를 전기하여 그 증감을 계산한다. 원장은 모든 계정을 포함하고 있기 때문에 흔히 총계정원장(general ledger)이란 명칭으로 불린다. 따라서 총계정원장을 보게되면 각 계정의 증감변동 및 잔액을 파악할 수 있고, 또한 각 계정을 마감하면 언제든지 대차대조표와 손익계산서를 작성할 수 있다. 그러므로 총계정원장은 장부 중에서도 가장 중요한 장부이며, 다른 장부는 모두 원장을 위하여 도움을 주고 보충해 주는 장부라 할 수 있다. 총계정원장의 형식도 앞서 언급한 계정의 형식과 같다.

2) 보조부

보조부(subsidiary books) 또는 보조장부란 주요부에 대한 보충적 장부로서 주요부의 보다 상세한 내용을 기록하기 위한 장부이다. 보조부는 다시 보조기입장, 보조원장 및 기타 보조부로 구분된다.

(1) 보조기입장

보조기입장(subsidiary journal 또는 subsidiary register)은 특정 계정과목과 관련된 거래유형만을 거래 발생순서에 따라 기입하는 보조장부로 가장 많이 이용되는 것으로는 다음과 같은 것이 있다.

① 현금출납장(cash receipts and disbursements book): 현금의 수입과 지출을 기입하는 장부이다. 이는 현금수입장과 현금지출장으로 구분하여 이용되기도 한다.

② 현금수입장(cash receipts book): 현금의 입금거래만을 기입하는 장부이다.

③ 현금지출장(cash disbursements book): 현금의 출금거래만을 기입하는 장부이다.

④ 매출장(sales book): 일반적으로 외상매출거래만을 기록하는 장부이나, 때로는 외상매출뿐만 아니라 현금매출거래까지도 기록하는 장부이다.

⑤ 매입장(purchase book): 주로 외상매입거래만을 기록하는 장부이나, 때로는 외상매입뿐만 아니라 현금매입거래까지도 기록하는 장부이다.

⑥ 급료장(payroll book): 급료의 지급거래를 기입하는 장부이다.

위의 보조기입장 중 어느 호텔의 매출장 양식을 살펴보면 <표 4-6>과 같다.

표 4-6 매출장 양식

매 출 장

면수 : 1

일자	거래처	송장번호 (고객번호)	원면	외상매출금 (No.104)	객실매출 (No.401)	식음료매출 (No.402)	전화부문매출 (No.403)	기타부문매출 (No.404)
10.1	수정여행사	10-001	V	1,516,800	1,116,800	254,400	73,400	
5	부천여행사	10-002	V	98,200	53,000	24,000	24,000	4,700
10	행운기업	10-003	V	530,400	370,700	66,000	23,500	
15	경기산업	10-004	V	84,900	46,500	21,800	2,600	4,000
31	행운기업	10-005	V	278,300		265,000	13,300	
	합 계			2,508,600	1,587,000	631,200	136,800	8,700

(2) 보조원장

보조원장(subsidiary ledger)은 총계정원장상의 특정한 계정에 대한 명세를 기록하기 위한 보조부이다. 보조원장은 거래가 빈번하여서 거래처 또는 일정기준에 의거하여 세부계정으로 분할할 수 있는 계정에 대하여 설정하는 것이 일반적이다.

예를 들어, 매입이나 매출거래는 거래처, 즉 사람 또는 회사의 이름을 이용한 인명별 계정(personal accounts)을 이용한다. 가장 일반적인 보조원장의 예를 들면 다음과 같다.

① 재고자산원장(inventory subsidiary ledger): 식음재료 및 상품 등을 기록하는 보조원장이다.

② 매출처원장(accounts receivable subsidiary ledger): 외상매출금을 외상매출처별로 기입하는 보조원장이다.

③ 매입처원장(accounts payable subsidiary ledger): 외상매입금을 외상매입처별로 기입하는 보조원장이다.

④ 급료원장(payroll subsidiary ledger): 급료의 지급에 대한 기입을 하는 보조원장이다.

(3) 기타 보조부

기타 보조부(other subsidiary books)는 보조장부 중에서 보조기입장이나 보조원장으로 분류되지 않는 것으로서 주로 비망적인 기록을 목적으로 작성되는 장부이다. 기타 보조부로는 주문수령장, 어음기일기입장, 외상매출금연령장 등을 들 수 있다.

연습문제

1 거래의 의의를 설명하고 거래발생 원천, 손익발생 여부 및 현금수지 여부에 따라 거래를 분류하고 설명하시오.

2 거래의 이중성에 대하여 설명하시오.

3 거래의 8요소와 결합에 대하여 설명하시오.

4 계정기입의 원칙에 대하여 설명하시오.

5 분개의 의의와 법칙을 설명하시오.

6 전기에 대하여 설명하시오.

7 주요부와 보조부에 대하여 설명하시오.

8 다음은 (주)대한여행사의 10월 중 거래의 일부 내역이다.

(1) 대여금에 대한 원금 ₩2,000,000과 이자 ₩60,000을 현금 회수하다.
(2) 거래은행에 수수료 ₩20,000을 현금 지급하다.
(3) 소모품 ₩500,000을 매입하고 대금 중 절반은 현금 지급하고 나머지는 두 달 후에 지급하기로 하다.
(4) 종업원의 급료 ₩3,000,000을 현금 지급하다.
(5) 여행상품을 ₩400,000에 외상으로 판매하고 대금은 한 달 후에 받기로 하다.
(6) 3년 후에 상환하기로 하고 은행으로부터 ₩800,000을 차입하다.

물음

1. 거래의 8요소에 의한 결합관계를 설명하시오.
2. 손익발생 여부에 따라 교환거래, 손익거래, 혼합거래로 구분하시오.
3. 현금수지 여부에 따라 현금거래(입금거래 또는 출금거래), 대체거래(전부대체거래, 일부대체거래)로 구분하시오.

9 다음은 어느 호텔의 거래이다. 분개하고 총계정원장에 전기하시오.

(1) 식재료 ₩500,000을 현금으로 매입하다.
(2) 은행으로부터 ₩1,200,000을 차입하다.
(3) (주)관광용품센터에 대한 외상매입대금 ₩700,000을 현금 지급하다.
(4) 수도료와 전기료 ₩140,000을 현금으로 납부하다.
(5) 은행차입금의 이자 ₩6,000을 현금으로 지급하다.
(6) (주)동해수산에 대한 외상매입금 중 ₩300,000을 어음발행하여 지급하다.
(7) 사무용 컴퓨터를 구입하고 대금 ₩1,200,000은 한달 후에 지급하기로 하다.
(8) 은행차입금 중 ₩200,000을 상환하다.
(9) (6)의 (주)동해수산에 대한 약속어음의 만기일이 되어 현금으로 지급하다.
(10) 거래처를 접대하면서 ₩50,000을 현금만 사용하다.

10 다음은 (주)서울관광농원의 5월 중 거래내역이다.

(1) 1일 자본금 5,000만원을 주주로부터 현금출자받았다.
(2) 토지와 건물을 ₩10,000,000에 임차하여, 12월까지 사용하기로 하였다.
(3) 영업장 비품을 ₩6,000,000에 현금 구입하였다.
(4) 식음재료 ₩3,000,000을 외상구입하였다.
(5) 영업장의 화재보험료 ₩50,000을 현금지급하다.
(6) 용역을 판매하고 그 대가로 현금 ₩2,500,000을 받았으며, 나머지 ₩1,000,000은 한 달 후에 받기로 하다.
(7) (4)의 식음재료 구입대금을 현금으로 지급하였다.
(8) 종업원 급료 ₩1,200,000과 전기 및 수도요금 ₩30,000을 현금지급하다.

물음

1. 거래를 분개하고 총계정원장에 전기하시오.
2. 현금계정의 월말잔액은 얼마인가?

CHAPTER | 05

손익계산

05

손익계산

손익이란 이익과 손실을 합한 것이며, 손익계산이란 일정한 기간 동안의 영업성과인 이익 또는 손실의 크기를 계산하는 것이다. 이익은 수익에서 비용을 차감하여 산출되는 것으로서 수익이 비용보다 많을 경우에는 순이익이, 적을 경우에는 순손실이 나타난다.

이와 같이 특정기간의 영업성과인 손익을 나타내기 위하여 작성되는 회계보고서를 손익계산서(또는 이익계산서)라고 한다. 손익계산서는 대차대조표와 더불어 가장 중요한 재무제표이다. 기업의 궁극적 목표는 이익 창출이기 때문에 손익계산서는 이익계산서라고도 한다. 본 장에서는 수익, 비용 및 이익의 개념과 그 계산과정을 살펴보고 손익계산서에 대하여 학습하고자 한다.

5.1 손익계산의 방법

손익계산의 방법은 대차대조표를 이용한 손익계산방법인 재산법과 손익계산서를 이용한 손익계산방법인 손익법의 두 가지로 구분된다.

1 재산법

재산법은 손익을 기초와 기말시점의 순자산, 즉 자본의 비교를 통하여 계산하는 방법이다. 따라서 재산법은 자본등식을 이용하여 기초자본과 기말자본을 계산한 후 두 시점의 자본의 차액을 일정기간의 손익으로 계산하는 것이다. 기초와 기말시점의 자본은 대차대조표상의 자산과 부채의 차액으로 계산되기 때문에 재산법은 자산부채법(assets and liabilities method)이라고도 하며 대차대조표를 이용한 손익계산방법이다. 재산법을 이용한 손익계산의 공식은 다음과 같다.

재산법에 의한 순손익은 순재산의 증감액이다. 기말자본이 기초자본보다 크면 순재산의 증가인 이익이 나타나고, 반대로 기말자본이 기초자본보다 작으면 순재산의 감소인 손실이 나타난다. 또한 회계기간 중에 추가 출자인 증자액은 차감하고 자본금의 감소인 감자액은 가산하여 순손익을 계산한다.

기초자산 − 기초부채 = 기초자본
기말자산 − 기말부채 = 기말자본
기말자본 − 기초자본 = 순손익
기말자본 − 기초자본 − 기중증자액 + 기중감자액 = 순손익

재산법은 자본유지접근법을 이용한 손익계산방법이다. 다만, 재산법은 두 시점의 장부상 순자산액을 비교하나, 자본유지접근법은 두 시점의 자본화가치를 비교하여 손익을 계산한다. 자본화가치는 할인율을 이용하여 계산된 현재가치를 자본화한 가치이다. 재산법에 의하여 계산된 손익은 단순히 총액으로 표시될 뿐 손익발생의 원인이나 경로 등의 상세한 내용을 알 수 없다는 단점을 지니고 있기 때문에 순이익의 질을 판단하고, 이를 기초로 의사결정을 내리고자 하는 정보이용자들에게는 유용한 순이익 계산방법이 되지 못한다. 따라서 재산법은 외부보고용 목적으로는 적합하지 않은 방법이며, 오늘날 회계에서 손익계산서를 작성하는데 별 역할을 하지 못한다.

2 손익법

손익법(profit and loss method)은 일정기간 동안의 경영성과로서의 당기순손익을 총수익과 총비용을 비교하여 순손익을 산출하는 방법이며 수익비용법 또는 거래접근법이라고도 한다. 즉 총수익이 총비용보다 크면 순이익이 계산되고, 반대로 총비용이 총수익보다 크면 순손실이 계산된다. 손익법은 손익계산서 등식을 이용하여 순손익을 계산한다.

총수익 − 총비용 = 순손익

손익법은 손익이 구체적인 재산으로 계산되는 것이 아니라 추상적인 수익과 비용의 비교를 통해 계산되는 손익계산서를 이용한 손익계산법이다. 또한 손익을 수익과 비용의 조직적 · 체계적 기록을 통하여 산출하는 유도법에 의한 계산법이다. 손익법을 이용한 경우는 손익이 어떠한 원인에서 발생되었는지를 명백히 알 수 있는 장점을 갖는다. 이에 따라 기업의 경영효율을 측정 · 평가하기 위한 경영성과의 계산은 손익법을 이용하며 구체적인 손익계산서 양식에 의거하여 그 내용을 표시한다. 손익법은 해당기간 중의 수익에 속하는 모든 거래와 비용에 속하는 모든 거래를 나열하여 당기 순손익을 계산하는 방법으로 거래접근법을 이용한 손익계산방법이다.

손익의 계산에서 재산법 또는 손익법 중 어느 것을 이용하여도 계산되는 손익은 동일한 금액이 되어야 한다. 그러므로 손익법에 의하여 손익을 계산한 후, 재산법에 의한 대차대조표상의 손익과 상호 일치하는가를 확인하여 계산의 정확성을 검토할 수 있다.

5.2 손익계산서

1 손익계산서의 의의와 유용성

1) 손익계산서의 의의

손익계산서(profit and loss statement: P/L)는 일정기간 동안의 기업의 경영성과를 나타내는 회계보고서이며, 이익계산서(income statement: I/S)라고도 한다. 우리나라 기업회계기준은 기업의 경영성과를 명확히 보고하기 위하여 그 회계기간에 속하는 모든 수익과 이에 대응하는 모든 비용을 적정하게 표시하여야 한다고 손익계산서의 역할을 명시하고 있으며, 여기에서의 경영성과(results of operations)는 손익을 말하며, 손익은 일정기간의 수익과 비용을 대응시킴으로써 계산된다. 대체로 손익계산서는 동질적 원천에서 발생한 수익과 비용을 단계적으로 대응·표시하여 손익의 발생사유와 원인을 밝히는 재무제표이다.

2) 손익계산서의 유용성

손익계산서는 대차대조표와 더불어 재무제표의 양대 지주를 이루고 있는데, 이는 다음과 같은 유용성을 갖기 때문이다.

① 기업경영활동의 성과측정을 위한 자료가 된다.
손익은 기업경영활동의 성과·효과·효율을 측정·평가하는 기초자료가 된다. 일반적으로 이익이 발생하면 기업이 성공적으로 경영활동을 하였다고 평가된다.

② 정보이용자의 의사결정을 위한 자료를 제공한다.
손익은 이미 행한 투자의 성과 및 수익률 등을 평가하기 위한 자료로 활

용된다. 또한 투자자 · 주주의 투자의사결정, 채권자의 신용의사결정, 경영자의 경영의사결정 등 정보이용자의 경제적 의사결정을 위한 자료를 제공한다.

③ 경영자의 업적평가를 위한 자료가 된다.

경영자가 기업의 이익목표를 달성하였는가 또는 경영자가 효율적인 경영을 하였는가 등의 업적평가를 위한 자료가 된다. 업적평가에 따라 경영자에 대한 승진 · 전보 · 보상이 이루어진다.

④ 기업의 배당정책을 수립하기 위한 자료가 된다.

이익배당액은 반드시 이익에 비례하여 결정되는 것은 아니지만, 이익의 규모에 따라 영향을 받는 경향이 있다. 배당정책의 수립은 결산이익이 밝혀진 후에 이루어지는 것이 보통이다.

⑤ 과세의 기초자료가 된다.

과세소득은 기업의 순이익에 세무조정을 한 후 결정되므로, 손익은 과세의 기초자료가 된다.

⑥ 가격·요금결정의 자료가 된다.

손익은 기업의 제품가격결정, 공기업의 공공요금결정, 정부의 독과점상품의 가격결정 등에 도움이 되는 중요 정보가 된다.

⑦ 단체협약의 자료가 된다.

손익은 사용자와 근로자 간의 단체협약, 임금협상, 성과급여 결정 등을 위한 자료로 이용된다.

⑧ 사회·경제정책 수립의 자료가 된다.

손익은 정부의 가격통제, 금융정책, 노동정책 등의 사회 · 경제적 정책을 수립하는데 참고자료로 활용된다.

2 손익계산서의 작성

1) 손익계산서 작성원칙

손익계산서의 작성시 지켜져야 할 원칙은 다음과 같다.

(1) 발생주의 원칙

모든 수익과 비용은 그것이 발생한 기간에 정당하게 배분되도록 처리하여야 한다. 다만, 수익은 실현시기를 기준으로 계상하고 미실현수익은 당기의 손익계산에 산입하지 아니함을 원칙으로 한다.

(2) 수익·비용 대응의 원칙

수익과 비용은 그 발생원천에 따라 명확하게 분류하고 각 수익항목과 이에 관련되는 비용항목을 대응 표시하여야 한다.

(3) 수익과 비용의 총액표시 원칙

수익과 비용은 총액에 의하여 기재함을 원칙으로 하고 수익항목과 비용항목을 직접 상계함으로써 그 전부 또는 일부를 손익계산서에서 제외하여서는 아니된다.

(4) 구분표시 원칙

손익계산서는 매출총손익, 영업손익, 법인세비용차감전순손익, 당기순손익으로 구분 표시하여야 한다. 다만, 제조업·판매업 및 건설업 이외의 기업에 있어서는 매출총손익의 구분표시를 생략할 수 있다. 또한 중단사업이 있는 경우에는 계속사업과 중단사업의 손익을 구분하여 표시하여야 한다. 다만, 중단사업손익은 손익계산서 본문에 총손익만을 표시하고 그 산출근거는 주석으로 기재한다.

(5) 주당손익의 표시원칙

1주당 당기순손익은 당기순이익 다음에 제시하고 그 산출근거를 주석으로 기재한다. 주당손익은 기본주당순손액과 희석주당순손익으로 구분하여 제시하여야 한다.

2) 손익계산서의 한계성

손익계산서가 가지고 있는 한계성은 다음과 같다.

(1) 이익의 진실성

손익계산서가 제공하는 회계이익이 진실된 이익인가의 문제로, 즉 인적자원, 토지의 가격변동, 영업권 등의 비화폐적 요소에 대한 이익 등이 회계이익에 포함되지 않는다는 것이다.

(2) 회계처리방법에 따른 차이성

손익계산서가 제공하는 회계이익은 회계처리방법에 따라 달라질 수 있다는 것이다. 즉 감가상각방법(정액법, 정률법 등)이나 재고자산평가방법(선입선출법, 후입선출법 등)에 따라 다른 모든 면에서 동일하더라도 이익은 다르게 나타날 수 있다는 것이다.

3 현금주의와 발생주의

현금주의(cash basis)란 현금을 수취할 때 수익을 계상하고 현금을 지급할 때 비용을 계상하는 기준으로서, 이익결정에 있어서 수익·비용대응의 원칙을 무시하고 현금의 수입·지출 여부에 따라 손익을 인식하는 것이다. 주로 현금을 취급하는 기업, 서비스업, 소기업 등에 적합한 기준이다.

발생주의(accrual basis)란 현금의 수입·지출과 관계없이 기간 중 손익이 발생하면 수익 · 비용을 계상하는 것으로, 이익측정에 있어서 수익 · 비용대응의 원칙을 적용하는 주장이다. 따라서 발생주의에서는 이익획득과정(earning process)에 있어서 결정적 사상(critical event)이 언제 발생하였는가가 중요한 것으로, 현금의 수입 · 지출이 없어도 손익발생의 사실이 인지되면 수익 · 비용이 발생한 것으로 인식하는 것이다. 이 기준은 상품판매기업 · 제조기업에 적합한데, 특히 외상거래가 많고 재고자산이 영업활동의 중심이 되고 있을 경우에 적절하다.

일반적으로 현금주의보다는 발생주의가 기간손익의 측정에 바람직한 기준이라고 생각되고 있으며, 그 주장근거는 다음과 같다.

① 수익·비용의 대응이 적절히 이루어진다.
수익이 발생한 기간에 대해 비용을 대응시킴으로써 기간손익이 적절히 측정된다. 이로써 기간별 손익이 비교가능하게 된다.

② 보다 나은 이익성과측정치를 제공한다.
이것은 두 가지 이유에 의해 설명될 수 있는데, 첫째 수익이 보다 의미있는 방법으로 측정되고, 둘째 비용이 보고된 수익과 관련되어 측정되기 때문이다. 발생주의는 영업활동에서 자산의 사용에 초점을 맞추고 있으나, 현금주의는 금융활동인 현금의 수입 · 지출에 초점을 맞추고 있다.

5.3 수 익

1 수익의 의의

수익(revenue)이란 재화의 인도 · 생산 또는 용역의 제공 등 기업활동으로 회계기간 중 나타난 자산의 유입액 · 증가액 또는 부채의 청산액이다. 수익은 기업의 계속적인 주된 혹은 중심이 되는 영업활동을 통하여 나타난다. 따라서 수익은 이득과는 구별된다. 이득(gain)이란 기업의 주된 정규적인 영업활동 이외의 부수적 · 부차적인 사건에 의하여 나타나는 순자산의 유입이나 가치의 증가이다. 또한 수익과 수입은 비슷하나 다른 것이다. 수익은 자산유입액을 발생주의에 따라 인식한 것으로, 비용과 대응되는 것이다. 이에 대해 수입은 현금유입액을 현금주의에 따라 인식한 것으로, 지출에 대응되는 것이다.

2 수익의 분류

수익은 영입수익인 매출액과 영업외수익으로 구분한다. 매출액은 상품판매 등으로 얻은 수입액으로, 매출액의 발생으로 현금 · 외상매출금 · 받을어음 등이 증가한다. 그 밖의 수익에는 영업외수익인 이자수익, 배당금수익, 유형자산처분이익, 자산수증이익 등이 있다.

1) 영업수익

영업수익(operating revenue)은 매출액(sales)이라고 표시되며, 상품 등의 판매 또는 용역의 제공으로 실현된 금액이다. 손익계산서상의 매출액은 순매출액(net sales)이며 총매출액이 아니다. 총매출액(gross sales)이란 상품판매시 또는 용역제공시 받을 화폐액으로, 수익차감항목인 매출에누리와 환입 및 매출할인을 차감하기 전의 금액이다.

매출액으로부터 매출원가를 차감하면 매출총이익이 산출된다. 매출총이익(gross profit)은 손익계산서에 표시되는 이익 중에서 첫 단계에 산출되는 것으로 상품 · 제품 등의 판매액과 그 원가를 대비시킴으로써 상품 · 제품 등의 수익성 여부를 판단할 수 있는 중요한 이익지표가 된다.

호텔업에서 수익의 원천은 <표 5-1>에서 보듯이 객실수익, 식료수익, 음료수익, 전화(통신)부문 수익, 주차장, 헬스클럽 및 기타 영업부문의 수익 등 다양한 원천이 존재한다. 항공업의 경우에는 여객 및 화물의 운송서비스가 주요 수익의 원천이며 여행업의 경우에는 관광알선 수수료 수입, 매표 수수료 수입, 화물운송 수수료 수입 및 기타 수수료 수입이 수익의 원천이다.

표 5-1 호텔업 수익의 원천

(1) 주요영업부문(Operated Department)
- 객실(Room)
- 식료(Food)
- 음료(Beverage)
- 전화(Telephone or Telecommunication)
- 주차장(Garage and Parking)
- 골프장 및 골프용품점(Golf Course & Golf Pro Shop)
- 고객세탁(Guest Laundry)
- 헬스클럽(Health Center)
- 사우나(Sauna)
- 수영장(Swimming pool)

(2) 기타영업부문(Other Operated Department)

(3) 임대 및 기타수익(Rentals and Other Income)

2) 영업외수익

영업외수익(non-operating revenues)은 기업의 주요 영업활동과 관련 없이 발생하는 수익으로서 경상적이고 반복적으로 발생하는 수익이다. 영업외수익은 구분하여 표시하며 기업회계기준에서는 이자수익, 배당금수익, 임대료, 유가증권처분이익, 유가증권평가이익, 외환차익, 외화환산이익, 지분법평가이익, 유형자산·무형자산·유가증권 등의 감액손실환입, 투자자산처분이익, 유형자산처분이익, 사채상환이익, 법인세환급액 등을 영업외수익에 포함시키고 있다.

3 수익의 인식과 실현

1) 수익의 인식조건

수익을 그 발생시점별로 구분하여 객관적으로 정확하게 측정하고 기록하는 것은 매우 어렵기 때문에 일정한 시점에서 수익을 한꺼번에 계상한다. 수익의 인식이란 수익이 귀속되는 회계기간을 결정하는 문제로 수익이 언제 인식되는가 또는 발생되는가에 대한 것이다. 수익을 인식하기 위해서는 다음의 두 가지 요건이 충족되어야 한다.

① 주요한 경제적 활동이 수행되어야 한다.

② 객관적인 측정이 가능하여야 한다.

수익은 주요한 경제적 활동이 수행되어야 인식될 수 있다. 문제는 주요한 경제적 활동의 수행시점을 어떻게 판단할 것인가이다. 즉 수익창출을 위한 계획수립 · 재료구입 · 생산 · 판매 · 애프터서비스 · 대금회수 등의 연속적인 경제활동 중 어떠한 활동을 주요한 경제적 활동으로 볼 것인가를 결정하여야 한다. 수익인식시점(revenue recognition points)은 기업의 수익획득과정 중 어떠한 활동을 주요한 경제적 활동으로 볼 것인가에 따라 여러 시점이 될 수 있다. 즉 생산기간 중 수익이 인식되는 생산시점 · 판매시점 · 대금회수시점에 따라 수익실현기준이 열거될 수 있다. 그러나 관광산업은 특성상 생산과 판매가 동시에 일어나므로 생산완료시점에 대한 기준은 큰 의미가 없으며, 서비스완료시점, 즉 판매시점에서 수익을 인식하는 것이 일반적이다.

2) 수익의 측정

수익의 금액을 결정하는 것으로 얼마의 화폐액으로 측정할 것인가의 문제다. 일반적으로 수익의 본질에 관해서는 수익을 ① 판매자인 기업으로부터 구매자에게 인도되는 제품 등이 외부로 유출되는 것을 측정하고자 하는 유출가치측정의 견해와, ② 제품의 판매에 대한 대가로 유입되는 현금이나 매출채권 등의 재무적 자원의 유입을 측정하고자 하는 유입가치측정의 견해로 대별할 수 있다. 공정한 시장에서 거래되는 경우 유출가치와 유입가치는 모두 공정가액과 일치하게 되어 어느 견해를 따르더라도 동일하게 된다. 그러나 관계회사와의 거래 또는 소유주와의 거래 등에서는 공정가액보다 높거나 낮게 거래되는 경우가 있을 수 있으며, 이 경우에는 어느 가치로 측정하느냐에 따라 수익으로 인식할 금액이 달라진다. 논리적인 관점에서는 기업이 인도하는 자산을 공정가액으로 측정하는 것이 합리적이다. 따라서 수익을 유출개념으로 파악하는 것이 더 합리적인 것이다. 그러나 화폐가치로 거래를 측정하는 것이 보다 용이하고 검증가능하므로, 기업의 제품이나 서비스에 대한 대가로 유입되는 재무적 자원의 화폐가치로 수익을 파악하고자 하기도 한다.

한편, 수익은 교환가치(exchange value)로 측정되어야 하는데, 여기서 교환가치란 재화·용역과의 교환으로 받게 될 현금 또는 현금청구권이 된다. 이론적으로 수익은 현재가치(present value)로 측정되는 것이 바람직하지만, 현재가치 측정에는 주관성이 개입되고 할인율을 결정하는 등의 문제가 있다. 일반적으로 수익거래에서 할인액은 무시할 정도로 작으므로, 보통 수익은 현재가치로 측정하지 않고 받게 될 현금 및 현금청구권으로 측정한다.

3) 수익의 실현

회계에서 실현이란 현금 이외의 자원·권리를 화폐로 전환하는 것으로, 특히 자산을 현금·현금청구권과 교환하여 판매하는 것을 말한다. 따라서 수익의 실현이란 수익의 인식과 측정이 이루어져 수익이 실제로 발생되는 것을 가리키는 것으로, 수익을 계정 또는 재무제표상 계상할 수 있는 상태가 되는 것을 뜻한다. 따라서 수익의 실현은 수익의 인식과 동의어로 사용될 수 있다.

한편, 수익의 인식시점에 따라 수익이 현실적으로 나타나는가에 대한 여부를 판단 기준으로 하는 것을 수익실현기준(revenue realization basis)이라 하며, 일반회계원리에서는 생산기준(production basis), 판매기준(sales basis), 회수기준(collection basis)으로 나누어 설명하고 있으나, 관광산업에 있어서 수익의 인식은 대개 판매기준에 의해서만 이루어지므로 본서에서는 판매기준만을 설명하기로 한다.

판매기준은 수익의 실현을 판매과정 또는 판매행위와 관련시키는 기준으로서, 수익을 재화나 용역을 판매하여 인도하는 시점에서 인식하는 기준으로 인도기준(delivery basis)이라고도 부르는데, 대개의 판매과정 또는 판매행위가 용역·상품·제품의 인도로 종료되기 때문이다.

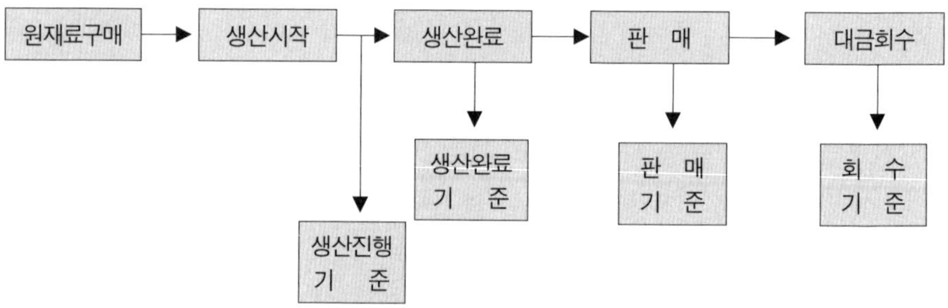

그림 5-1 수익발생과정

5.4 비 용

1 비용의 의의

비용(expense)이란 재화의 인도·생산 또는 용역의 제공 등 기업활동으로 일정기간 중 나타난 자산의 유출액·소비액 또는 부채의 발생액이다. 따라서 비용은 수익을 창출하기 위한 기업의 주된 영업활동으로 인하여 실제로 발생하였거나 발생할 것으로 예상되는 현금의 유출액이다. 비용은 수익을 얻기 위하여 발생하며 재화나 용역의 사용으로서 자산의 유출이나 부채의 증가를 통하여 소유자지분을 감소시키는 것이다. 비용의 대표적인 예로는 매출원가(cost of sales),

판매비와 관리비(selling and administrative expenses)가 있다. 매출원가는 기간 중 판매된 상품·제품의 원가 또는 제공된 용역의 원가이고, 판매비와 관리비는 상품·제품의 판매 또는 용역의 제공 등 판매활동과 관련된 비용 및 기업의 관리·유지에서 발생하는 비용이다. 비용은 다음과 같이 두 가지 관점에서 정의되고 있다.

1) 소멸원가(expired cost)

비용에 관한 전통적인 정의로 비용은 당해 기간 중 소멸된 원가라는 것이다. 즉 비용은 당해 기간의 수익을 얻기 위하여 당해 기간 중 사용·소비하여 소멸된 원가라는 것이다.

비용을 소멸원가로 정의함으로써 원가배분(cost allocation)의 설명이 가능하게 된다. 감가상각은 원가배분의 대표적인 예로, 유형자산의 원가에서 잔존가액을 차감한 상각가능액을 잔존내용년수 동안 상각함으로써 각 기간에 있어서 소멸원가를 인식하는 것이다.

2) 주주지분의 감소액(effect on stockholder's equity)

비용은 주주지분을 감소시키는 것으로서, 일단 명목계정인 비용으로 계상하였다가 기말에 손익계정을 거쳐 이익잉여금으로 대체됨으로써 주주지분을 감소시키는데 영향을 미친다. 이 개념은 자본주이론에 입각한 것으로 주주지분에 대한 영향이 강조되고 있다.

비용은 손실과는 구분되는데, 손실(loss)이란 한 경제실체의 주변적 혹은 부수적인 거래로부터 발생한 지분(순자산)의 유출이나 가치의 감소 또는 소유주에 대한 분배가 아닌 방법으로 그 경제실체에 영향을 미친 모든 거래, 사상 및 상황으로부터 발생한 지분의 감소를 의미한다. 따라서 비용은 수익을 얻기 위하여 쓰여진 경제가치의 소멸분이나 손실은 수익과 관련 없이 쓰여진 경제적 가치의 감소분이다.

3) 비용, 원가, 지출의 구분

원가(cost)는 비용과 동일어로 사용되기도 하나 엄격한 의미에서는 구분되는 개념이다. 원가는 재화나 용역을 취득한 대가로 지급한 가액이라고 할 수 있고, 이것이 소비 혹은 사용되거나 그 가치가 상실된 경우에는 소멸원가로서 비용이 되나, 소비 혹은 사용되지 않은 상태로 남아 있게 되면 미소멸원가로서 자산이 된다.

원가는 크게 두 가지로 구분할 수 있는데, 하나는 제품원가(product cost)이고 다른 하나는 기간원가(period cost)이다. 제품원가는 원재료비, 인건비, 간접경비로 구성되는데, 제품의 제조원가로 기록된 후에 그 제품이 판매된 시기에 매출원가로서 인식되므로 이들이 지출된 시기에 비용으로 인식될 수도 있고(지출된 시기에 관련된 제품이 판매된 경우) 자산으로 기록한 후에 차후 기간에 비용으로 인식될 수도 있다(지출된 이후의 시기에 관련된 제품이 판매된 경우). 기간원가는 원가와 수익간에 직접적인 관련을 지을 수가 없기 때문에 지출이 이루어진 시기에 비용으로 바로 인식하는 원가이다.

또한 비용은 지출과도 다르다. 지출(expenditure)은 현금의 유출을 의미하며 비용은 대개 지출을 수반한다. 다만, 지출의 시점은 비용의 인식시점과 다를 수 있다. 즉 유형자산의 감가상각비 계상의 경우와 같이 비용의 인식보다 지출이 먼저 나타날 수 있고, 미지급비용 계상의 경우와 같이 비용의 인식보다 지출이 나중에 나타날 수도 있다. 또한 차입금의 상환처럼 비용이 아닌 지출도 있다. 비용은 현금지출 유무와는 상관 없이 발생시점에서 인식(기록)하는 발생주의에 따르며, 현금지급을 기준으로 하는 현금주의를 따르는 것이 아니다. 발생주의는 현금의 지출 여부와는 관계 없이 비용이 발생하였다면 그 시점에서 비용으로 계상하여야 한다는 원칙이다.

2 비용의 분류

비용은 크게 영업비용과 영업외비용 그리고 법인세비용으로 구분된다. 영업비용은 매출원가, 판매비와 관리비를 포함한다.

1) 매출원가(cost of sales 또는 cost of goods sold)

상품 등의 판매 또는 용역의 제공으로 계상된 매출상품의 원가이다. 원래는 재고가능원가(inventoriable costs)였으나, 상품 등의 판매로 비용화되어 대차대조표계정(재고자산)이 손익계산서계정(매출원가)으로 전환된 것이다.

보통 매출원가는 '기초상품재고액 + 당기매입액 − 기말상품재고액 = 매출원가'로 계산되고 손익계산서도 이 공식에 의하여 기재된다.

매출원가는 수익인 매출액과 대응시키기 위하여 설정된 계정으로, 매출액에서 매출원가를 차감하면 매출총이익이 산출된다. 매출액은 재고자산의 판매액이고, 매출원가는 판매된 재고자산의 원가이므로 두 계정은 직접 대응이 된다.

한편, 제조기업이나 서비스기업의 경우는 재화나 서비스를 생산하기 위하여 발생한 재료비, 노무비, 경비를 포함하여 매출원가를 계산한다.

2) 판매비와 관리비(selling and administrative expenses)

판매비란 상품판매 · 용역제공 등과 같은 판매활동과 관련된 비용으로서, 판매원의 급여 · 광고선전비 · 판매수수료 등이 있다. 관리비란 기업의 관리와 유지를 위하여 발생되는 비용으로서, 관리직의 급여 · 통신비 · 보험료 · 감가상각비 등이 있다. 두 가지 비용은 그 구분이 모호할 수 있기 때문에 판매비와 관리비라는 범주로 구분한다. 매출총이익에서 판매비와 관리비를 차감하면 영업이익이 산출된다.

한편, 영업비용(operating expenses)은 기업의 정상적 영업활동에서 발생하는 비용으로서 영업외비용과 대비되는 개념이다. 보통 영업비용이라면 매출원가에 판매비와 관리비를 포함한 것을 지칭한다.

3) 영업외비용(non-operating expenses)

기업의 주요 영업활동과 직접 관련되지 않은 부수적 활동에 따라 발생되는 비용이다. 이자비용과 할인료, 기타의 대손상각비, 단기매매증권처분 또는 평가손실, 투자자산처분손실, 재해손실, 화재손실, 재산몰수손실 등이 있다. 영업외 비용은 기업의 주요 영업활동과 관련 없이 발생하는 비용이며 비경상적이거나 비반복적으로 발생하는 비용이다.

4) 법인세비용(income taxes)

법인세는 법인세법에 의하여 법인인 기업이 각 사업년도의 과세상 소득액을 과세표준으로 하여 세율에 따라 납부하는 세액이다. 이러한 법인세는 기업회계기준에 의하여 산출되는 법인세비용차감전순이익에 대한 것이 아니라, 세법에 의하여 산출되는 과세상 소득인 과세표준에 대하여 법인세율을 적용하여 계산된다.

3 비용의 인식과 측정

1) 비용의 인식

수익의 인식과 마찬가지로 비용의 인식(recognition of expenses)도 비용이 속하는 회계기간을 결정하는 것으로서 비용의 기간귀속(timing of expenses) 또는 비용의 보고(reporting of expenses)에 관한 것이다. 회계상 비용을 인식함에 있어서 전통적으로 "비용은 수익을 따라서 인식하라"는 원칙을 사용해 오고 있는데 이것이 소위 수익·비용대응의 원칙이다. 비용은 현금지출 시기에 따라 인식되는 것이 아니고 수익을 창출하는 데 기여했다고 인정되는 시기에 인식한다. 한 기간의 경제적 효익의 소비로 표현되는 비용은 회계기간 중에 창출된 수익과 직접적 혹은 간접적으로 관련시켜 인식할 수 있다.

비용의 인식·보고시점은 크게 다음과 같이 세 가지로 구분할 수 있다.

(1) 관련된 수익의 인식시점

이 기준은 수익·비용대응의 원칙을 나타내는 것으로서 비용은 기간 중 인식된 수익과 직접 관련된 것만을 인식하여야 한다는 것이다. 이에 따라 계상되는 것이 제품원가(product cost)로, 손익계산서에 매출원가로 기재된다. 매출원가는 상품판매기업의 경우 판매한 상품의 원가가 되고, 제조기업의 경우 제조한 제품의 원가(제조원가)가 된다.

(2) 원가의 소멸시점*

원가의 소멸이란 재화나 용역이 수익을 얻는 과정에서 기업외부로 유출되거나 더 작은 원가로 변형되는 것을 말한다. 선급비용이나 유형자산은 사용이나 시간의 경과에 따라 가치가 감소하여 미소멸원가가 소멸원가화된다.

(3) 원가의 발생시점

어떠한 원가는 미소멸원가인 자산으로 계상하기 어렵기 때문에 원가가 발생하는 시점에서 비용으로 인식하게 된다. 즉 수익과 간접적으로 관련되어 있고 당해 기간 중 경제적 효익의 소비가 확실한 것이면 그 기간의 비용으로 인식하여야 한다는 것이다. 이 기준은 원가가 발생하여도 자산화하지 못하고 바로 소멸하는 것으로 보고 원가의 발생시점 또는 대금이 지급되거나 지급의무가 확정된 시점에서 즉시 비용으로 인식되는 기간비용(period cost)으로, 손익계산서상 판매비와 관리비 등으로 계상된다.

때로는 "체계적이고 합리적인 방법"으로 비용을 배분함으로써 비용을 수익에 대응시키는 방안을 강구하여야 한다. 유형자산과 관련된 비용은 관련되는 자산 혹은 지출이 효익을 제공하리라고 기대되는 기간에 걸쳐 체계적이고 합리적인 방법으로 배분되어야 한다. 유형자산에 대한 지출은 장기에 걸쳐 수익창출에 기여할 것이므로 궁극적으로 모두 비용이 될 것이나, 우선 원가를 자산으로 기록한 후 이 자산이 수익을 창출하는데 기여한 기간에 걸쳐 체계적이고 합리적인 방법으로 감가상각을 통하여 비용화시킨다.

한편, 호텔업에서는 매출액에서 각 부문 매출원가를 직접 대응시키고 일반관리비, 인적자원비, 안전관리비, 경영수수료, 이자비용, 감가상각비 등을 간접대응시켜 법인세 차감전 순이익을 산출하고 여기서 법인세율을 적용한 법인세 비용을 차감하여 당기순이익을 구한다.

2) 비용의 측정

비용의 측정(measurement of expenses)이란 비용의 인식시점에서 비용으로 계상될 금액의 크기를 결정하는 것으로 비용의 평가라고도 한다. 즉 기간 중 소멸된 자산에 대해 얼마의 화폐가치를 부여할 것인가에 관한 것이다. 비용측정기준도 자산평가기준과 마찬가지로 역사적 원가이지만, 현행원가나 일반물가지수에 의하여 수정된 역사적 원가가 이용될 수도 있다. 자산평가기준의 일반기준은 취득원가인 원가이므로, 비용 역시 원가로 측정되고 있다. 이로써 대차대조표상 자산이 원가로 측정되고, 손익계산서상 비용도 원가로 측정되어 일관된 평가원칙이 적용되는 것이다.

비용을 역사적 원가에 의하여 측정하는 것은 원가주의에 의한 것으로, 역사적 원가를 이용한 비용의 측정은 다음과 같은 유용성을 갖는다.

① 역사적 원가에 의한 측정은 이미 교환이 발생한 상태 하에서 결정되므로 객관성이 높다.

② 역사적 원가는 이미 지급된 현금액 또는 지급 약정된 현금액으로 측정되므로 검증가능성이 높다.

5.5 이 익

1 이익의 의의

이익(income)은 이윤(profit) 또는 순이익(net income)이라고도 한다. 또한 이익과 손실을 합쳐 손익(profit and loss)이라고도 한다.

이익은 일정기간에 있어서 자본(순자산)의 변동액 또는 수익에서 비용을 차감한 금액으로 정의된다. 당기순이익은 특정 회계기간에 결정되는 이익으로서 손익계산서의 하단에 표시된다. 이익에 반대되는 것이 손실(loss)이다. 앞에서 이익의 정의는 손실도 포함하는 것으로서 단순히 자본변동액 또는 수익에서 비용을 차감한 금액으로 정의하였다. 그러나 이익과 손실을 구별한다면 이익과 손실은 다음과 같이 정의된다. 이익은 기말자본이 기초자본을 초과한 금액(단, 소유주원천의 거래가 없는 경우) 또는 수익이 비용을 초과한 금액이고, 손실은 기초자본이 기말자본을 초과한 금액(단, 소유주원천의 거래가 없는 경우) 또는 비용이 수익을 초과한 금액이다.

또한, 수익(revenue)과 이득(gain)은 구별되기도 한다. 두 개념의 구별기준은 거래가 기업의 계속적 주요 영업활동과 관련된 거래인가, 또는 주변적 · 부수적 거래(peripheral)인가에 따라 다르다. 수익은 기업의 주요 영업활동인 상품 등의 판매와 관련된 자산유입액이 되고, 이득은 이러한 주요영업활동 이외의 부수적으로 나타나는 거래로 인한 소유주지분(순자산)의 증가액이 된다. 수익의 예로 매출액이 있고, 이득은 영업외수익으로 분류되며, 그 예로 유가증권처분이익 · 유형자산처분이익 · 자산보유이익이 있다.

이익은 순이익을 나타내는 것으로, 수익에서 비용을 차감한 의미로만 사용하는 것이 바람직할 것이다. 수익을 광의로 사용할 경우에는 수익 속에 이득이 포함된다. 이것은 광의의 비용 속에 손실이 포함되는 것과 마찬가지이다. 오늘날 회계에서의 이익중시경향은 이익정보가 갖는 다양한 유용성 때문이다. 즉 이익측정의 목적은 다양한 정보이용자들의 경제적 의사결정에 유용한 정보를 제공함에 있다.

2 이익의 분류

1) 기업회계기준에 의한 분류

기업회계기준에 의한 이익의 분류는 손익계산서가 구분손익계산서로서 단계별로 이익을 표시하도록 되어 있으며, 다음의 이익을 구분하여야 한다.

(1) 매출총이익(gross profit)

매출액에서 매출원가를 차감한 금액이다. 매출총손익은 매출총이익과 매출총손실을 포괄한 것으로서 매출총이익은 매출액이 매출원가보다 클 경우에 나타나고, 매출총손실은 매출원가가 매출액보다 클 경우에 나타난다. 다만, 제조업, 판매업, 건설업 이외의 업종은 매출총이익의 구분표시를 생략할 수 있다.

매출총이익은 손익계산서 작성시 첫 단계에서 산출되는 이익으로, 상품·제품의 매출액과 매출원가를 직접 대응시켜 계산된 이익이라는 점에서 중요하다. 즉 판매비와 관리비, 영업외수익·비용 등을 고려하지 않고 상품·제품에만 직접 관련된 수익·비용을 고려하여 산출된 이익이라는 것이다. 재무분석에서 매출총이익의 크기, 매출총이익률을 중요시하는 것도 이러한 이유 때문이다.

(2) 영업이익(operating profit)

매출총이익에서 판매비와 관리비를 차감한 금액이다. 영업이익은 매출액, 매출원가, 판매비와 관리비만을 고려하여 산출되는 이익이라는 점에서 중요하다. 영업에 직접 관련되지 않은 영업외수익, 영업외비용, 법인세비용 등은 제외된다. 이러한 관점에서 영업이익은 미래에 대한 투자계획을 세우거나 성과평가를 하는데 중요시되고 있다.

(3) 법인세비용차감전순이익(income before income taxes)

법인세비용차감전순손익 역시 법인세비용차감전순이익과 법인세비용차감전순손실을 포괄한 것이며, 영업이익에서 영업외수익을 가산하고 영업외비용을 차감하여 계산한 결과이다. 법인세비용차감전순이익은 법인세 등을 제외한 기업의 모든 손익활동을 고려하여 계산된 이익으로, 세무계획을 수립하는 등 세무의사결정에 유용하다.

(4) 당기순이익(net income)

당기순이익은 법인세차감전순이익에서 법인세비용 등을 차감한 금액이다. 이는 손익계산서의 최종 마지막에 표시되는 것으로서 기업의 모든 수익과 비용이 망라된 이익이다. 일반적으로 기업의 이익이라면 당기순이익을 가리킨다.

(5) 계속사업이익과 중단사업이익의 구분

기업회계기준은 경영성과를 계속사업과 중단사업으로 구분하여 계산하도록 하고 있다. 계속사업손익은 중단사업이 없는 경우, 위에서 설명한 바와 같이 계산되는 손익이다.

중단사업손익은 중단사업으로부터 발생한 영업손익과 영업외손익으로서 사업중단직접비용과 중단사업자산손상차손을 포함하며, 법인세효과를 차감한 후의 순액으로 보고한다. 또한 중단사업손익의 산출내역을 주석으로 기재하여야 한다.

중단사업은 다음의 조건을 모두 충족시키는 기업의 일부를 말한다.

① 사업의 중단을 목표로 수립된 단일계획에 따라 기업의 일부를 일괄매각방식 또는 기업분할방식으로 처분하거나, 해당 사업에 속한 자산과 부채를 분할하여 처분 또는 상환하거나 또는 사업자체를 포기한다.

② 주요 사업별 또는 지역별 단위로 구분할 수 있다.

③ 경영관리와 재무보고 목적상 별도로 식별할 수 있다.

(6) 손익계산서 양식

손익계산서에는 손익계산서라는 명칭, 기업의 명칭, 회계기간 및 보고통화와 금액단위가 반드시 표시되어야 한다. 기업회계기준에 의한 중단사업이 없는 경우의 요약된 손익계산서 양식은 <표 5-2>와 같다. 보다 세분화된 손익계산서 양식은 [부록]을 참고하기로 한다.

표 5-2 기업회계기준상 손익계산서 양식(중단사업이 없는 경우)

손 익 계 산 서

제×기 20××년×월×일부터 20××년×월×일까지
제×기 20××년×월×일부터 20××년×월×일까지

회 사 명 (단위: 원)

Ⅰ. 매출액	1,000,000
Ⅱ. 매출원가	400,000
Ⅲ. 매출총이익(손실)	600,000
Ⅳ. 판매비와관리비	120,000
Ⅴ. 영업이익(손실)	480,000
Ⅵ. 영업외수익	70,000
Ⅶ. 영업외비용	190,000
Ⅷ. 법인세비용차감전순이익(손실)	360,000
Ⅸ. 법인세비용	54,000
Ⅹ. 당기순이익(손실)	306,000

2) USALI에 의한 분류

(1) 기본손익계산서

USALI에서 제시하고 있는 기본적인 손익계산서 양식은 <표 5-3>과 같다. <표 5-3>에서 보면 수익과 비용을 대응하여 법인세차감전순이익을 계산하고 법인세를 차감하여 당기순이익을 계산하고 있어 이익을 단지 2가지로만 구분하고 있다.

표 5-3 USALI의 기본손익계산서 양식

STATEMENT OF INCOME

	Period	
	Current Year	Prior Year
REVENUE		
Rooms	$	$
Food		
Beverage		
Telecommunications		
Garage and Parking		
Other Operated Departments		
Rentals and Other Income		
Total Revenue		

COSTS AND EXPENSES		
Rooms		
Food		
Beverage		
Telecommunications		
Garage and Parking		
Other Operated Departments		
Administrative and General		
Human Resources		
Information Systems		
Security		
Marketing		
Franchise Fees		
Transportation		
Property Operation and Maintenance		
Utility Costs		
Management Fees		
Rent, Property Taxes, and Insurance		
Interes Expense		
Depreciation and Amortization		
Total Costs and Expenses		
INCOME BEFORE INCOME TAXES		
INCOME TAXES		
Current		
Deferred		
Total Income Taxes		
NET INCOME	$	$

(2) 부문별요약손익계산서

미국의 숙박업회계처리기준은 <표 5-4>와 같이 각 수익원천별 부문이익을 산출한다. 즉 객실부문의 수익에서 객실부문의 비용을 차감하여 객실부문의 이익을 계산하며, 이와 같은 방식으로 모든 수익부문의 부문별 이익을 계산하도록 하고 있다. 또한 총영업부문이익에서 미배분영업비용(undistributed operating expenses)을 차감하여 미배분영업비용차감후이익(income after undistributed operating expenses)을 산출하고, 이에 경영수수료, 임차료, 제세공과 및 보험료를 차감하여 이자비용 · 감가상각비 · 법인세차감전순이익(income before interest, depreciation and amortization, and income taxes)을 계산하고, 이자비용을 차감한 후 감가상각비 · 법인세차감전순이익(income before depreciation, amortization, and income taxes)을 계산하고, 마지막으로 법인세를 차감하여 당기순이익(net income)을 계산한다.

표 5-4 부문별 요약손익계산서(summary statement of income) 양식

영업부문	부속명세서	매출액	매출원가	노무비	경비	순이익(순손실)
객실	1					
식료	2					
음료	3					
전화	4					
주차장	5					
골프장	6					
골프용품점	7					
고객세탁	8					
헬스센터	9					
수영장	10					
테니스장	11					
테니스용품점	12					
기타영업부문	13					
임대 및 기타수입	14					
영업부문합계						
미배분영업비용						
일반관리비	15					
인적자원비	16					
정보처리비	17					
안전관리비	18					
마케팅비	19					
프랜차이즈수수료	19a					
운송비	20					
수선유지비	21					
공공요금	22					
미배분영업비용합계						
총 계						
미배분영업비용 차감후 이익						
위탁경영수수료				23		
임차료, 제세공과, 보험료				24		
이자비용, 감가상각비 및 법인세 차감전순이익						
이자비용				25		
감가상각비 및 법인세 차감전순이익						
감가상각비				26		
고정자산처분이익 또는 손실						
법인세 차감전순이익						
법인세				27		
당기순이익						

(3) USALI의 부문별 비용구분

호텔업을 위한 USALI에서는 부문별로 수익과 비용을 산출하며, 이에 따라 부문별이익(departmental income)이나 부문별손실(departmental loss)을 계산하고 있다. 또한 USALI에서는 부문별 손익계산을 하면서 영업비용을 크게 매출원가, 노무비, 경비로 구분하고 있다. 이에 따라 부문별비용은 매출원가, 노무비, 경비로 구분한다.

① 매출원가(cost of sales) : 매출원가는 식음료부문, 통신부문 등에서 나타나고 있으며, 식음재료나 통신료의 소비액으로 계산한다. 식음료부문의 매출원가계산은 제7장의 재고자산편에서 상세히 설명하기로 한다.

② 노무비(payroll and related expenses, labor expenses) : 노무비는 근로제공의 대가로서 종업원에게 지급하는 일체의 금전적 대가를 말하며 급여, 상여금, 퇴직급여, 복리후생비 등을 포함한다. UASLI에서는 급료와 임금, 복리후생비로 구분하고 있다.

- 급료와 임금(salaries and wages) : 기본급, 상여금 및 각종 수당(예 : 초과근무수당, 휴일근무수당, 휴가수당, 위험수당 등), 퇴직급여를 포함한다.
- 복리후생비(employee benefits) : 종업원에 대한 복리후생적 비용을 포함한다. 이는 근로환경의 개선이나 근로의욕의 향상 등을 위하여 지출하는 인건비적 성격을 갖는 비용이다. 예를 들어, 종업원을 위한 각종 연금, 세금과 공과금의 기업부담액, 회식비, 체육대회비, 식대 등을 포함한다.

③ 경비(other expenses) : 경비는 재료비나 노무비로 분류되지 아니하는 나머지 모든 비용들을 포함한다. 그러므로 경비에는 다양한 비용항목들이 포함되며, 그 분류도 기업의 규모나 항목의 중요성 등에 따라 상이하게 나타난다. USALI에서는 객실부문의 경우 Cable/Satellite Television, Commissions, Complimentary Guest Services, Contract Services, Guest Relocation, Guest Transportation, Laundry and Dry Cleaning, Lien, Operating Supplies, Reservations, Telecommunications, Training, Uniforms, Other 등을 제시하고 있다. 식음료부문의 경우에는 China · Glassware ·

Silver and Linen, Contract Services, Laundry and Dry Cleaning, Licenses, Miscellaneous Banquet Expenses, Music and Entertainment, Operating Supplies, Telecommunications, Training, Uniforms, Gratis Food, Other 등을 제시하고 있다.

USALI에서는 객실, 식료, 음료, 전화, 세탁, 골프용품점, 수영장 등 다양한 부문의 부문별손익계산서 양식을 제시하고 있다. <표 5-5>는 객실부문, <표 5-6>은 식료부문의 손익계산서 양식을 보여 주고 있다.

표 5-5 객실부문 손익계산서 양식

Rooms–Schedule 1

	Current Period
REVENUE	$
ALLOWANCES	
NET REVENUE	
EXPENSES	
Salaries and Wages	
Employee Benefits	
Total Payroll and Related Expenses	
Other Expenses	
Cable/Satellite Television	
Commissions	
Complimentary Guest Services	
Contract Services	
Guest Relocation	
Guest Transportation	
Laundry and Dry Cleaning	
Linen	
Operating Supplies	
Reservations	
Telecommunications	
Training	
Uniforms	
Other	
Total Other Expenses	
TOTAL EXPENSES	
DEPARTMENTAL INCOME (LOSS)	$

표 5-6 식료부문 손익계산서 양식

Rooms–Schedule 2

	Current Period
REVENUE	$
ALLOWANCES	______
NET REVENUE	______
COST OF SALES	
Cost of Food	
Less Cost of Employee Meals	
Less Food Transfers to Beverage	
Plus Beverage Transfers to Food	
Net Cost of Food	______
Other Cost of Sales	______
Total Cost of Sales	______
GROSS PROFIT (LOSS) ON FOOD SALES	
OTHER INCOME	
Meeting Room Rentals	
Miscellaneous Banquet Income	
Service Charges	______
Total Other Income	______
GROSS PROFIT (LOSS) AND OTHER INCOME	
EXPENSES	
Salaries and Wages	
Employee Benefits	______
Total Payroll and Related Expenses	______
Other Expenses	
China, Glassware, Silver and Linen	
Contract Services	
Laundry and Dry Cleaning	
Licenses	
Miscellaneous Banquet Expense	
Music and Entertainment	
Operating Supplies	
Telecommunications	
Training	
Uniforms	
Other	______
Total Other Expenses	______
TOTAL EXPENSES	______
DEPARTMENTAL INCOME (LOSS)	$ ______

3 손익계산서상 기업회계기준과 USALI의 차이점

일정 기간의 영업성과를 나타내 주는 손익계산서는 거래접근법에 따라 수익과 비용의 대응을 통하여 이익을 계산한다. 특히 USALI에서는 기본손익계산서(statement of income)와 부문별성과를 표시하는 요약손익계산서(summary statement of income) 그리고 부문별 손익계산서 양식을 제시하고 있다. 따라서 USALI와 기업회계기준상 손익계산서 작성상의 차이점을 손익계산서와 부문별 손익계산서로 나누어 요약하면 <표 5-7>, <표 5-8>과 같다.

기업회계기준과 USALI의 손익계산서는 전기성과와 당기성과를 비교하는 양식으로 작성되나, USALI의 요약손익계산서와 부문별 손익계산서는 당기의 성과만을 나타내도록 하고 있다. 또한 기업회계기준에서는 부문별손익계산서의 양식을 제시하지 않고 있다.

특히, USALI의 요약손익계산서는 수익의 원천을 객실, 식료, 음료를 비롯한 14개 부문으로 세분화시켜 표시하고 있으며(<표 5-4> 참조), 수익원천별로 매출원가 및 노무비, 기타비용 등을 분류하고 각 부분별로 부속명세서를 작성하여 영업결과를 표시할 수 있도록 하고 있다. 또한 수익부문별로 배분하기 곤란한 일반관리비, 인적관리비, 정보처리비, 마케팅비, 수수료 등의 비용항목에 대하여서도 노무비 및 기타비용 등 분류가능한 세분화된 항목으로 표시한다.

특별히 USALI에서는 고정비용(fixed charges)의 범주를 제시하고 있다. 이에 따라 모든 비용은 매출원가(cost of sales), 노무비(payroll), 기타경비(other expenses), 고정비용(fixes charges)의 4가지 범주로 구분하고 있다. 고정비용에 포함되는 항목을 보면 다음과 같다.

- 위탁경영수수료(management fees)
- 토지 건물, 장비 등의 임차료와 리스료(rent or lease expenses)
- 부동산, 설비 등에 대한 세금(tax expense)
- 건물과 부속물에 대한 보험료(building and content insurance)
- 이자비용(interest expense)
- 감가상각비와 무형자산상각비(depreciation and amortization)

- 유형자산처분손익(gain or loss on sale of property)
- 법인세비용(income taxes)

표 5-7 손익계산서 작성상의 차이점 비교

항 목	기 업 회 계 기 준	U S A L I
구분표시	수익과 비용의 유형별 구분을 통한 단계적 대응으로 매출총이익 · 영업이익 · 법인세비용차감전순이익 구분계산.	총수익과 총비용의 일괄대응을 통한 법인세차감전이익의 계산.
부문별 계산	부문별 계산이 전제되지 않음.	요약손익계산서의 경우, 수익은 14개 영업부문과 영업외수익으로 구분 표시. 비용은 영업부문과 개별비용으로 구분 · 표시하고, 미배분영업비용과 고정비용은 원가항목별로 구분하여 표시. 각 영업부문명세서, 서비스부문의 비용명세서 및 고정비용명세서 등의 보충정보 제시.

표 5-8 부문별 손익계산서 작성상의 차이점 비교

항 목	기 업 회 계 기 준	U S A L I
부문별 계산	언급이 없음.	부문별 성과를 나타냄.
구분표시	매출총이익 · 영업이익 · 법인세비용차감전순이익 · 당기순이익으로 구분계산함.	총영업부문이익, 미배분영업비용차감후이익, 이사비용 · 감가상각비 및 법인세 차감전이익, 감가상각비 및 법인세 차감전이익, 당기순이익으로 구분계산함.
매출원가 및 매출총이익 계산	매출액에서 매출원가(cost of goods sold)를 차감하여 매출총손익을 계산함. 호텔기업의 경우는 매출총손익의 계산을 생략해도 무방함.	14개의 영업부문손익 계산시 매출원가가 나타나며, 이때의 매출원가는 부문의 재료원가 또는 상품구입원가에 의하여 계산됨. 호텔기업 전체의 매출원가(cost of sales)는 14개 영업부문 매출원가의 합계액으로 계산가능하나, 매출총이익은 계산하지 않음.
영업외수익의 기록	영업외수익은 영업수익과 구분하여 영업이익 계산후에 기록함.	영업부문수익란에 임대 및 기타 수입(rental and other income)으로 기록함.

항 목	기 업 회 계 기 준	U S A L I
판매비와 관리비의 범위	판매활동관련과 일반관리활동을 위한 비용은 판매비와관리비로 기록함.	미배분영업비용(undistributed operating expenses)으로 기록. 이는 영업부문에 보조적인 서비스를 제공하는 서비스부문에서 발생한 비용임.
영업손익	매출총이익에서 판매비와관리비를 차감하여 영업이익을 계산함.	미배분영업비용차감후이익을 계산하고 영업이익 계산은 하지 않음.
위탁 경영수수료	판매비와관리비에 포함시킴.	별도계정으로 구분・표시함.
고정비용 (fixed charges) 포함항목	금융비용은 영업외비용, 점유비용(지급임차료・제세금・건물 및 부속설비의 보험료・감가상각비 등)은 판매비와관리비에 포함시킴.	금융비용, 점유비용(지급임차료・제세금・건물 및 부속설비의 보험료・감가상각비 등), 법인세를 고정비용에 포함시킴.

연습문제

1 손익계산의 방법에는 무엇이 있는지 알아보고, 이를 설명하시오.

2 다음 표의 빈칸에 적당한 금액을 계산하여 채우시오.

기초자본	기말자본	기말자산	기말부채	총수익	총비용	순손익
32,000	①	72,400	52,500	②	54,500	③
④	468,000	749,000	⑤	⑥	46,600	28,100
⑦	232,000	⑧	327,000	450,000	⑨	5,800

3 다음을 설명하시오.

(1) 수익과 수입을 비교하여 설명하시오.

(2) 비용을 원가, 지출과 비교하여 설명하시오.

(3) 이익이 무엇인지 설명하시오.

4 호텔업, 항공업의 수익원천은 무엇인가를 설명하시오.

5 여행사기업의 매출의 종류와 그 인식과정을 설명하시오.

6 노무비에 포함될 수 있는 항목들을 설명하시오.

7 현금주의와 발생주의를 비교 설명하시오.

8 손익계산서는 일정기간 동안의 수익과 비용을 대응시키는 과정을 통하여 경영성과인 이익을 계산한다. 또한 이익은 그 원천에 따라 몇 가지로 구분표시되어야 한다. 기업회계기준과 USALI에서 규정하고 있는 손익계산서 양식을 설명하고 어떠한 차이가 있는가를 분석하시오.

9 (주)대학호텔의 200×년 7월 1일부터 200×년 7월 31일까지의 수익과 비용은 다음과 같다. 이 자료를 이용하여 손익계산서를 작성하시오.

객실매출이익	₩500,000	식음료매출이익	₩400,000
급료	₩500,000	광고료	₩180,000
여비교통비	₩100,000	임대수익	₩100,000
이자수익	₩150,000	소모품비	₩50,000
보험료	₩30,000	이자비용	₩20,000
기부금	₩12,000	채무면제이익	₩43,000
잡비	₩45,000	법인세율	20%

10 다음은 법인인 어느 외식사업체의 제10기 중 손익계산 관련자료이다. 기업회계기준에 따라 매출총이익, 영업이익, 법인세비용차감전이익, 당기순이익을 계산하고 손익계산서를 작성하시오.

• 매출액	₩10,000,000	• 매출원가	₩4,500,000
• 비품감가상각비	50,000	• 건물감가상각비	400,000
• 수도광열비	180,000	• 유형자산처분이익	800,000
• 재고자산감모손실	120,000	• 기부금	350,000
• 자산수증이익	150,000	• 화재손실	100,000
• 이자수익	280,000	• 세금과공과	150,000
• 보험료	90,000	• 급료	3,000,000
• 소모품비	60,000	• 프랜차이즈상각비	120,000
• 임대료	540,000	• 퇴직급여	200,000
• 대손상각비	70,000	• 법인세율	20%

CHAPTER | 06

자산계정(Ⅰ): 유동자산

6.1 자산의 의의와 분류

6.2 당좌자산

6.3 재고자산

06 자산계정(I): 유동자산

기업이 소유한 자원을 나타내는 자산은 기업의 경영활동에 필요한 경제적 자원인 현금과 현금으로 전환할 수 있는 모든 동산, 부동산 및 권리라고 할 수 있다. 본 장에서는 자산에 대한 이해를 기초로 유동자산계정에 대한 특성과 그 회계처리 방법에 대하여 학습하고자 한다.

6.1 자산의 의의와 분류

자산(assets)은 기업의 경영활동에 필요한 경제적 자원인 현금・상품과 같은 재화 및 외상매출금・예금과 같은 채권을 의미한다. 그러므로 자산은 기업이 소유한 자원이나 재산으로서 기업이 소유한 미래의 경제적 가치를 나타낸다. 미국의 재무회계기준심의회(FASB, 1980)는 "자산은 과거의 거래나 사건의 결과로 특정의 기업 실체에 의하여 획득되었거나 통제되고 있는 가능한 미래의 경제적 효익"이라고 정의하고 있다.

회계상 자산은 기업활동에 유용한 것이어야 하고, 기업의 경제적 자원 및 용역잠재력에 대해 특정 권리가 있어야 하며, 취득가액을 객관적으로 측정할 수 있어야 한다. 자산의 분류는 다양할 수 있으나, 기업회계기준에서는 <표 6-1> 과 같이 1년을 기준으로 유동자산과 비유동자산으로 구분한다.

표 6-1 **기업회계기준에 따른 자산계정의 분류**

유동자산	당좌자산	현금및현금등가물, 단기금융상품, 유가증권, 매출채권, 단기대여금, 미수금, 미수수익, 선급금, 선급비용, 이연법인세자산 등
	재고자산	상품, 제품, 반제품, 재공품, 원재료, 저장품, 기타의 재고자산 등
비유동자산	투자자산	장기금융상품, 장기투자증권, 장기대여금, 투자부동산, 기타의 투자자산 등
	유형자산	토지, 건물, 구축물, 기계장치, 선박, 차량운반구, 건설중인자산, 기타의 유형자산 등
	무형자산	영업권, 산업재산권, 광업권, 어업권, 저작권, 프랜차이즈, 임차권리금, 컴퓨터소프트웨어, 개발비 등
	기타비유동자산	임차보증금, 장기성매출채권, 장기미수금, 이연법인세자산 등

유동자산(current assets)은 1년 이내에 정상적인 영업활동을 통하여 현금으로 전환될 수 있으며, 또한 1년내 현금화를 목적으로 하는 자산이다. 기업회계기준에서는 유동자산을 당좌자산과 재고자산으로 분류하고 있다. 반면에 비유동자산(non-current assets)은 1년 이상 장기간 동안 사용이나 투자를 목적으로 하는 자산이며 투자자산, 유형자산, 무형자산, 기타비유동자산으로 구분된다.

6.2 당좌자산

당좌자산(quick assets)은 유동자산 중에서 영업활동인 판매과정을 거치지 않고 1년 이내에 현금으로 회수되어 유동부채의 지급수단이 될 수 있는 자산으로 유동성이 가장 큰 자산이다. 즉 현금이나 현금적인 형태를 가지고 있으며 단기간에 지급수단으로 이용할 수 있다. 이에는 현금및현금등가물, 단기금융상품, 유가증권, 매출채권, 단기대여금, 미수금, 미수수익, 선급금, 선급비용 등이 있다.

1 현금및현금등가물

1) 현금및현금등가물의 내용

현금및현금등가물은 지급수단으로 손쉽게 이용할 수 있는 것으로 유동성이 가장 높은 자산이다.

현금(cash)은 유동성의 최종 측정지수이기 때문에 대차대조표상에 항상 첫 번째로 나타나는 자산이다. 현금은 실제로 유통되는 통화뿐만 아니라 쉽게 현금으로 전환할 수 있는 통화대용증권(자기앞수표, 가계수표, 타인발행의 당좌수표, 송금수표, 여행자수표, 우편·전신환증서, 만기도래 공·사채 이자표, 주식배당권)을 포함한다.

현금등가물(cash equivalents)은 큰 거래비용 없이 현금으로 전환이 용이하고 이자율 변동에 따른 가치변동의 위험이 적은 유가증권으로 ① 취득당시의 만기가 3개월 이내에 도래하는 채권, ② 취득당시의 상환일까지의 기간이 3개월 이내인 상환우선주, ③ 3개월 이내의 환매조건인 환매채를 말한다.

일반 호텔과 레스토랑의 현금및현금등가물 항목은 당좌예금, 보통예금, 예치금증명서, 신용카드고객이 서명한 매출전표, 현재 수중에 있는 현금, 타인발행의 당좌수표, 자기앞수표 등 다양한 항목으로 이루어진다.

2) 현금의 통제

현금은 다른 자산에 비하여 부정이나 오류의 발생 가능성이 가장 큰 자산이다. 따라서 부정이나 도난을 방지하고, 회계자료의 정확성과 신뢰성을 확보하기 위하여 현금에 대한 적절한 내부통제제도(internal control system)를 확립하여야 한다. 현금의 내부통제제도는 부정이나 오류의 방지뿐만 아니라 필요한 지출을 위한 현금액의 보유나 지나치게 많은 현금을 보유함으로 인한 수익성감소 방지까지도 달성할 수 있어야 한다. 왜냐하면, 부족현금은 지급불능의 원인이 되며 과잉현금은 이자수익을 포함한 어떠한 수익창출도 하지 못하기 때문이다. 내부통제제도를 마련하기 위해서는 기업의 현금거래 과정을 확실히 이해할 수 있어야 한다. [그림 6-1]은 호텔기업의 현금의 수입 · 지출에 대한 개략적인 흐름도를 나타낸 것이다.

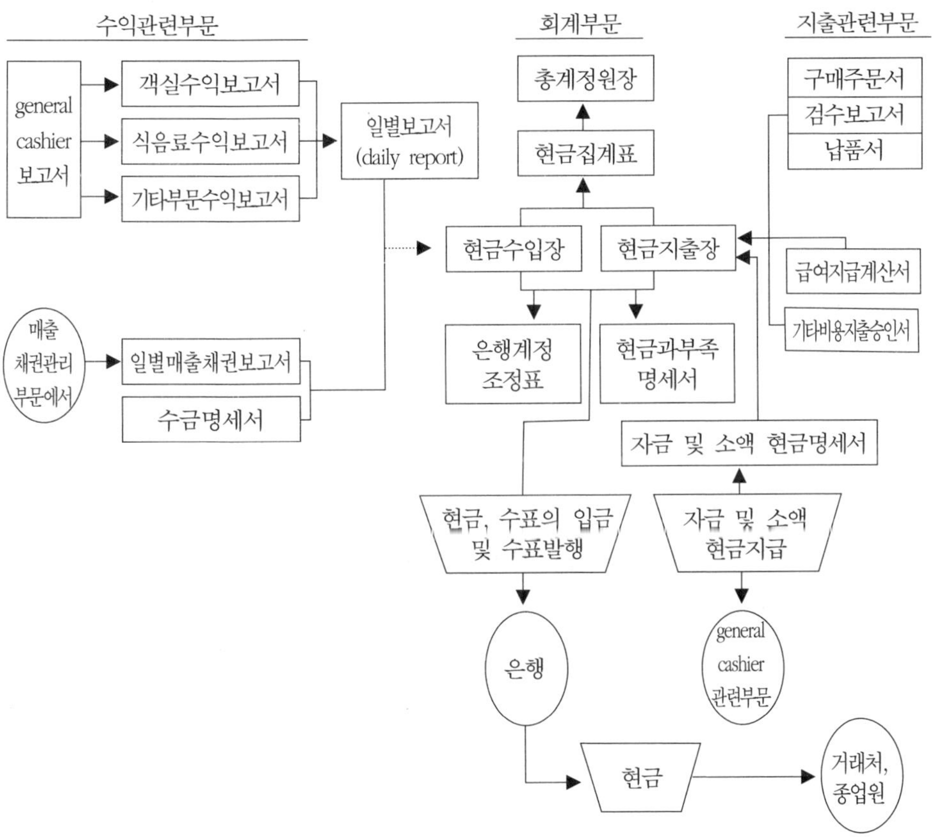

그림 6-1 호텔기업의 현금수입· 지출의 흐름도

현금에 대한 효과적인 내부통제제도를 마련하기 위해서는 반드시 현금출납자, 현금관리자, 현금지출의 결제자가 분리되어 있어야 하며, 다음과 같이 몇 가지 점들을 고려하여 부당한 유출을 예방할 수 있는 절차가 마련되어야 한다.

① 현금의 수납·지출을 담당하는 담당자 간의 권한과 책임을 분리하여 적절한 내부견제제도를 마련한다.
② 현금의 취급업무와 회계기록업무는 담당자를 분리시킨다.
③ 입금된 모든 현금은 즉시 예금시키도록 한다.
④ 책임자의 승인이 있는 경우에 한하여 현금지출이 이루어지도록 한다.
⑤ 현금지출은 수표발행에 의하도록 한다.
⑥ 기업의 예금계정잔액과 은행측 잔액을 정기적으로 대조한다.
⑦ 현금의 실제 잔액과 장부상 잔액을 수시로 대조하여 그 일치 여부를 확인하도록 한다.

2 단기금융상품

단기금융상품(short investments)은 금융기관이 취급하는 예금(정기예금, 정기적금, 사용이 제한되어 있는 예금) 및 기타 정형화된 상품 등으로 단기적 자금운용목적으로 소유하거나 기한이 1년 이내에 도래하는 것을 말한다. 그러므로 단기적 자금운용목적이 아니거나 기한이 1년 이내에 도래하지 않는 것은 투자자산인 장기금융상품계정으로 분류해야 한다.

단기적 자금운용목적으로 금융기관의 정형화된 상품으로는 양도성예금증서(Cash Demand: CD), 신종기업어음(Commercial Paper: CP), 어음관리구좌(Cash Management Account: CMA), 환매조건부채권(RePurchase Agreement: RP), 표지어음 등이 이에 해당된다.

3 매출채권

1) 매출채권의 의의

매출채권(trade receivable)은 일반적인 상거래에서 발생한 외상매출금과 받을어음을 말하는 것으로 일반적인 상거래를 통하여 상품이나 제품 또는 용역 등을 외상으로 판매하고 발생하는 채권이다. 따라서 일반적 상거래 이외에서 발생하는 미수금이나 금전대차거래에서 발생하는 대여금과는 구별된다. 또한 받을어음의 경우에도 일반적인 상거래에서 발생하는 상업어음만을 말하며 금전대차를 위한 금융어음이나 융통어음은 제외된다.

즉 매출채권이란 상거래에서 발생되는 것으로 외상매출금과 받을어음 등이 있고, 비매출채권은 상거래 이외의 거래에서 발생하고 특수한 경우에만 발생되는 것으로 단기대여금, 미수금 등으로 대부분 미래에 일정한 금액을 받을 수 있는 청구권을 나타내며 화폐성자산이다.

(1) 외상매출금

외상매출금(account receivable)은 회사가 제공한 재화 또는 용역에 대한 대가를 지급하겠다는 고객의 약속이며 통상적으로 3개월 이내에 회수가 가능한 매출채권으로서, 기업이 고객에게 무이자로 제공한 단기간의 신용공여이다.

이러한 외상매출은 후에 불량채권이 되어 기업에 손실을 입힐지도 모르는 위험을 내포하고 있지만, 상거래활동에서 외상매출 없이 기업의 성장이 용이하지 않다. 그러므로 외상매출에 대한 채권의 안전성을 기하기 위해 기업은 신용방침이나 회수정책을 수립하여야 한다.

호텔기업의 경우 외상매출금은 guest ledger와 city ledger로 구분한다. guest ledger는 투숙 중인 고객의 외상거래로 호텔은 투숙고객들의 요금정산이 check-out시 이루어지므로 check-in해서 발생된 거래금액에 해당하는 단기외상매출금을 말한다. 이는 고객의 check-out시전에 현금계정 또는 city ledger계정으로 대체된다. city ledger는 투숙고객이 check-out시 요금정산을 하지 않은 외상채권을 말하며, 식음료부문 등을 이용한 비투숙고객이나 연회장 등을 이용한 외상거래처의 매출채권도 기록된다. 한편, 고객의 신용카드에 의한 결제시 신용카드계정(credit card account)을 별도로 설정하여 기입하거나, 신용카드에 의한 대금결제를 city ledger계정에 포함시키기도 한다.

호텔업은 신용카드의 확대로 외상매출이 증가하고는 있지만 대체적으로 단기간에 현금으로 전환되므로, 호텔업의 외상매출금계정은 전체 자산에서 차지하는 비중이 아주 낮은 편이나 이 계정의 적정한 관리는 호텔의 수익을 관리하는 측면에서 매우 중요한 의미를 갖게 된다.

(2) 받을어음

받을어음(note receivable)이란 재화나 용역의 판매 등 거래의 결과로 발생하여 고객이 미래의 특정한 날에 지급하겠다는 서면약속이다. 대부분 약속어음이라는 증서 형태를 취하며, 외상매출금의 만기가 도래하였는데 고객이 현금으로 지급할 능력이 없어서 외상매출금을 약속어음으로 대체한 경우에 발생하기도 하고, 새로운 고객과 거래를 하거나 상대적으로 위험이 높은 고객과 거래를 할 경우 약속어음을 요구함으로써 발생하기도 한다.

2) 매출채권의 평가와 기록

외상매출금과 받을어음은 회수되지 않을 수 있기 때문에, 그에 따른 손실에 대비해야 한다. 이러한 준비로 대손충당금계정을 사용하여 대차대조표의 매출채권계정에서 차감하는 방법이 있다. 대손충당금계정은 자산에 대한 차감적 평가계정(contra asset account)인데, 이것은 외상매출금 또는 받을어음 등의 자산계정을 줄여주는 역할을 하기 때문이다. 기업회계기준에서 이러한 대손처리는 충당금설정으로 처리하도록 규정하고 있는데 그 내용은 다음과 같다.

- 회수가 불확실한 채권은 합리적이고 객관적인 기준에 따라 산출한 대손추산액을 대손충당금으로 설정한다.
- 위의 대손추산액에서 대손충당금을 차감한 금액을 대손상각비로 한다. 이

경우 일반적 상거래에서 발생한 매출채권에 대한 대손상각비는 판매비와 관리비로 처리하고, 기타 채권에 대한 대손상각비는 영업외비용으로 처리한다.

• 회수가 불가능한 채권은 대손충당금과 상계하고 대손충당금이 부족한 경우에는 그 부족액을 대손상각비로 계상한다.

(1) 대손의 추산

대손의 추산이란 매출채권 중 미래에 회수되지 않을 것으로 예상되는 매출채권을 예상하여 추정하는 것이다. 이를 추정하는 방법에는 크게 대차대조표접근법과 손익계산서접근법이 있다. 대차대조표접근법에는 채권기말잔액비율법과 연령분석법이 있으며, 손익계산서접근법에는 매출액비율법과 외상매출액비율법이 있다. 대차대조표접근법이 보다 합리적인 방법이다.

① 채권기말잔액비율법

채권기말잔액비율법은 기말의 매출채권잔액에 일정한 대손추정률을 곱한 금액을 대손추산액으로 하는 방법이다. 대손추정률은 단일의 종합률을 이용하거나 매출채권별로 상이한 개별률을 이용할 수 있다. 대부분 종합률의 이용이 일반적이다.

② 연령분석법

연령분석법은 개별 매출채권을 경과일수에 따라 연령별로 분류하여 각 연령집단별로 상이한 대손추정률을 적용하는 방법이다. 이 때 매출채권의 연령이란 외상매출이 발생하여 현재까지 지난 경과일수를 의미하는 것으로, 각 연령 그룹별로 적용되는 대손추정률은 기업의 과거경험과 신용담당자의 조언으로 결정된다. 이 방법은 매출채권의 경과일수에 따라 회수불능 위험성이 커진다고 보고 추정대손율을 높게 설정하는 방법이다. 그러므로 대손추산액을 산출하기 위해선 먼저 연령분석표를 작성하여야 한다. 연령분석표는 정확한 대손액을 추정함과 동시에 관리적인 측면에서 매출채권관리에 이용될 수 있다

③ 매출액비율법

매출액비율법은 과거의 매출액과 대손발생액 간의 관계를 토대로 하여 과거의 대손율을 계산한 후 이를 당기의 손익계산서 상의 매출액에 곱하여 대손추산액을 구하는 방법이다. 이 방법은 매출이 발생한 기간에 대하여 대손비용을 추정하여 반영하므로 수익과 비용을 적절히 대응시킬 수 있다. 그러나 매출액비율법은 현금매출과 외상매출 모두를 포함하여 대손추산액을 계산한다는 문제점을 안고 있다.

④ 외상매출액비율법

외상매출액비율법은 외상매출액에 일정한 대손추정률을 곱하여 대손액을 추산하는 방법이다. 이 방법은 대손이 나타나는 외상매출만을 적용하기 때문에 매출액비율법보다 합리적이다.

(2) 대손의 회계처리

대손의 회계처리방법은 직접차감법과 충당금설정법으로 나눌 수 있으며, 기업회계기준은 충당금설정법을 채택하고 있다. 다만, 요약식 대차대조표를 작성하는 경우에는 수취채권에서 대손충당금을 차감한 순액으로 기재할 수 있다.

① 직접차감법

직접차감법은 특정채권이 실제로 회수불가능하게 되었을 때 회수불가능금액을 당기비용으로 인식하고 매출채권에서 직접 차감하는 방법이다. 이 방법은 매출채권에 대한 대손액이 발생하면 대손상각비계정의 차변에 기입하고 그에 대응하는 채권계정은 대변에 기입한다.

(차) 대손상각비 ××× (대) 외상매출금 ×××

직접차감법은 대손액이 추정액이 아닌 실제 발생액으로 기록되며, 적용이 간편하다는 장점을 지니나, 수익·비용대응의 원칙에 위배되어 정확한 기간손익을 계산할 수 없고, 대차대조표상의 매출채권의 평가가 부적정하다는 문제점이 있다.

② 충당금설정법

충당금설정법은 간접차감법이라고도 하며 결산시점에서 회수가 불확실한 채권의 금액을 추산하여 당기비용으로 인식하고 매출채권에 대한 차감적 평가계정인 대손충당금계정을 설정하는 방법이다. 대손충당금계정은 매출채권에서 차감하는 형식으로 대차대조표에 보고된다. 충당금설정법을 이용한 대손회계는 다음과 같다.

가. 회계기말 대손추산액의 회계처리

회계기말에 대손추산액을 산정하여 이를 대손상각비계정에 차기(借記)하고 대손충당금계정에 대기(貸記)한다. 개별적인 매출채권의 회수가능성과는 관계없이 매출채권과 관련하여 미래에 발생하리라고 예상되는 대손액을 추산하여 이를 근거로 기말에 수정분개로서 대손비용을 기록한다. 그러므로 계상되는 대손상각비는 실제 회수불가능하게 된 채권액을 의미하는 것이 아니다.

(i) 설정될 대손충당금 금액이 대손충당금계정 잔액보다 큰 경우

(차) 대손상각비 ××× (대) 대손충당금 ×××

(ii) 설정될 대손충당금 금액이 대손충당금계정 잔액보다 적은 경우

(차) 대손충당금 ××× (대) 대손충당금환입* ×××

* 이는 영업외수익 항목임.

나. 실제 대손발생시 매출채권의 회계처리

특정한 매출채권이 회수불가능한 것으로 판명되었을 때 해당 매출채권을 대기함으로써 장부에서 제거시키며 우선 대손충당금을 차기하여야 한다. 여기에서 주의를 요하는 것은 대손상각비를 차기하여서는 안된다는 점이다. 왜냐하면, 기말에 수정분개로서 대손상각비를 추산하여 이미 차기하였기 때문에 회수 불가능 시점에 다시 차기하면 이중으로 대손상각비가 계산되기 때문이다. 다만, 이미 설정되어 있는 대손충당금계정이 부족한 경우에는 그 차액만큼 대손상각비로 계상한다.

(차) 대손충당금 ××× (대) 매출채권 ×××

다. 대손상각된 매출채권 회수시의 회계처리

회수불가능하다고 판단되어 대손상각되었던 매출채권이 추후 회수될 경우에는 취소분개를 하고 적절한 회수분개를 하여야 한다. 우선 해당 매출채권을 회복시키는 분개로서 매출채권을 차기하고 대손충당금을 대기하는데, 이는 위에서 회수불가능하다고 판단된 시점에서 행한 분개의 역분개가 된다. 그 다음에 매출채권의 회수에 대한 분개를 하여야 하는데, 현금은 차기하고 매출채권을 대기하여야 하며 이는 정상적인 매출채권의 분개와 동일하다.

(차) 매출채권 ××× (대) 대손충당금 ×××
(차) 현 금 ××× (대) 매출채권 ×××

[예제] 다음의 연속된 거래를 분개하시오.

1. 제3기 12월 말 매출채권잔액은 ₩2,000,000이며, 대손충당금 잔액은 ₩30,000이다. 과거 경험에 따르면 매출채권의 2%는 회수되지 않는다.
2. 제4기 5월 중 매출채권 ₩60,000이 회수불가능한 것으로 판명되다.
3. 제4기 12월 말 매출채권잔액은 ₩3,500,000이며, 추정대손율은 2%이다.
4. 제5기 8월 중 전기에 대손처리한 매출채권 중 ₩40,000이 회수되었다.
5. 제5기 12월 말 매출채권잔액은 ₩1,500,000이며, 추정대손율은 2%이다.

풀이

	차변	금액	대변	금액
1.	(차) 대손상각비	10,000	(대) 대손충당금	10,000
	* (₩2,000,000 × 0.02) − ₩30,000 = ₩10,000			
2.	(차) 대손충당금	40,000	(대) 매출채권	60,000
	대손상각비	20,000		
3.	(차) 대손상각비	70,000	(대) 대손충당금	70,000
4.	(차) 매출채권	40,000	(대) 대손충당금	40,000
	현 금	40,000	매출채권	40,000
5	(차) 대손충당금	80,000*	(대) 대손충당금환입	80,000
	* ₩110,000 − (₩1,500,000 × 0.02) = ₩80,000			

3) 매출채권의 처분

매출채권이 정상적으로 만기가 되어 회수된 경우에는 이를 대기함으로써 장부상에서 제거시키게 된다. 그러나 매출채권의 만기 이전에 이를 처분하여 현금으로 조달하기도 한다. 즉 매출채권의 회수를 앞당기기 위하여 이를 다른 회사나 제3자에게 현금을 대가로 양도함으로써 현금의 조기회수로 영업주기를 단축할 수 있다. 매출채권의 처분에는 다음과 같은 방법이 있다.

(1) 외상매출금의 담보차입(assignments)

외상매출금의 소유자가 자금제공자에게 외상매출금을 담보로 하는 약속어음을 발행하고 현금을 차입하는 것을 외상매출금의 담보차입이라고 한다.

만일, 약속어음이 만기에 지급되지 않는 경우에 자금제공자는 담보로 제공받은 외상매출금을 회수하여 담보물을 현금으로 전환할 수 있는 권리를 갖게 된다.

(2) 외상매출금의 양도(factoring)

오늘날 외상매출금의 양도를 통한 자금조달이 점점 확대되어가고 있다. 외상매출금 양도의 가장 일반적인 방법은 팩토링회사에 양도하는 것이다. 팩토링회사는 종합금융회사나 은행 등의 금융기관으로서 일정한 수수료를 부과하는 조건으로 기업체들로부터 외상매출금을 매입하여 이를 직접 회수한다.

신용카드에 의한 판매도 팩토링금융의 한 형태로 볼 수 있다. 신용카드회원들은 신용카드회사로부터 신용에 대한 승인을 획득한 상태에 있으므로 호텔이나 여행사에서는 신용카드회원에게 신용판매를 한다. 신용카드매출전표가 신용카드회사에 제시되면 신용카드회사는 일정의 수수료를 차감한 금액을 호텔이나 여행사의 구좌에 자동대체시킴으로써 거래가 완료된다.

(3) 받을어음의 할인(discounting)

받을어음을 만기까지 소유하면 만기에 어음의 액면가에다 기중에 발생한 이자를 더한 현금을 수취하며, 어음을 장부에서 삭제한다. 그러나 어음을 만기 이전에 타인에게 양도하고 현금을 수취하는 경우도 많다. 이와 같이 만기 이전에 타인에게 양도하게 되면 만기가액(액면가액에 이자를 합한 금액)을 받는 것이 아니고 만기가액을 할인이자율로 계산한 현재가치만큼의 현금을 받는다. 따라서 받을어음의 양도를 일반적으로 받을어음의 할인이라고 부른다.

받을어음은 쉽게 양도할 수 있는 특성이 있으므로 은행 등의 금융기관에 할인함으로써 현금으로 쉽게 전환할 수 있다. 금융기관은 어음을 받고 만기가액에서 할인액을 차감한 잔액을 어음을 할인한 사람에게 전달하게 된다. 이 때 할인액은 금융기관이 자금 차입자에게 부과하는 금융비용(이자비용)의 성격을 갖는다. 이와 같이 할인한 어음이 만기가 되면 금융기관은 어음의 발행자로부터 어음의 액면가액에 이자를 가산한 금액을 받게 된다.

어음을 할인하는 경우에는 외상매출금의 매도와 같이 상환청구가능으로 할인하거나 상환청구불능으로 할인할 수도 있다. 상환청구권(소구권)이 없이 어음을 할인하는 것은 어음의 매도로 간주되므로 어음에 관련된 모든 권리와 위험이 어음소지인으로부터 할인제공기관으로 넘어가게 된다. 따라서 어음양도인은 받을어음을 장부상에서 삭제하고 장부가액에서 현금수취액을 차감한 금액을 채권매도손익(또는 이자수익・이자비용)으로 기록하여야 한다.

받을어음의 추심에는 다소 위험이 따르기 때문에 상환청구권을 붙여서 할인하는 경우가 일반적이다. 상환청구가능 할인의 경우 만기에 어음발행인이 어음에 대한 지급을 못하면 금융기관은 어음양도인(배서인)에게 상환청구권을 행사하여 만기가액(액면가액에 이자를 가산한 금액)에다 소구비용을 포함한 금액을 청구한다.

상환청구가능 할인의 경우 이를 매도거래로 볼 것이냐 차입거래로 볼 것이냐의 문제가 발생한다. 이에 관한 회계처리는 실질적인 매각이면 매도거래로 보고, 실질적인 매각이 아니면 받을어음을 담보로 한 차입거래로 취급하면 된다.

여기에서 할인이라는 말은 어음을 매각하는 것을 말하고 배서양도라는 말은 거래의 수단으로써 현금지급에 갈음하여 어음을 지급하는 경우를 말한다. 법률적으로는 어느 경우이든 배서에 해당되겠으나, 회계학에서는 금융기관 등에 현금을 받고 매각하는 경우를 할인이라 하고, 현금지급 대신 자기가 지급인이 아닌 타인발행의 어음을 배서하여 지급하는 것을 배서양도라고 한다.

4 기타의 당좌자산

1) 단기대여금

대여금계정은 현금을 대여한 때의 채권이다. 대여금은 그 회수기한이 대차대조표일로부터 1년 이내인가 여부에 따라 단기대여금과 장기대여금으로 구분된다. 현금의 대여시는 차용증서(I.O.U: I Owe You)가 수반된다. 만일 차용증서 대신에 어음을 받는 경우에는 대여금계정과 구분하여 어음대여금계정으로 처리하여도 무방하다. 대여금 중 장기대여금은 기타비유동자산으로 분류된다.

2) 미수금

미수금은 일반적 상거래 이외에서 발생한 미수채권이다. 즉 토지, 건물, 비품 등 유형자산이나 유가증권 등의 매매에서 발생한 채권이다.

3) 미수수익

미수수익은 이미 제공된 서비스나 재화에 대하여 당기에 수익으로 계상하여야 할 금액 중 아직 그 대가를 지급받지 못한 채권이다. 미수수익은 기간손익을 발생주의로 인식하는 경우 기간경과에 따라 이미 실현된 수익을 인식하는 과정에서 나타나는 계정이다.

4) 선급금

상품, 원재료 등의 매입을 위하여 매매계약 체결시 계약에 따른 거래의 이행을 확실히 하기 위해서 거래대금의 일부 또는 전부를 미리 지급할 수 있는데 이처럼 미리 지급한 금액이 선급금이다. 선급금은 통상적인 계약금 또는 착수금이다.

5) 선급비용

선급비용은 대차대조표 일로부터 1년 이내 당기 영업기간에 편익을 줄 항목에 대하여 미리 지급한 금액을 나타낸다. 즉 이미 현금지급은 이루어졌으나 그에 따른 효과는 당기가 아닌 차기에 관련되는 부분이다. 그러므로 선급비용은 차기 회계기간에 비용으로 처리된다. 대표적인 비용은 보험료, 면허세, 재산세, 임차료 등이다.

6) 가지급금

가지급금은 거래가 발생하였으나 그 거래의 내용과 금액, 거래처 등이 확실치 않을 경우에 임시로 처리하는 일종의 가계정(假計定)이다. 즉 현금을 지급하였으나 처리할 계정과목이나 금액 등을 확정할 수 없기 때문에 계정과목과 금액이 확정될 때까지 임시로 처리하는 계정이다. 이 계정은 빠른 시일 내에 그 내용을 규명하여 해당되는 계정과목으로 대체하여야 하며, 적어도 결산 전에는 반드시 해당계정에 대체함으로써 가계정이 재무제표에 나타나지 않도록 하여야 한다.

7) 선대금

선대금은 기업이 지급할 금액 중에서 종업원, 임원, 거래처 등에게 일시적으로 현금을 대여한 일종의 대여금이다. 선대금의 대표적인 예는 종업원에게 급여지급일 전에 급여를 지불하는 가불이라 할 수 있다. 선대금과 대여금은 유사한 것이나 선대금은 장차 지급될 금액 중에서 미리 지급되는 것이고, 대여금은 그러한 조건 없이 현금을 빌려주는 것이다. 그러나 실무적으로는 선대금을 대여금에 포함시키기도 한다.

8) 미결산계정

미결산계정이란 거래가 발생한 것은 사실이지만 거래 자체가 미확정된 상태이어서 처리할 계정과목이나 금액이 확정되지 않은 경우에 일시적으로 처리하기 위하여 설정되는 계정이다. 가지급금 계정도 미결산계정의 일종이다.

미결산계정은 결산시점까지 적절한 계정으로 대체되어 소멸된다. 미결산계정은 그 잔액이 차변에 있으면 채권을, 대변에 있으면 채무를 나타낸다. 미결산계정을 임시적으로 설정하는 경우는 다음과 같다.

① 화재, 천재지변 등으로 유형자산, 재고자산의 손실에 대한 보험금을 보험회사 등에 청구하는 경우

② 소송이 진행중이어서 채권, 채무 및 소송비용의 확정이 안 된 경우

③ 결산시 시산표의 대차합계가 불일치한 경우

[예제] 다음은 어느 Family Restaurant의 거래내역이다. 분개하시오.

1. 사용하던 영업장의 소파(취득원가 ₩1,000,000, 감가상각누계액 ₩700,000)를 ₩250,000에 매각하고 대금은 1달 후에 받기로 한다.
2. ①의 소파매각대금을 현금으로 회수하다.
3. (주)한국냉장에서 식재료 ₩100,000을 구입하기로 하고 현금 ₩20,000을 미리 지급하다.
4. ③의 식재료를 인수하고 잔액은 한 달 후에 지급하기로 하다.
5. 거래처에 현금 ₩500,000을 일시적으로 대여하고 약속어음을 받다.
6. ⑤의 대여금을 이자 ₩10,000과 함께 현금으로 회수하다.
7. 종업원 홍길동에게 ₩200,000을 가불하여 주다.
8. 판촉부 사원을 출장보내면서 여비개산액 ₩100,000을 현금지급하다.
9. ⑧의 사원이 귀사하여 여비개산액 중 ₩30,000을 반환하다.
10. 주방에 화재가 발생하여 장부가액 ₩200,000의 설비가 소실되어 보험회사에 보험금을 청구하다.
11. ⑩의 보험회사로부터 보험금이 ₩180,000으로 결정되었다는 통지를 받다.
12. ⑦의 종업원에게 10월분 급료 ₩700,000을 지급함에 있어 가불한 금액, 소득세 ₩20,000, 국민연금 ₩15,000을 제외한 잔액을 현금으로 지급하다.
13. 종업원에게 현금 ₩500,000을 6개월 후 상환조건으로 빌려주다.

풀이

번호	차변	금액	대변	금액
1.	(차) 비품감가상각누계액	700,000	(대) 비 품	1,000,000
	미수금	250,000		
	유형자산처분손실	50,000		
2.	(차) 현 금	250,000	(대) 미수금	250,000
3.	(차) 선급금	20,000	(대) 현 금	20,000
4.	(차) 식재료(또는 매입)	100,000	(대) 선급금	20,000
			외상매입금	80,000
5.	(차) (어음)대여금	500,000	(대) 현 금	500,000
6.	(차) 현 금	510,000	(대) (어음)대여금	500,000
			이자수익	10,000
7.	(차) 선대금	200,000	(대) 현 금	200,000
8.	(차) 가지급금	100,000	(대) 현 금	100,000
9.	(차) 현 금	30,000	(대) 가지급금	100,000
	여비교통비	70,000		
10.	(차) 미결산	200,000	(대) 설 비	200,000
11.	(차) 미수금	180,000	(대) 미결산	200,000
	화재손실	20,000		
12.	(차) 급 료	700,000	(대) 선대금	200,000
			소득세예수금	20,000
			국민연금예수금	15,000
			현 금	465,000
13.	(차) 대여금	500,000	(대) 현 금	500,000

6.3 재고자산

1 재고자산의 의의

재고자산(inventories)이란 기업이 정상적, 반복적인 영업활동과정에서 판매를 목적으로 보유하고 있는 재화 또는 판매할 제품의 생산을 위하여 사용되거나 소비될 재화를 말한다. 따라서 재고자산은 상품·제품과 같은 판매될 재화, 재공품·반제품과 같은 판매목적으로 생산과정 중에 있는 재화, 원재료·소모품 등과 같이 판매될 재화 및 용역의 생산을 위하여 소비될 재화 등을 포함한다.

재고자산은 1년 내에 판매를 통하여 현금화될 것으로 기대되는 유동자산이며, 판매과정을 거친 후에야 현금화된다는 점에서 당좌자산과 구분된다.

일반적으로 관광산업의 중요한 수익의 원천은 숙박과 여행과 같은 서비스를 판매하는 것이다. 호텔에서 재고자산은 보통 식재료, 음재료, 상품, 기타 저장품이 포함된다. 식당산업에서는 식사와 음료의 매출이 중요한 수익의 원천이 된다. 일반적으로 식당산업에서 식료재고는 쉽게 상하기 때문에 소량만을 보유한다. 그러므로 관광기업들은 전체 자산에 비해 소량의 재고자산을 가지고 있는 편이다. 식음료 재고자산을 가지고 있는 회사들의 경우 그들의 구매와 소비를 기록하기 위한 적절한 회계절차는 정확한 매출원가 결정을 위해서 필수적이다.

2 재고자산의 종류

재고자산의 종류는 다음과 같이 7가지로 세분할 수 있다.

(1) 상품(merchandise)

판매를 목적으로 구입한 상품·미착상품·적송품 등으로 하며, 부동산매매업에 있어서 판매를 목적으로 소유하는 토지·건물 기타 이와 유사한 부동산은 이를 상품에 포함하는 것으로 한다.

(2) 제품(finished goods)

판매를 목적으로 제조한 생산품·부산물 등으로 한다.

(3) 반제품(semi-finished goods)

자가 제조한 중간제품과 부분품 등으로 한다.

(4) 재공품(work in process)

제품 또는 반제품의 제조를 위하여 재공과정에 있는 것으로 한다.

(5) 원재료(raw materials)

원료 · 재료 · 매입부분품 · 미착원재료 등으로 한다. 호텔이나 레스토랑의 식음재료는 원재료에 포함된다.

(6) 저장품(supplies)

소모품 · 소모공구기구비품 · 수선용부분품 및 기타 저장품으로 한다.

(7) 기타의 재고자산(other inventories)

위에 속하지 아니하는 재고자산으로 한다.

관광기업에서 판매를 위한 재고자산들은 식재료, 음재료, 기념품 등의 잡화, 가맹업체들에게 판매하기 위한 설비 등이 있다. 또 판매대상이 아닌 재고자산(기업자체에서 소모되는 것)으로는 부속품, 소모품 등이 있다.

부속품 재고는 보통 설비에 커다란 투자를 하는 항공사와 기타 운송기업들과 관련이 있다. 소모품 재고는 호텔업에서 객실이나 사무실, 광고, 유지보수, 그리고 가장 큰 것으로 하우스키핑 소모품 등을 포함한다. 하우스키핑 소모품은 청소용품, 세탁제, 소독제, 살충제, 걸레통, 광택제 등의 재료들이다.

3 상품매매의 회계처리

회계에서는 판매를 목적으로 구입한 것만 상품이라 부르고, 영업활동을 위해 사용할 목적으로 구입한 건물, 비품, 자동차 등은 유형자산으로 분류된다.

1) 매입거래의 회계처리

(1) 상품의 매입

판매를 목적으로 상품을 매입하는 경우에 매입원가를 매입계정으로 처리한다. 매입계정은 비용에 속하는 계정이기 때문에 매입시에는 매입계정의 차변에 기록한다. 상품을 포함한 재고자산의 취득원가는 재고자산의 판매 또는 생산에 이용가능한 상태와 장소에 이르기까지 소요된 금액으로 한다. 즉 재고자산의 취득원가는 매입가액과 취득에 직접적으로 소요된 부대비용을 합한 금액으로 한다. 매입수수료, 매입운임, 보험료, 관세, 지급창고료, 출고비 등이 이에 해당된다.

예를 들어, 상품 ₩500,000을 외상으로 매입하고 매입운임 ₩30,000을 현금으로 지급한 경우의 분개는 다음과 같다.

(차) 매　　입	530,000	(대) 외상매입금	500,000
		현　　금	30,000

한편, 상품의 순매입액은 총매입액에서 매입에 대한 차감항목인 매입환출, 매입에누리, 매입할인을 차감하여 계산한다.

> 총매입액 − (매입환출 + 매입에누리 + 매입할인) = 순매입액

(2) 매입환출과 매입에누리

매입환출(purchase return)이란 매입한 재고자산에 이상이 있거나 주문한 내용과 다를 경우 이미 매입한 재고자산을 반환하고 매입을 취소하는 것을 말한다. 매입에누리(purchase allowance)는 도착지연, 파손, 약정된 품질보다 불량한 품질, 수량부족 등의 사유로 매입가격의 일부를 감액받는 것을 말한다. 매입환출이나 매입에누리가 발생하면 매입액에서 차감해주어야 한다.

(3) 매입할인

매입할인(purchase discount)은 대금의 결제가 조속히 이루어지도록 공급자들에 의해 제공되는 혜택이다. 즉 재고자산 외상구입시 약속된 현금지급계약기일 이내에 대금을 지급하는 경우 매입대금 중 일정액에 대한 할인을 받는 것이다. 예를 들어, 공급자의 송장에 「3/10, n/30」의 조건으로 매입하였다면 매입일로부터 10일 이내에 대금결제가 이루어진다면 상품대금의 3%를 할인 해주고 10일

이후에 매입대금을 지급할 경우에는 할인혜택이 없어지며 적어도 매입일로부터 30일 이내에 매입가격 전액을 지급해야 한다는 것을 뜻한다.

꼭 기억할 것은 매입한 상품 등에 결함이 있는 경우 판매자와 협의하여 가격을 할인받는 매입에누리와 외상매입금의 조기상환으로 할인받는 매입할인을 혼동하여서는 안 된다.

예를 들어, ₩1,000,000의 상품을 3/10, n/60의 조건으로 외상 매입하였다고 하면, 매입시의 분개는 다음과 같다.

(차) 매 입 1,000,000 (대) 외상매입금 1,000,000

대금을 10일 이내에 지급하여 3%의 매입할인을 받았을 경우 분개는 다음과 같다.

(차) 외상매입금 1,000,000 (대) 현 금 970,000
매 입 할 인 30,000

그러나 대금을 10일 이후에 지급하였다면 할인혜택은 없으며 분개는 다음과 같다.

(차) 외상매입금 1,000,000 (대) 현 금 1,000,000

2) 매출거래의 회계처리

(1) 상품의 매출

상품을 판매하여 고객에게 상품이 인도되면 판매대금의 회수 여부와는 관계없이 매출수익이 발생한다. 예를 들어, ₩1,000,000의 상품을 판매하고 판매대금 중에서 ₩700,000은 현금으로 받고 ₩300,000은 외상으로 하였다면 다음과 같이 분개한다.

(차) 현 금 700,000 (대) 매 출 1,000,000
외상매출금 300,000

여기서 유의할 것은 상품매입에 따르는 매입운임을 포함한 부대비용은 매입액에 포함시키나, 매출과 관련하여 발생한 매출부대비용은 매출액에서 차감하지 않고 판매비와 관리비 항목에 포함시켜야 한다. 예를 들어, ₩1,000,000의 상품을 현금으로 판매하고 판매를 위한 운반비 ₩50,000을 현금으로 지급하였다면 다음과 같이 분개한다.

(차) 현　　금	1,000,000	(대) 매　　출	1,000,000
운 반 비	50,000	현　　금	50,000

한편, 매출환입이나 매출에누리 또는 매출할인이 발생하면 매출액에서 차감해주어야 하며, 총매출액에서 이들을 차감한 금액이 순매출액이다.

> 총매출액 − (매출환입 + 매출에누리 + 매출할인) = 순매출액

(2) 매출환입과 매출에누리

매출환입(sales return)이란 매출한 상품이 품목, 품질, 규격 등에 이상이 있거나 운반도중 파손 등의 이유로 반품이 되어 돌아와서 매출을 취소하는 것을 말한다. 매출에누리(sales allowance)는 상품에 이상이 있거나 파손과 같은 문제가 발생하였을 때, 상품을 반품받는 대신에 값을 깎아주는 것을 말한다.

(3) 매출할인

매출할인(sales discount)에 대한 회계처리는 매입할인에 대한 반대의 회계처리이다. 즉 매출할인은 상품을 외상으로 매출한 후 약정한 기일내에 대금을 회수할 경우 매출액 중에서 소정의 할인을 해주는 것을 말한다.

3) 기말상품의 회계처리

상품매매와 관련되는 계정과목은 상품의 매입시에 매입원가를 비롯한 매입부대비용을 기록하는 매입계정, 매출시에 수익을 기록하는 매출계정, 결산기말에 판매되지 않고 남아 있는 기말상품재고를 자산으로 계상하기 위한 이월상품계정으로 분할하는 것이 일반적이다.

이월상품계정은 회계기간의 기말에 아직 판매되지 않고 남아 있는 상품의 원

가를 확인하여 이를 매입계정에서 차감하고 자산으로 계상하는데 사용되는 계정이다. 즉 상품을 구입하고 매입이라는 비용으로 계상하였을 경우 기말에 남아 있는 상품의 잔액을 매입에서 차감하여 이월상품이라는 자산으로 계상하여야 한다. 예를 들어, 기말에 판매되지 않고 남아 있는 상품의 기말재고액이 ₩500,000일 경우 다음과 같이 수정분개가 필요하다.

(차) 이월상품 500,000 (대) 매 입 500,000

4) 상품계정

(1) 분기법(순수계정법)

상품의 구매시에는 구입원가를 상품계정의 차변에 기록하고, 판매시에는 매출액을 구입원가와 판매이익으로 분리하여, 상품계정의 대변과 상품매매손익계정의 대변에 기록하는 방법의 회계처리방법을 분기법 또는 순수상품계정법이라고 한다. 이 방법의 이용시 상품계정의 잔액은 언제나 차변에 나타나며, 이 차변잔액은 상품의 재고액을 의미하며 결산시점에서 차변잔액을 대변에 차기이월로 기입함으로써 기말상품재고액을 파악한다.

분기법을 사용할 경우 상품을 판매할 때마다 상품의 매입원가를 확인하고 매매손익을 산출해야 하기 때문에 다량의 상품을 취급하고 거래가 빈번히 발생하는 기업에서는 이 방법의 사용이 거의 불가능하다.

(2) 총기법(혼합계정법)

상품의 매출시마다 상품매매손익을 구하지 않고 매입계정과 매출계정을 이용하여 기록한 후 결산기말에 상품매매손익을 구하는 회계처리방법을 총기법 또는 혼합상품계정법이라고 한다. 이 방법은 상품판매시 상품매매손익을 포함한 판매가로 상품계정의 대변에 기입하고, 결산시점에서 기말상품 재고액을 파악한 후 일괄적으로 상품매매손익을 계산하는 방법이다. 결산시점에서의 상품매매손익은 다음의 공식을 이용하여 계산한다.

> 상품매매손익 = 상품매출액 − 상품매출원가
> 상품매출원가 = 기초상품재고액 + 당기매입액 − 기말상품재고액
> 상품매매손익 = (상품매출액 + 기말상품재고액) − (기초상품재고액 + 당기매입액)

총기법은 상품의 판매시마다 상품의 판매이익을 계산할 필요가 없어 여러 종류의 상품을 취급하고 거래가 빈번하게 이루어지는 경우에 아주 편리한 회계처리방법이다.

(3) 상품계정의 분할

기업의 규모나 사정에 따라서는 외부거래에 매입과 매출뿐만 아니라 매입에누리, 매출에누리, 매입환출, 매출환입 등의 복잡한 거래가 이루어지게 되며, 이들을 매입계정이나 매출계정으로 처리할 수도 있고, 별도의 계정에 기록할 수도 있다. 그러므로 복잡한 거래를 순수계정이나 혼합계정으로 회계처리할 경우 기업경영에 있어서 순매입액이나 순매출액을 산출하는데 미흡할 뿐만 아니라 판매활동에 필요한 정보를 기대할 수 없게 된다. 이러한 불명확한 내용과 정확한 정보를 알 수 있도록 하기 위해서는 상품계정을 중요도에 따라 2개 이상의 계정으로 분류하여 회계처리하여야 한다.

상품계정을 분할하는 데는 2분법, 3분법, 4분법, 5분법, 9분법이 있으나 3분법이 가장 기본적인 방법이다.

표 6-2 상품계정의 분할방법

2분법	상품(또는 매입), 매출
3분법	이월상품, 매입, 매출
4분법	이월상품, 매입, 매출, 매출원가
5분법	이월상품, 매입, 매출, 매입환출 · 에누리 · 할인, 매출환입 · 에누리 · 할인
9분법	이월상품, 매입, 매출, 매입환출, 매입에누리, 매입할인, 매출환입, 매출에누리, 매출할인

(4) 3분법

3분법은 상품계정을 이월상품, 매입, 매출의 세 가지 계정으로 분할하는 방법이다. 즉 이월상품계정은 기초 및 기말시점의 상품재고액을 기록하는 계정으로, 매입계정은 상품매입 및 매입조정을 기록하는 계정으로, 매출계정은 상품매출 및 매출조정을 기록하는 계정으로 이용된다.

3분법은 상품계정을 분할하는 방법 중 가장 기본적인 방법이다. 다음에 설명한 5분법, 9분법 등은 3분법을 보다 확장시킨 방법들이다. 즉 3분법에서는 매입의 차감적 평가항목인 매입에누리, 매입환출, 매입할인을 매입계정에 기입하며, 매출의 차감적 평가항목인 매출에누리, 매출환입, 매출할인은 매출계정에 기입한다.

3분법을 이용하여 기말시점에 상품매매손익을 계산하는 방법은 총액법과 순액법으로 구분된다.

① 총액법

총액법(gross method)은 매출원가를 매입계정에서 계산하여 (집합)손익계정으로 대체시키며, 순매출액은 매출계정에서 계산하여 (집합)손익계정으로 대체시켜 (집합)손익계정상에서 상품매매손익을 계산하는 방법이다. 따라서 상품의 기초재고액과 기말재고액을 모두 매입계정으로 대체시키고 매입계정의 잔액을 계산하면 이 잔액이 매출원가가 된다.

기말시점에 총액법을 이용하여 상품매매손익을 계산하는 과정을 구체적으로 설명하면 다음과 같다.

① 이월상품계정상의 기초상품재고액(전기이월액)을 매입계정의 차변으로 대체한다.

(차) 매 입 ××× (대) 이월상품 ×××

② 상품의 기말재고액(차기이월액)을 평가하여 매입계정에서 차감하여 이월상품계정의 차변으로 대체한다.

(차) 이월상품 ××× (대) 매 입 ×××

③ 매입계정에서 매출원가를 계산한다. 즉 매출원가는 매입계정의 차변합계액에서 대변합계액을 차감하여 계산한 차변잔액이다.

④ 계산된 매출원가를 (집합)손익계정의 차변으로 대체한다.

(차) 손 익 ××× (대) 매 입 ×××

⑤ 매출계정의 대변합계액에서 차변합계액을 차감하여 계산한 대변잔액인 순매출액을 (집합)손익계정의 대변으로 대체한다.

(차) 매 출 ××× (대) 손 익 ×××

⑥ (집합)손익계정으로 대체된 순매출액과 매출원가를 비교하여 상품매매손익을 계산한다.

[예제] 다음 자료는 (주)한국관광용품센타의 12월 중 매출총이익을 계산하기 위한 자료이다. 총액법을 이용하여 12월의 상품매매손익을 계산하고자 한다. 월말 시점에 행할 분개와 전기를 하시오.

〈12월 중의 거래를 종합한 자료〉

(a) 기초상품재고액	₩30,000	(b) 총 매 출 액	₩100,000
(c) 매출에누리액	₩100	(d) 매 출 환 입 액	₩500
(e) 총 매 입 액	₩80,000	(f) 매입에누리액	₩200
(g) 매 입 환 출 액	₩400	(h) 기말상품재고액	₩36,000

풀이

① (차) 매 입 30,000 (대) 이월상품 30,000

② (차) 이월상품 36,000 (대) 매 입 36,000

③ (차) 손 익 73,400* (대) 매 입 73,400

* ₩30,000 + (₩80,000 − ₩200 − ₩400) − ₩36,000 = ₩73,400

계산된 ₩73,400은 매출원가이다.

④ (차) 매 출 99,400* (대) 손 익 99,400

* ₩100,000 − ₩100 − ₩500 = ₩99,400

이월상품

차변		대변	
(a) 전기이월	30,000	① 매 입	30,000
② 매 입	36,000	(h) 차기이월	36,000
합 계	60,000	합 계	66,000

매 입

차변		대변	
(e) 총매입액	80,000	(f) 매입에누리	200
① 이월상품	30,000	(g)매입환출	400
		② 이월상품	36,000
		③ 손 익	73,400
합 계	110,000	합 계	110,000

매 출

(c) 매출에누리	100	(b) 총매출액	100,000
(d) 매출환입	500		
④ 손 익	99,400		
합 계	100,000	합 계	100,000

손 익

③ 매 입	73,400	④ 매 출	99,400
*매출총이익	26,000		
합 계	99,400	합 계	99,400

② 순액법

순액법(net method)은 상품매매손익을 매출계정에서 계산하는 방법이다. 즉 매입계정에서 계산되는 매출원가를 매출계정으로 대체하여 매출계정상에서 상품매매손익을 계산한 후 이를 (집합)손익계정으로 대체시키는 방법이다. 따라서 총액법에서는 순매출액과 매출원가가 모두 (집합)손익계정으로 대체되지만, 순액법에서는 매출계정상에서 계산된 상품매매손익만이 (집합)손익계정으로 대체된다. 이 방법은 총액주의에 배치되므로 바람직한 방법이 못된다.

①, ②, ③의 과정은 총액법 이용시와 동일하다.

④ 계산된 매출원가를 매출계정의 차변으로 대체시킨다.

(차) 매 출 ××× (대) 매 입 ×××

⑤ 매출계정의 대변합계액에서 차변합계액을 차감하여 상품매매손익을 계산한다. 즉 매출계정의 대변잔액은 상품매매이익(매출총이익)을 나타내며, 매출계정의 차변잔액은 상품매매손실(매출총손실)을 나타낸다.

⑥ 계산된 상품매매손익을 (집합)손익계정으로 대체한다.

상품매매이익 계산시:

(차) 매 출 ××× (대) 손 익 ×××

상품매매손실 계산시:

(차) 손 익 ××× (대) 매 출 ×××

[예제] 총액법에서 제시한 앞의 (주)한국관광용품센타의 [예제] 자료를 이용한다. 순액법을 이용하여 10월 중의 상품매매손익을 계산하고자 한다. 월말시점에 행할 분개와 전기를 하시오.

이 방법은 회계기간 중의 어느 때라도 재고자산의 재고액을 장부상에서 파악할 수 있다는 장점이 있으나, 도난, 파손, 감손 등에 의한 감모량이 기말재고량에 포함되므로 실제의 재고량보다 장부상 재고량이 과대 계상될 수 있다. 이 방법은 취급되는 재고자산의 종류가 많고 거래가 빈번한 기업에서는 사용하기가 힘들고, 재고자산의 종류가 적고 거래가 빈번하지 않은 기업에서 사용 가능한 방법이다.

기초재고량 + 당기매입량 − 당기판매(또는 소비)량 = 기말재고량

(3) 혼합법

혼합법(mixed method)은 실지재고조사법과 계속기록법을 병행하는 방법으로 수정계속기록법이라고도 하며, 가장 합리적인 방법이다. 이 방법은 기중에는 계속기록법에 의하여 재고자산의 입고 및 출고량을 장부에 계속기록하여 장부상 기말재고량을 계산하고, 기말에 실제조사를 실시하여 기말에 실제재고가 장부상의 재고보다 부족할 경우 이 금액을 매출원가에 포함시키지 않고 재고자산감모손실로 처리할 수 있어 정확한 매출원가의 계산이 가능하게 된다.

기초재고량 + 당기매입량 − 당기판매(또는 소비)량 = 장부상 기말재고량
장부상 기말재고량 − 실제 기말재고량 = 재고자산 감모량

(4) 역산법

역산법(reverse method)은 제품 1단위당 소요되는 표준재료소비량을 산정하고 제품생산량에 제품단위당의 표준재료소비량을 곱하여 재료소비량을 계산하는 방법이다. 그러나 이 방법은 정확한 재료의 실제소비량을 계산하는 것이 아니라 재료의 추정소비량을 개략적으로 계산하는 방법이다. 이는 제품생산량과 재료소비량 간에 비례 정도가 높은 경우에만 사용할 수 있는 방법으로 재료소비량을 개략적으로 계산하기 때문에 이론적인 타당성이 약하다.

2) 재고자산의 단가결정방법

재고자산단가결정방법은 재고자산평가방법, 재고자산가격결정방법이라고도 하며, 재고자산의 단위당 원가(단가)를 결정하는 것이다. 재고자산의 취득원가가 항상 일정한 경우에는 단가결정에 아무런 문제가 없으나, 상품매입시의 취득원가가 서로 다른 경우에는 기말에 남아 있는 재고자산의 단가를 어느 것으로 할 것인가를 결정하여야 한다. 재고자산의 단가를 결정하는 방법은 원가법 이외에 시가법, 저가법 등 다양한 방법이 있으나 원가법만을 소개하기로 한다.

원가법(cost method)은 취득원가법이라고도 하며, 재고자산 매입시의 취득원가를 기초로 하여 기말재고액 및 매출원가를 계산하는 방법이다. 이는 역사적 실제원가를 바탕으로 하기 때문에 가장 일반적인 방법이다. 원가법을 이용하는 경우 원가흐름의 가정(cost flow assumption)을 어떻게 하느냐에 따라 개별법, 선입선출법, 후입선출법, 평균법 등으로 나눌 수 있으며 [그림 6-2]와 같이 재고자산 수량결정 방법에 따라 구분된다. 원가흐름은 재고자산의 물리적 흐름(physical flow)과 반드시 일치하는 것은 아니다. 원가흐름의 가정은 기말재고자산 평가와 매출원가계산을 위한 전제이다.

수량결정방법	단가결정방법
실지재고조사법	선입선출법, 후입선출법, 총평균법
계속기록법	선입선출법, 후입선출법, 이동평균법

그림 6-2 재고자산의 단가결정방법

(1) 개별법

개별법(specific identification method)은 재고자산을 개별적으로 식별하여 판매 또는 소비할 때 실제로 출고되는 재고자산의 취득원가를 매출원가화하고 기말재고로 남아 있는 재고자산의 취득원가를 개별적으로 파악하여 기말재고액을 평가하는 방법이다. 따라서 매출원가는 판매 또는 소비한 재고자산들이 취득원가를 합계한 것이며, 기말재고액은 기말재고자산들의 취득원가를 합계한 것이다. 호텔은 식·음재료의 종류가 많고 취득원가도 상이한 것이 일반적이므로 이러한 개별법을 거의 사용하지 않는다. 다만, 개별법은 고가의 골프세트, 공들여 만든 케이크, 아주 값비싼 포도주와 같은 고가품목을 평가할 때만 사용하는 방법이다.

(2) 선입선출법

선입선출법(first-in, first-out method: FIFO)은 먼저 취득한 재고자산을 먼저 판매 또는 소비한다고 가정하여 계산하는 방법으로 매입순법이라고도 한다. 즉 재고자산이 매입된 순서대로 팔렸다고 가정하는 것이므로 기말에 남아 있는 재고는 제일 나중에 사온 상품이 남아 있다고 가정하고 기말재고액을 계산하는 방법이다. 이 방법에 의할 경우 기말재고액은 가장 최근의 매입원가로 평가되어 시가에 가깝게 평가된다. 이 방법은 원가흐름이 실제 물량흐름과 대체로 일치하나, 인플레이션시 매출원가의 과소계산으로 이익이 과대표시되어 세금이 많아진다. 또한 이 방법은 실지재고조사법과 계속기록법 이용시 계산결과는 동일하다.

표 6-3 대학호텔의 훈제연어 입·출고 자료

월 일	내 용	수 량	단 가
7월 1일	전기이월	50개	₩500
5일	매 입	100개	₩620
15일	소 비	70개	
18일	소 비	40개	
20일	매 입	30개	₩700
31일	차기이월	70개	

<표 6-3>을 이용하여 대학호텔의 7월 중의 훈제연어의 입·출고에 대한 자료를 이용하여 선입선출법에 의한 기말재고액과 매출원가를 계산하면 다음과 같다.

- 기말재고액: 대학호텔의 훈제연어 기말재고수량 70개는 7월 20일에 매입한 30개와 7월 5일에 매입한 40개가 남아 있다고 가정하는 것이다. 따라서 기말재고액은 다음과 같이 계산된다.

30개 × @₩700 =	₩21,000
40개 × @₩620 =	₩24,800
기말재고액	₩45,800

- 매출원가: 대학호텔의 훈제연어 소비수량 110개 중 7월 15일에 소비한 70개는 7월 1일의 전기이월재고 50개와 7월 5일 매입분 중 20개가, 7월 18일에 소비한 40개는 7월 5일 매입분 중 40개가 소비되었다고 가정하는 것이다. 따라서 매출원가는 다음과 같이 계산된다.

50개 × @₩500 =	₩25,000
20개 × @₩620 =	₩12,400
40개 × @₩620 =	₩24,800
매출원가	₩62,200

(3) 후입선출법

후입선출법(last-in, first-out: LIFO)은 가장 최근에 매입한 재고자산이 먼저 판매 또는 소비되는 것으로 가정하여 기말재고단가를 결정하는 방법으로 매입역순법이라고도 한다. 따라서 가장 최근에 사온 재고자산이 먼저 팔리던가 소비되고 먼저 사온 재고자산이 기말재고로 남아 있다고 가정하고 기말재고액을 계산하는 방법이다.

이 방법은 인플레이션 상황에서 매출원가를 상대적으로 크게 계산하는데, 선입선출법에 비하여 기말재고액을 낮게 평가하고 매출원가는 높게 평가하므로 보수주의 회계처리 관점에서 바람직한 방법이다. 그러나 기말재고액이 현재의 시가와는 동떨어진 가격으로 평가되며 일반적인 재고자산의 흐름과 역행된다는 단점이 있다. 그러나 인플레이션 하에서는 조세부담을 지연시킬 수 있는 등 자금압박을 줄일 수 있기 때문에 일부 기업들이 이 방법을 선호하고 있다. 국제

회계기준(International Financial Reporting Standards: IFRS)에서는 후입선출법을 인정하지 아니한다.

<표 6-4> 자료를 이용하여 실지재고조사법과 후입선출법에 의한 기말재고액과 매출원가를 계산하면 다음과 같다.

- 기말재고액: 대학호텔의 훈제연어 기말재고수량 70개는 7월 1일의 전기이월 50개와 7월 5일 매입분 중 20개가 남아있다고 가정하는 것이다. 따라서 기말재고액은 다음과 같이 계산된다.

50개 × @₩500 =	₩25,000
20개 × @₩620 =	₩12,400
기말재고액	₩37,400

- 매출원가: 대학호텔의 훈제연어 소비수량 110개는 나중에 들어온 것이 먼저 소비되는 것으로 가정하므로 7월 20일에 매입한 30개와 7월 5일 매입분 중 80개가 소비되었다고 가정하는 것이다. 따라서 매출원가는 다음과 같이 계산된다.

30개 × @₩700 =	₩21,000
80개 × @₩620 =	₩49,600
매출원가	₩70,600

반면에 <표 6-4> 자료를 이용하여 계속기록법과 후입선출법에 의한 기말재고액과 매출원가를 계산하면 다음과 같다.

- 매출원가: 7월 15일 소비 70개는 5일 매입분 중에서 이루어지며 18일 소비 40개는 5일 매입분 30개와 1일 전기이월분 10개로 이루어지게 된다. 따라서 매출원가는 ₩67,000이다.

10개 × @₩500 =	₩5,000
100개 × @₩620 =	₩62,000
매출원가	₩67,000

- 기말재고액: 기말재고수량은 7월 20일 매입분 30개와 1일 전기이월분 40개로 이루어지게 된다. 따라서 기말재고액은 다음과 같이 계산된다.

40개 × @₩500 = ₩20,000	
30개 × @₩700 = ₩21,000	
기말재고액	₩41,000

이와 같이 후입선출법을 이용하는 경우 재고자산수량결정방법, 즉 실지재고조사법과 계속기록법을 이용한 결과는 상이하다.

(4) 총평균법

총평균법(weighted average method)은 회계기간 중의 총매입액을 총매입수량으로 나누어 총평균단가를 산출하고, 이 단가를 기말재고의 단가로 하는 방법으로 가중평균법 또는 기간평균법이라고도 한다. 기말에 남아 있는 재고자산 속에는 그 회계기간에 매입한 재고자산이 평균적으로 섞여 있다고 가정하고, 기말재고액을 계산하는 방법으로 총평균법은 실지재고조사법을 이용하여 수량을 파악하는 경우에 이용되는 방법이다.

$$\text{총평균단가} = \frac{\text{기초재고액} + \text{당기매입액}}{\text{기초재고량} + \text{당기매입량}}$$

$$\text{매출원가} = \text{당기매출(소비)량} \times \text{총평균단가}$$

$$\text{기말재고액} = \text{기말재고량} \times \text{총평균단가}$$

<표 6-4> 자료를 이용하여 총평균법에 의한 기말재고액과 매출원가를 계산하면 다음과 같다. 우선 총평균법에 의한 기말재고액과 매출원가를 구할 경우 먼저 총평균단가를 구해야 한다.

$$\text{총평균단가} = \frac{(50\text{개} \times @₩500) + (100\text{개} \times @₩620) + (30\text{개} \times @₩700)}{(\ 50\text{개} + 100\text{개} + 30\text{개}\ )}$$

$$= \frac{₩25{,}000 + ₩62{,}000 + ₩21{,}000}{180\text{개}}$$

$$= ₩600$$

- 기말재고액: 대학호텔의 훈제연어 기말재고수량은 70개 남아 있다. 따라서 기말재고액은 다음과 같이 계산된다.

$$\text{기말재고액} = 70\text{개} \times @₩600 = ₩42{,}000$$

• 매출원가: 대학호텔의 훈제연어 소비수량은 110개이다. 따라서 매출원가는 다음과 같이 계산된다.

매출원가 = 110개 × @₩600 = ₩66,000

(5) 이동평균법

이동평균법(moving average method)은 새로운 재고가 매입될 때마다 기존의 재고가액과 새로 매입되는 재고가액을 합하여 새로운 평균단가를 산출하고 이렇게 하여 산출된 단가를 기준으로 기말재고가액과 매출원가를 산출하는 방법이다. 즉 새로운 재고가 매입될 때마다 평균단가를 계속적으로 수정해가는 방법이다. 따라서 이 방법은 계속기록법을 이용하는 경우에만 적용 가능한 방법이다. 이 방법은 새로운 재고를 매입할 때마다 평균단가를 계산하여야 하므로 계산이 복잡하고, 계산과정에서 발생하는 단수처리로 인한 계산오차가 나타날 수 있다.

$$\text{이동평균단가} = \frac{\text{새로운 매입금액} + \text{기존 재고액}}{\text{새로운 매입량} + \text{기존 재고량}}$$

<표 6-4> 자료를 이용하여 이동평균법에 의한 기말재고액과 매출원가를 구하면 다음과 같다. 우선 이동평균법에 의한 기말재고액과 매출원가를 구할 경우 먼저 이동평균단가를 구해야 한다.

① 7월 5일

7월	1일	전기이월	50개 ×	₩500 =	₩25,000
	5일	매　　입	100개 ×	₩620 =	₩62,000
		합　　계	150개		₩87,000

이동평균단가: ₩87,000 ÷ 150개 = ₩580

② 7월 15일

매 출 원 가 : 70개 × ₩580 = ₩40,600

기 말 재 고 : 80개 × ₩580 = ₩46,400

③ 7월 18일

매 출 원 가 : 40개 × ₩580 = ₩23,200

기 말 재 고 : 40개 × ₩580 = ₩23,200

④ 7월 20일

이동평균단가 : (₩23,200 + ₩21,000) ÷ (40개 + 30개) = ₩631.428

기 말 재 고 : 70개 × ₩631.428 = ₩44,200

이에 따라 이동평균법을 이용하는 경우 7월 말의 기말재고액은 ₩44,200, 매출원가는 ₩63,800으로 계산된다.

(6) 재고자산평가손실의 계산

재고자산 평가방법 중 하나로 저가법을 들 수 있다. 저가법(lower of cost or market basis)은 취득원가와 시가 중 낮은 가격으로 기말시점의 재고자산금액을 평가하는 방법이다. 결산일에 재고자산의 시가가 장부가액보다 하락하는 경우에는 장부가액과 시가와의 차액, 즉 재고자산평가손실을 손익계산서상의 비용으로 인식하여야 한다. 회계에서는 예상되는 수익은 인식하지 않으나 예상되는 비용은 인식하는데 이것을 보수주의 회계원칙이라고 한다.

재고자산의 평가에 있어서도 보수주의 원칙에 따라 시가가 장부가액보다 높으면 이를 무시하나, 시가가 장부가액보다 낮으면 시가를 기준으로 평가하여 평가손실을 인식한다. 재고자산 평가를 위한 저가법은 종목별로 적용한다. 그러나 재고자산 항목들이 서로 유사하거나 관련되어 있는 경우에는 저가법을 조별로 적용할 수 있다. 그러므로 저가법은 총액기준으로 적용할 수 없다.

재고자산을 저가법으로 평가하는 경우 제품이나 상품의 시가는 순실현가능가액이며 원재료의 시가는 현행대체원가를 말한다. 순실현가능가액은 예상판매가액에서 판매비용을 차감한 가액을 의미한다. 재고자산을 저가법에 의하여 평가하는 경우에 장부가액과 시가와의 차액인 재고자산평가손실은 재고자산의 차감계정으로 표시하고 매출원가에 가산한다. 또한 재고자산의 시가가 회복되어 새로운 시가가 장부가액보다 상승한 경우에는 최초의 장부가액을 초과하지 않는 범위내에서 평가손실을 환입하고 매출원가에서 차감한다.

앞서 설명한 바와 같이 장부상 재고수량과 실제 재고수량의 차이인 재고자산 감모수량에 단위당 원가를 곱한 금액은 재고자산감모손실로 분류된다. 정상적으로 발생한 감모손실은 매출원가에 가산하고 비정상적으로 발생한 감모손실은 영업외비용으로 분류한다. 재고자산감모손실과 함께 재고자산평가손실을 계산하는 과정은 [그림 6-3]과 같다.

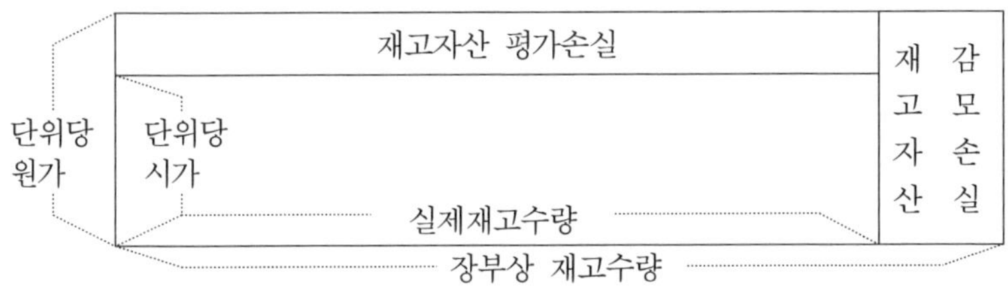

재고자산 평가손실 = (단위당 원가 − 단위당 시가) × 실제 재고수량
재고자산 감모손실 = (장부상 재고수량 − 실제 재고수량) × 단위당 원가

그림 6-3 재고자산의 감모 및 평가손실의 계산

연습문제

1 다음의 거래를 분개하시오.

(1) 상품을 ₩150,000에 현금판매하다.

(2) 외상매출금 ₩200,000을 우편환증서로 받다.

(3) 객실용역을 판매하고 (주)경기여행사 발행 ₩2,000,0000짜리 당좌수표를 받았다.

(4) 상품 ₩200,000을 매입하고 현금지급하다.

2 다음은 (주)한국여행사의 외상매출금관련 자료이다. 기업회계기준에 따라 분개하시오.

(1) 제5기 12월 31일: 외상매출금잔액 ₩3,000,000에 대하여 2%의 대손충당금을 설정하다. 대손충당금계정 잔액은 ₩40,000이다.

(2) 제6기 3월 12일: 제5기 12월 8일에 판매한 외상매출금 ₩350,000의 회수가 불가능하여지다.

(3) 제6기 8월 25일: 3월 12일 대손처리한 외상매출금 중 ₩100,000이 회수되다.

(4) 제6기 12월 31일: 외상매출금잔액 ₩6,000,000에 대하여 2%의 대손충당금을 설정하다.

(5) 제7기 4월 18일: 제6기 3월 12일 대손처리한 외상매출금 중 ₩150,000을 회수하다.

(6) 제7기 7월 20일: 3월 5일 판매한 외상매출금 ₩260,000이 회수 불가능하여 지다.

(7) 제7기 12월 31일: 외상매출금잔액 ₩5,000,000에 대하여 2%의 대손충당금을 설정하다.

3 다음은 (주)대학호텔이 직영하는 상점의 5월 중 어느 상품의 매입과 매출에 대한 내역이다.

1일 월초 재고는 수량 400개, 단가 ₩1,800이다.

4일 50개를 단가 ₩2,100에 매출하다.

8일 100개를 단가 ₩2,000에 매입하다.

10일 8일 구입한 상품중 불량품 50개를 반품하다.

12일 150개를 단가 ₩2.200에 매출하다.

15일 80개를 단가 ₩2,200에 매출하다.
22일 180개를 단가 ₩2,300에 매입하다.
28일 170개를 단가 ₩2,200에 매출하다.
30일 100개를 단가 ₩2,100에 매입하다. 감모손실은 없다.

물음

1. 3분법을 이용하여 분개하시오.
2. 다음 방법에 의하여 월말재고와 매출원가를 계산하시오.
   1) 계속기록법 하의 선입선출법
   2) 실지재고조사법 하의 선입선출법
   3) 계속기록법 하의 후입선출법
   4) 실지재고조사법 하의 후입선출법
   5) 계속기록법 하의 이동평균법
   6) 실지재고조사법 하의 총평균법

4 다음은 (주)대학호텔의 7월 중 어느 식재료에 대한 입출고 내역이다.

월 일	내 용	수 량	단 가	금 액
7월 1일	전기이월	100개	₩300	₩30,000
5일	매입	400개	400	160,000
10일	소비	100개		
15일	소비	350개		
20일	매입	200개	500	100,000
27일	소비	150개		
31일	기말재고	100개		

물음

1. 계속기록법을 이용하는 경우, 선입선출법, 이동평균법에 의한 월말재고액 및 매출원가를 계산하시오.
2. 실지재고조사법을 이용하는 경우, 선입선출법, 총평균법에 의한 월말재고액 및 매출원가를 계산하시오.

CHAPTER | 07

자산계정(Ⅱ): 비유동자산

07

자산계정(Ⅱ): 비유동자산

비유동자산은 장기간(1년 이상) 사용할 수 있는 자산으로 투자자산, 유형자산, 무형자산, 기타비유동자산으로 이루어진다. 숙박업이나 항공운송업과 같은 관광산업에서는 호텔건물, 공항설비, 비행기 등 엄청난 금액이 소모되는 유형자산에 많은 투자를 해야 한다. 관광산업에서 가장 큰 비중을 차지하는 것이 유형자산이다. 본 장에서는 유형자산의 감가상각회계, 유형자산과 무형자산의 취득원가의 결정, 자본적 지출과 수익적 지출, 유형자산처분시의 회계처리와 투자자산 및 기타비유동자산의 회계처리 등에 대해 살펴보기로 한다.

7.1 유형자산

1 유형자산의 의의

유형자산은 판매목적이 아니라 영업목적을 위하여 장기간에 걸쳐 사용하기 위하여 보유함으로써 미래의 경제적 효익이 기대되는 유형의 자산을 말한다. 유형자산의 특성은 다음과 같다.

① 유형이다. 즉 물리적 실체를 갖는다.

② 판매목적이 아닌 정상적인 영업활동에 사용하는 자산이다.

③ 장기간에 걸쳐 계속적으로 사용되는 장기성 자산이다.

④ 일반적으로 감가상각의 대상이 되는 자산이다.

⑤ 유형자산의 투자는 비유동부채와 소유자지분 등의 장기자본을 이용한다.

⑥ 비화폐성 자산으로 분류된다.

호텔기업의 객실수입은 객실의 수, 평균객실료, 객실점유율 등이 중요한 결정요인이며, 항공사의 수익은 노선과 비행기의 수가 중요한 결정요인이므로 유형자산의 투자와 직접적인 상관성을 갖는다.

2 유형자산의 분류

기업회계기준서 제5호는 유형자산을 토지, 건물, 구축물, 기계장치, 차량운반구, 선박, 비품, 공기구, 건설중인자산 등으로 분류하고 있다.

USALI에서는 유형자산을 토지, 건물, 임차권과 임차개량, 건설중인자산, 가구 및 비품, 도기·유리·은제·린넨·제복 등 크게 6가지로 구분하고 있다.

3 유형자산의 취득원가 결정

유형자산의 취득원가는 그 자산의 구입원가 또는 제작원가에 취득한 자산을 영업활동에 사용 가능한 상태에 이를 때까지 지출한 모든 직접적인 부대비용을 합한 금액으로 한다. 부대비용에는 구입수수료, 운송비, 설치비, 관세, 취득세, 등기비, 복구비용, 각종 수수료 등이 포함된다. 유형자산의 취득원가는 다음에 학습할 감가상각의 기초가액이 되므로 감가상각비에 영향을 줌으로써 손익계산서의 순이익에 영향을 줄 뿐 아니라, 취득원가는 대차대조표의 자산으로 표시되는 가액이 되므로 취득원가를 올바르게 결정하는 것은 매우 중요하다.

1) 토지의 취득원가

토지의 취득원가는 구입원가에 소개비, 등기비, 취득세 등과 토지의 정지비용, 조경비용, 배수로 설치비용 등 토지의 취득목적을 위하여 사용 가능한 상태에 이르기까지의 모든 비용이 포함된다. 토지는 감가상각의 대상이 되지 않으나 토지개량을 위하여 투입된 원가 중에서 담장, 주차장 등의 시설물원가는 토지계정과 구분하여 계상하고 적절한 기간에 걸쳐 감가상각을 하여야 한다.

2) 기계장치의 취득원가

기계장치의 구입원가뿐만 아니라 운반비, 운송 중의 보험료, 검사비, 관세, 취득세, 설치비, 시운전비 등 기계장치가 사용가능한 상태에 이르기까시 발생한 모든 비용이 취득원가에 포함된다.

3) 자가건설 또는 자가제작하는 경우

건물을 자가건설하거나 기계장치 등을 자가제작하는 경우에는 자가제작에 따른 제원가와 제작 후 사용가능상태에 이르기까지의 모든 준비비용이 자가건설 또는 자가제작한 유형자산의 취득원가에 포함된다. 이 때 유형자산의 건설 또는 제작에 소요된 직접재료비, 직접노무비, 직접경비 등 직접적인 원가는 물론이고 감가상각비, 보험료, 간접노무비, 기타의 각종 경비 등 간접적인 원가도 적절한 원가배부방법에 따라 취득원가에 포함되어야 한다.

이 경우 건설 또는 제작이 완료되기까지는 상당한 시일이 소요되므로 건설 또는 제작 도중에 지출되는 모든 비용은 우선 건설중인자산(construction in progress)계정의 차변에 기입하였다가 건설 또는 제작이 완료되면 해당 유형자산계정으로 대체하여야 한다.

4) 주식발행에 의한 취득의 경우

유형자산의 취득대가로 주식이 발행되는 경우에는 그 주식의 발행가액을 그 자산의 취득원가로 한다. 주식의 발행가액이란 주식의 공정한 시장가치를 의미한다. 그러나 발행하는 주식의 공정한 시장가치를 측정할 수 없는 경우나 주식의 발행가액과 취득하는 유형자산의 공정가액이 상이한 경우에는 취득한 유형자산의 공정가액을 취득원가로 한다. 공정가액(fair value)은 합리적인 판단력과 거래의사가 있는 독립된 당사자 간에 거래될 수 있는 교환가격을 말한다.

5) 교환, 현물출자, 증여 등으로 취득하는 경우

다른 자산과의 교환이나 현물출자시 출자자로부터 취득한 자산, 타인으로부터 증여받은 유형자산은 그 자산의 공정가액(시장가격)을 취득원가로 하여야 한다. 다만, 교환취득시 다른 종류의 자산과 교환으로 유형자산을 취득하는 경우 유형자산의 취득원가는 교환을 위하여 제공한 자산의 공정가액으로 측정한다. 반면에 동종자산과의 교환으로 취득한 유형자산의 취득원가는 교환으로 제공한 자산의 장부가액으로 한다. 증여에 의한 취득의 경우 자산수증이익이 나타나며, 이는 영업외수익으로 분류된다.

4 자본적 지출과 수익적 지출

자본적 지출(capital expenditure)은 지출의 효익이 당기 이후의 장기간에 미치므로 당기의 비용이 되지 않고 유형자산의 취득원가를 구성하거나 유형자산의 내용년수를 연장시키거나 경제적 가치를 실질적으로 증가시키는 지출, 즉 자본화되는 지출을 말한다.

수익적 지출(revenue expenditure)은 지출의 효익이 당기에 끝나기 때문에 당기 비용에 포함되는 지출, 즉 비용화되는 지출을 말한다. 유형자산의 원상을 회복시키거나 능률을 유지시키기 위한 지출, 금액이 상대적으로 적기 때문에 중요하지 않은 지출로써 경상적으로 발생하는 수선비, 유지비 등이 있다.

자본적 지출의 경우는 해당 유형자산계정에 차기하여 자산의 장부가액을 증가시키며, 수익적 지출의 경우에는 수선비 등의 비용계정에 차기한다. 그러므로 동일한 지출을 자본적 지출로 처리한 경우는 수익적 지출로 계상한 경우보다 상대적으로 비용이 낮게 계상되고 이익은 높게 계상된다.

[예제] 다음은 (주)한국유람선의 거래내역이다. 분개하시오.

(1) 제1기 1월 1일 유람선 1척을 ₩5,000,000에 구입하기로 하고, 그 중 절반은 현금지급하고 나머지는 2개월 후 만기도래하는 어음을 발행하였다. 또한 구입수수료 ₩30,000, 취득세와 등록세 ₩70,000, 시운전비 ₩100,000이 소요되어 모두 현금 지급하였다.
(2) 제1기 2월 28일 위 만기도래 어음을 지급하였다.
(3) 사무실 건립을 위하여 토지 ₩3,000,000을 현금 구입하다.
(4) 위 토지에 건물 신축을 위하여 재료비, 노무비 등이 ₩2,000,000 발생하여 모두 현금 지급하다.
(5) (4)의 건물이 완공되어 추가비용 ₩1,000,000을 현금 지급하다.
(6) (1) 유람선의 모터가 낡아 ₩500,000을 들여 새로운 모터로 교체하였으며, 페인트 칠을 위해 ₩100,000이 발생되었다.

풀이

(1)	(차)	선 박	5,200,000	(대)	현 금	2,700,000
					어음미지급금	2,500,000
(2)	(차)	어음미지급금	2,500,000	(대)	현 금	2,500,000
(3)	(차)	토 지	3,000,000	(대)	현 금	3,000,000
(4)	(차)	건설중인자산	2,000,000	(대)	현 금	2,000,000
(5)	(차)	건 물	3,000,000	(대)	현 금	1,000,000
					건설중인자산	2,000,000
(6)	(차)	선 박	500,000	(대)	현 금	600,000
		수선유지비	100,000			

5 감가상각

비유동자산 중 일부항목을 제외하고 모든 비유동자산은 시장의 변화나 자산의 진부화에 따라 자산의 가치가 떨어지게 된다. 이러한 가치의 감소는 감가상각이라는 과정을 통해 기록된다. 감가상각이란 일반적으로 유형자산에 대한 가치감소를 의미하며 무형자산에는 그냥 상각이라는 용어를 사용한다. 유형자산 중 감가상각을 하지 않는 자산은 토지와 건설중인자산이다.

1) 감가상각의 의의

유형자산은 일반적으로 장기간 동안 영업활동을 위하여 사용된다. 유형자산은 영업목적을 위하여 사용함에 따라서 물리적 또는 경제적으로 효익을 제공할 수 있는 능력이 점차 감소하여 더 이상 사용이 불가능하거나 불합리하게 되는 시점에 이르게 된다.

이와 같이 유형자산은 그것이 사용되는 기간 중에 수익창출활동을 위하여 기여하게 되므로 취득원가를 그 자산이 공헌하는 각 회계기간에 배분하여 비용화시키는 것이 정확한 기간손익계산을 위하여 합리적이다.

이와 같이 정확한 기간손익계산을 위하여 유형자산의 취득원가를 해당 자산이 영업목적을 위하여 공헌하는 각 회계기간에 배분하여 비용화하는 회계적인 절차를 감가상각(depreciation)이라 한다.

감가상각의 본질에 대한 다음 사항에 유의하여야 한다.

첫째, 감가상각은 자산평가의 과정이 아니라 취득원가의 배분(allocation of costs)과정을 의미한다. 감가상각은 유형자산의 가치감소액을 평가하여 대차대조표에 표시되는 유형자산의 순가치를 정확하게 기록하고자 하는 평가과정이 아니라, 취득원가를 내용년수기간동안에 체계적이고 합리적인 방법에 따라 비용으로 기간배분하는 과정으로 보는 것이다.

둘째, 감가상각비는 현금지출을 수반하지 않는 비용(non-cash expense)이다. 감가상각비는 손익계산서상의 비용에 포함된다. 그러나 급료, 수도광열비 등과 같이 현금지출이 수반되는 비용이 아니라 단순히 계산상의 비용인 것이다. 따라서 감가상각비에 해당되는 금액만큼의 자금이 회사 내에 유보(留保, reserve)되는 효과를 가져온다.

유형자산의 가치가 감소하는 원인은 다음 두 가지로 구분된다.

(1) 물리적 요인(physical factors)

유형자산의 사용에 의한 마모, 손상과 시간의 경과에 따른 노후, 부패 및 천재지변 등에 의한 비정상적인 손상 등을 말한다.

(2) 경제적 요인(economic factors)

물리적으로는 충분한 가치가 있으나 경제적 · 기능적으로 가치가 감소하는 것을 말하며, 부적합화와 진부화의 두 가지가 있다.

부적합화(inadequacy)는 시장변화 및 정부시책변경 등에 의하여 물리적으로는 사용가능하나 경제적 또는 기능적으로 계속하여 사용이 불합리하게 됨으로써 그 가치가 감소하는 것을 말한다.

진부화(obsolescence)는 새로운 발명이나 기술적 진보 등으로 인하여 물리적으로는 사용가능하나 경제적 또는 기능적으로 계속 사용이 불합리하게 되므로 그 가치가 감소하는 것을 말한다.

2) 감가상각의 기본요소

감가상각을 계산하기 위해서는 다음의 세 가지 요소에 대한 결정과 감가상각 방법을 결정해야 한다.

(1) 취득원가

감가상각의 대상이 되는 취득원가(acquisition cost)는 유형자산의 최초 취득시 지급한 구입가격뿐만 아니라 자산이 의도하는 용도에 사용될 수 있도록 하기 위한 모든 부대비용을 포함한다.

(2) 잔존가치

잔존가치(scrap value, residual value 또는 salvage value)는 유형자산의 처분 또는 폐기시에 받을 것으로 기대되는 추정액이다. 유형자산의 처분에 따른 비용이 발생할 것으로 예상되는 경우에는 이 비용을 차감한 후 잔존가치를 결정해야 한다. 기업회계기준과 USALI에서는 잔존가치의 추정에 대하여 특별한 언급을 하고 있지 않다. 실무적으로 잔존가치는 없는 것으로 가정하는 것이 보편적이다. 취득원가에서 잔존가치를 차감한 금액은 감가상각의 대상이 되는 금액으로 감가상각기준액(depreciation base) 또는 감가상각대상금액(depreciable cost)이라 한다.

(3) 내용년수

내용년수(useful life, service life 또는 economic life)는 감가상각자산의 사용가능연수, 즉 감가상각기간을 말하는데, 경제적 내용년수와 물리적 이용년수로 구분할 수 있다. 경제적 내용년수는 유형자산이 제공하는 효익이 이를 사용하는데 필요한 비용보다 큰 경우에 한하여 해당 유형자산을 이용할 수 있다는 개념에 근거하고 있으나, 물리적 이용년수는 경제성을 불문하고 물리적으로 사용가능한 연수를 말한다. 따라서 경제적 내용년수는 물리적 이용년수보다 짧으며, 회계학에서 말하는 내용년수는 경제적 내용년수를 의미한다. 내용년수를 정확하게 추정한다는 것은 어려운 일이지만 가능한 객관적인 추정이 될 수 있어야 한다.

3) 감가상각의 방법

체계적이고도 합리적인 감가상각을 하기 위해서 사용가능한 감가상각의 방법은 <표 7-1>과 같이 많이 있으나 일반적으로 정액법, 정률법, 연수합계법 등이 많이 이용되는 방법이다.

표 7-1 감가상각의 주요 방법과 분류

방 법	분 류
정액법(직선법)	
가속상각법(체감상각법)	① 정률법 ② 이중체감법 ③ 연수합계법
비례법(조업도비례법)	① 생산량비례법 ② 작업시간비례법

(1) 정액법

정액법(straight-line method)은 매기 일정한 금액을 상각하는 것으로, 감가상각 대상금액을 내용년수동안 균등하게 할당하는 방법이다. 가장 간편하고 이해하기 쉽기 때문에 널리 이용되는 방법이다. 정액법을 이용한 연간 감가상각액 공식은 다음과 같다.

$$\text{매년의 감가상각비} = \frac{\text{취득원가} - \text{잔존가치}}{\text{내 용 년 수}}$$

정액법에 의한 감가상각비율을 백분율로 표현할 수 있다. 그러므로 내용년수가 10년인 지산의 연간 감가상각률은 1/10 또는 10%로 나타낼 수 있다.

〈감가상각에 대한 기본자료〉

대학호텔은 2002년 1월 1일 주방기계장치 1개를 현금 구입하였다.
취득원가는 ₩1,200,000이며, 잔존가치는 ₩200,000, 내용년수는 5년으로 추정하였다.

기본자료를 이용하여 정액법에 따른 각 연도의 감가상각비를 계산하고, 감가상각표를 작성하면 <표 7-2>와 같으며, 매년도의 분개는 "(차) 감가상각비 200,000 (대) 감가상각누계액 200,000"으로 동일하다.

$$\text{매년의 감가상각비} = \frac{₩1,200,000 - ₩200,000}{5} = ₩200,000$$

표 7-2 정액법에 의한 감가상각표

연도	연도초 장부가액	감가상각비	감가상각누계액	연도말 장부가액
1	1,200,000원	200,000원	200,000원	1,000,000원
2	1,000,000	200,000	400,000	800,000
3	800,000	200,000	600,000	600,000
4	600,000	200,000	800,000	400,000
5	400,000	200,000	1,000,000	200,000

(2) 가속상각법

이는 체감상각법이라고도 부르는데, 처음 초년도에 감가상각비를 많이 계상하고 시간이 경과함에 따라서 차차 적게 계상하는 방법이다. 가속상각법을 채택함으로써 투자초기에 감가상각을 많이 하여 조세부담을 줄일 수 있을 뿐만 아니라 투자한 자금을 빨리 회수할 수 있다. 이러한 가속상각법에는 정률법, 연수합계법, 이중체감법 등이 있다.

① 정률법

정률법(fixed percentage of declining balance method)은 유형자산의 장부가액(취득원가 − 감가상각누계액)에 일정한 감가상각률(정률)을 곱하여 연도별 감가상각비를 계산하는 방법이다. 장부가액(또는 순장부가액)은 취득원가에서 감가상각누계액을 차감한 잔액이므로 정률법 이용시 매년의 감가상각비는 내용년수가 더해 갈수록 감소하게 된다. 따라서 유형자산의 초기에는 감가상각비를 비교적 많이 배분하고 후기에는 적게 배분한다.

정률법에서 상각률 및 감가상각비는 다음과 같이 계산된다.

$$\text{상각률} = 1 - \sqrt[n]{\text{잔존가치} \div \text{취득원가}} \quad (n\text{: 내용년수})$$

$$\begin{aligned}\text{매년의 감가상각비} &= \text{미상각잔액} \times \text{상각률} \\ &= (\text{취득원가} - \text{감가상각누계액}) \times \text{상각률}\end{aligned}$$

기본자료를 이용하여 정률법을 이용하는 경우의 상각률을 계산하고, 감가상각표를 작성하면 <표 7-3>과 같다. 우선 감가상각률은 다음과 같이 계산된다.

$$1 - \sqrt[5]{200{,}000 \div 1{,}200{,}000} = 1 - \sqrt[5]{1 \div 6} = 0.30117 \fallingdotseq 30\%$$

② 이중체감법

이중체감법(double-declining balance method)은 체감상각법 중 정액법에서 사용하는 상각률에 2배한 상각률을 적용하는 방법이다. 예를 들어, 내용년수가 5년인 경우의 정액법 상각률은 1/5로서 20%이기 때문에 이중체감상각법의 상각률은 40%가 된다.

표 7-3 정률법에 의한 감가상각표

연도	연도초 장부가액	상각률	감가상각비	감가상각누계액	연도말 장부가액
1	1,200,000원	30%	360,000원	360,000원	840,000원
2	840,000	30%	252,000	612,000	588,000
3	588,000	30%	176,400	788,400	411,600
4	411,600	30%	123,500	911,900	288,100
5	288,100	30%	88,100*	1,000,000	200,000

* 계산에 의한 감가상각비가 ₩86,430이지만 잔존가치가 ₩200,000이 되도록 조정한다.

이중체감법은 정률법과 마찬가지로 상각률에 기초장부가액을 곱하여 감가상각비를 구한다. 이는 감가상각비가 초기에는 많이 계상되고 후기에는 적게 계상되는 가속싱긱방법이 된다. 연도말 장부가액이 잔존가치와 일치하면 비록 내용년수 중이라도 더 이상 감가상각을 하지 않는다.

기본자료를 이용하여 이중체감법을 이용하는 경우의 감가상각표를 작성하면 <표 7-4>와 같다. 우선 정액상각률이 1/5, 즉 20%이므로 이중체감법의 상각률은 그 두 배인 40%가 된다.

표 7-4 이중체감법에 의한 감가상각표

연도	연도초 장부가액	상각률	감가상각비	감가상각누계액	연도말 장부가액
1	1,200,000원	40%	480,000원	480,000원	720,000원
2	720,000	40%	288,000	768,000	432,000
3	432,000	40%	172,800	940,800	259,200
4	259,200		59,200	1,000,000	200,000
5	200,000		0	1,000,000	200,000

③ 연수합계법

연수합계법(sum of the years digit method)은 산술급수의 계산에 의해 분수로 상각률을 계산하여 감가상각비를 계산하는 방법이다. 이것 역시 체감상각방법으로서 초기에는 감가상각비를 많이 계상하고 시간이 지남에 따라 차차 적게 계상한다. 여기에서 분모는 내용년수의 합계이고, 분자는 내용년수를 역순으로 한 잔존 내용년수가 된다.

$$\text{연도별 상각률} = \frac{\text{당해 연도초의 잔존 내용년수}}{\text{내용년수 합계}}$$

연 감가상각비 = 특정년도의 상각률 × (취득원가 − 잔존가치)

따라서 분모는 항상 일정하나 분자는 매년 체감하므로 상각률도 매년 체감한다. 내용년수가 5년인 유형자산의 연간 상각률은 아래와 같이 계산된다.

$$\text{1차년도: } \frac{5}{1+2+3+4+5} = \frac{5}{15}$$
$$\text{2차년도: } \frac{4}{1+2+3+4+5} = \frac{4}{15}$$
$$\text{3차년도: } \frac{3}{1+2+3+4+5} = \frac{3}{15}$$
$$\text{4차년도: } \frac{2}{1+2+3+4+5} = \frac{2}{15}$$
$$\text{5차년도: } \frac{1}{1+2+3+4+5} = \frac{1}{15}$$

상기와 같은 방법은 실제 자산의 내용년수가 짧을 때만 사용된다. 좀더 내용년수가 긴 경우의 공식은 다음과 같다. 여기에서 n은 유형자산의 추정 내용년수이다.

$$\text{연수 합계} = \frac{n(n+1)}{2}$$

기본자료를 이용하여 연수합계법 이용시의 감가상각표를 작성하면 <표 7-5>와 같다. 연수합계법 이용시 내용년수의 합계는 15년[5(5 + 1)/2 = 15]이다.

표 7-5 연수합계법에 의한 감가상각표

연도	감가상각기준액	잔존내용년수	감가상각률	감가상각비
1	1,000,000원	5년	5/15	333,333원
2	1,000,000	4	4/15	266,667
3	1,000,000	3	3/15	200,000
4	1,000,000	2	2/15	133,333
5	1,000,000	1	1/15	66,667

(3) 조업도비례법

조업도비례법은 유형자산의 가치감소는 사용된 자산의 조업도에 비례하여 나타나는 것으로 가정하고 기간별 감가상각비를 계산하는 방법이며 단순히 비례법이라고도 한다. 이 방법은 자산이 수익의 창출에 기여하는 정도와 감가상각비가 합리적으로 대응된다는 장점이 있으나, 이와 같은 방법을 적용할 수 있는 유형자산은 지극히 제한되어 있다. 이 방법에는 생산량비례법과 작업시간비례법이 있다.

① 생산량비례법

생산량비례법(unit of production method)은 생산량에 비례하여 감가상각하는 방법으로, 감가상각비를 감가상각기순액에 예정총생산량에 대한 실제생산량의 비율을 곱하여 계산하는 방법이다. 광산, 유전, 삼림 등 감모성자산의 상각액을 계산할 때 이 방법을 사용한다. 이 방법은 총예정생산량의 계산이 가능한 경우에 사용할 수 있다.

$$\text{연도별 감가상각비} = \frac{\text{연간 실제생산량}}{\text{예정총생산량}} \times (\text{취득원가} - \text{잔존가치})$$

② 작업시간비례법

기계장치 또는 기구 등에는 예정가동시간이 과학적으로 산출되어 있는 경우가 있는데, 이러한 자산의 예정가동시간 중 실제가동시간의 비율에 따라 상각액을 계산하는 방법이다.

$$\text{연도별 감가상각비} = \frac{\text{연간 실제가동시간}}{\text{예정총가동시간}} \times (\text{취득원가} - \text{잔존가치})$$

예를 들어, 자동차의 취득원가가 5,000만원이며, 잔존가치는 취득원가의 10%로 예상된다. 총예상주행거리가 200,000km인 경우, 어느 해 실제주행거리가 30,000km라면 감가상각비는 6,750,000원이다.

4) 감가상각의 회계처리

유형자산의 감가상각에 대한 회계처리방법은 직접법과 간접법이 있다. 간접법의 이용이 보다 바람직하며, USALI와 기업회계기준에서도 간접법을 원칙으로 채택하고 있다.

(1) 직접법

직접법(direct method)은 직접차감법이라고도 하며, 감가상각비를 감가상각비계정의 차변에 기입하고 동시에 당해 유형자산계정의 대변에 기입하는 방법이다. 이 방법은 유형자산가액을 직접 감소시킨다.

(차) 감가상각비 ××× (대) 유형자산 ×××

(2) 간접법

간접법(indirect method)은 차변에 감가상각비를 기입하고 대변에는 감가상각누계액(allowance for depreciation)계정을 기입하는 방법이다. 자산의 장부가액은 그 자산의 취득원가에서 감가상각누계액을 차감한 금액이 된다. 따라서 감가상각누계액 계정은 자산에 대한 평가계정이며 이렇게 회계처리함으로써 항상 상각자산의 취득원가와 감가상각누계액 및 장부가액을 알 수 있다. 감가상각누계액은 각 유형자산별로 표시하거나 일괄하여 표시할 수 있다.

(차) 감가상각비 ××× (대) 감가상각누계액 ×××

5) 유형자산의 처분

유형자산이 영업목적에 적합하지 않거나 내용년수가 모두 경과된 경우에는 매각처분하거나 새로운 자산과 교환하게 되는데, 이때에 자산의 처분가액이 장부가액보다 많은 경우에 그 초과액을 유형자산처분이익이라 하고, 처분가액이 장부가액보다 적은 경우에 그 차액을 유형자산처분손실이라 한다. 유형자산처분이익은 영업외수익에, 그리고 유형자산처분손실은 영업외비용에 포함시켜야 한다.

[예제] (주)대학호텔의 다음 거래를 분개하시오.

① 7월 31일 취득원가 ₩2,000,000인 주방기계장치를 ₩500,000에 매각처분하였다. 처분시까지의 감가상각누계액은 ₩1,800,000이었다.

② 8월 10일 취득원가 ₩15,000,000인 영업용 자동차를 ₩5,000,000에 매각처분하였다. 처분시까지의 감가상각누계액은 ₩9,000,000이었다.

풀이

	(차)			(대)	
①	현금	500,000		기계장치	2,000,000
	감가상각누계액	1,800,000		유형자산처분이익	300,000
②	현금	5,000,000		차량운반구	15,000,000
	감가상각누계액	9,000,000			
	유형자산처분손실	1,000,000			

7.2 무형자산

1 무형자산의 의의

무형자산(intangible asset)은 비유동자산 중에서 구체적인 물리적 실체는 없으나 미래에 걸쳐 기업의 수익창출에 기여할 것으로 예상되는 자산이다. 다만, 일부 무형자산은 컴팩트디스크, 법적 서류 또는 필름과 같은 물리적 형체에 담겨 있을 수 있다. 영업권과 개발비를 제외한 대부분의 무형자산은 법률이나 계약 등에 의하여 어떤 자산을 일정기간 독점적·배타적으로 사용할 수 있는 권리이다. 무형자산은 유형자산과 마찬가지로 기업의 영업목적을 위하여 장기간 효익을 제공하는 자산이며, 그 효익을 제공하는 기간도 무한정하지 않고 일정한 기간이 있으므로 상각대상이 된다.

무형자산은 그 자산을 취득하기 위하여 실제 지출한 직접적인 비용을 그 자산의 취득원가로 한다. 또한 취득과 관련하여 발생한 수수료 및 등록비 등과 같은 부대비용도 취득원가로 계상한다. 무형자산을 교환, 주식발행, 증여 등을 통하여 취득한 경우에는 유형자산의 경우와 동일하게 취득원가를 결정한다.

2 무형자산의 종류

1) 영업권

어떤 기업이 동종 유사기업에 비하여 초과수익력을 가지고 있는 경우에 미래의 초과수익력을 현가로 평가한 가치를 말한다.

영업권(goodwill)은 일반적으로 타기업을 합병하거나 영업을 양수하는 경우 및 전세권 취득 등의 경우에 유상으로 취득한 것이다. 그러므로 자기가 창설한 영업권은 대차대조표에 자산으로 계상할 수 없다.

2) 산업재산권

산업재산권(industrial right)은 종전의 공업소유권이 변경된 것으로 관련 법률에 의하여 일정기간 독점적 · 배타적으로 이용할 수 있는 권리로서 특허권, 실용신안권, 의장권 및 상표권 등이 있다.

특허권(patent)은 어떤 발명이 특허법에 의하여 등록되어 일정기간 독점적 · 배타적으로 이용할 수 있는 권리를 말한다. 실용신안권(utility model right)과 의장권(design right)은 특정한 디자인이 실용신안법 또는 의장법에 의하여 등록되어 독점적으로 이용할 수 있는 권리이며, 상표권(trademark right)은 특정한 상표를 상표법에 따라 등록하고 이를 독점적 · 배타적으로 이용할 수 있는 권리를 말한다.

3) 광업권과 어업권

광업권(mining rights)은 「광업법」에 의하여 일정한 광구에서 등록을 한 광물과 동 광상중에 부존하는 다른 광물을 채굴하여 취득할 수 있는 권리로서, 광업권 취득을 위하여 지급한 대가와 부대비용을 광업권의 취득원가로 한다.

어업권(fishing rights)은 「수산업법」에 의하여 등록된 일정한 수면에서 독점적 · 배타적으로 어업을 경영할 수 있는 권리와 입어권으로서, 어업권 취득을 위한 대가와 부대비용을 어업권의 취득원가로 한다.

4) 임차권리금

임차권리금은 건물이나 기타 자산의 임차시에 임차보증금(이는 기타 비유동자산임) 이외에 별도로 지급한 권리금을 말한다. 이는 임대한 건물이나 기타 자산이 다른 자산에 비하여 상대적으로 입지조건, 고객관계 등이 우수하여 그 대가로 지급하는 것이다.

5) 저작권

저작권(copyrights)은 특정 저작물, 공연물이 「저작권법」에 의하여 등록되어 일정기간 배타적인 권리를 행사하는 것이다. 저작권에는 저서뿐만 아니라 영화, 음반, 방송, 공연 등이 포함된다.

6) 컴퓨터 소프트웨어

소프트웨어(softwares)를 외부에서 구입한 경우 그 구입비용은 컴퓨터 소프트웨어계정으로 계상한다.

7) 프랜차이즈와 라이센스

프랜차이즈(franchises)는 특정지역에서 제품이나 서비스의 독점적 판매를 영위할 수 있는 권리이며 KFC, Pizza Hut 등 외식산업에서 일반적이다. 프랜차이즈 회계처리는 제14장에서 상세히 설명하고 있다.

라이센스(licences)는 프랜차이즈계약 중 정부기관이 기업이나 개인에게 허가형태로 부여하는 면허를 말한다. 일정한 도로, 철도 또는 해로를 이용할 수 있는 육상운송노선권, 해상운송노선권 등이 그 예이다. 또한 독점적·배타적으로 부여된 유료도로관리권, 수도시설관리권, 전용측선이용권 등도 라이센스에 해당된다.

8) 개발비

기업은 성장·발전을 위하여 끊임없는 연구개발활동을 수행한다. 연구(research)는 새로운 과학적 또는 기술적 지식을 얻기 위해 수행하는 독창적이고 계획적인 탐구활동을 말한다. 반면에 개발(development)은 상업적인 생산 또는 사용 전에 연구결과나 관련지식을 새롭거나 현저히 개량된 재료, 장치, 제품, 공정, 시스템 및 용역의 생산을 위한 계획이나 설계에 적용하는 활동이다. 무형자산을 창출하기 위한 내부 프로젝트를 연구단계와 개발단계로 구분할 수 없는 경우에는 그 프로젝트에서 발생한 지출은 모두 연구단계에서 발생한 것으로 본다.

연구개발비의 회계처리는 [그림 7-1]과 같이 요약된다. 즉 연구활동에서 발생한 비용은 모두 당기비용으로 처리하며, 개발활동에서 발생한 비용은 엄격한 기준들(기업회계기준서 제3호 무형자산 문단 41 참조)을 충족하는 경우에만 개발비라는 무형자산으로 계상하고 기준들을 충족하지 못하는 경우에는 경상개발비계정으로 하여 발생한 기간의 비용으로 처리한다.

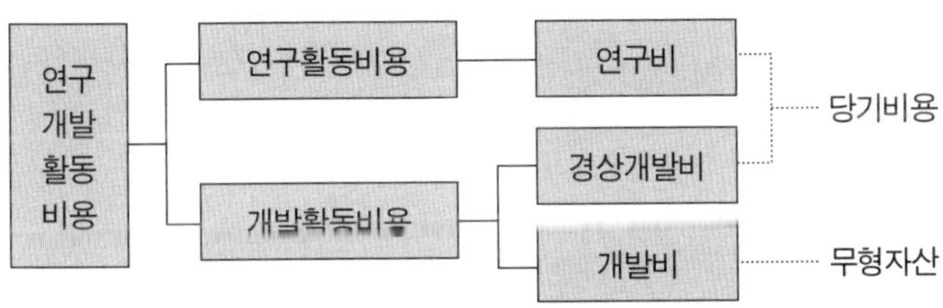

그림 7-1 연구개발비의 회계처리

3 무형자산의 상각

무형자산은 대부분 일정한 존속기간 또는 유효기간을 가지고 있기 때문에 유형자산과 같이 상각대상이 된다. 따라서 무형자산의 취득원가를 존속기간 또는 유효기간에 걸쳐 비용으로 상각하여야 한다.

무형자산의 상각은 amortization이라고 하며, 유형자산의 상각은 depreciation이라 한다. 무형자산의 상각은 유형자산의 감가상각과 비교할 때 다음과 같은 특징이 있다.

① 무형자산은 계약이나 관련된 법령에 정해진 유효기간 또는 기타 합리적인 기간 동안에 상각한다. 다만, 계약이나 관련된 법령에 정해진 경우를 제외하고 상각기간은 20년을 초과하지 못한다.

② 통상 잔존가치를 영(zero)으로 한다. 무형자산은 물리적 실체가 없고 법률상의 유효기간이 만료되면 잔존가치의 회수가 곤란하므로 일반적으로 무형자산의 잔존가치는 없는 것으로 간주한다.

③ 상각액의 회계처리는 유형자산과는 달리 해당 자산에서 직접 차감하는 직접상각법을 이용할 수 있다.

(차) 무형자산상각비 ××× (대) 무형자산 ×××

④ 무형자산도 유형자산에서 설명한 방법들을 이용할 수 있으나 합리적인 방법을 정할 수 없는 경우에는 정액법을 이용한다.

⑤ 무형자산상각비는 그 자산의 내용에 따라 제조활동에 관련된 것이면 제조경비(영업부문 경비)로 처리하며, 판매와 일반관리 부문에 관련된 것이면 판매비와 관리비로 처리한다.

7.3 투자자산

1 투자자산의 의의

투자자산(long-term investments)은 일반적으로 사업의 주된 영업목적이 아닌 다른 회사의 지배 또는 유휴자금의 증식이나 활용을 목적으로 하는 자산이다. 투자자산의 특징은 다음과 같다.

① 타기업의 경영권을 지배할 목적이거나 여유자금의 장기적 투자로 배당 또는 이자수익 등의 투자수익을 목적으로 하는 자산이다.
② 장기간 보유하는 장기성 자산(long-term assets)이다.
③ 영업활동에 직접적으로 이용되지 않는 비영업자산(non-operating assets)이다.
④ 비유동자산 중에서 가장 유동성이 높은 자산이다.

2 투자자산의 종류

1) 장기금융상품

유동자산에 속하지 아니하는 금융상품으로 하고, 사용이 제한되어 있는 예금에 대해서는 그 내용을 주석으로 기재한다. 장기금융상품은 유동자산에 속하지 아니하는 금융상품이므로 장기성예금과 장기성 특정현금과 예금 등이 포함된다. 특정현금과 예금은 사용이 제한되어 있는 예금이다. 따라서 이 중에서 만기가 1년 이내에 도래하는 예금은 단기금융상품(유동자산)으로 분류하여야 하고, 1년 이상 담보 등으로 사용이 제한되어 있는 경우에는 장기금융상품으로 분류한다.

2) 투자유가증권

유동자산에 속하지 아니하는 유가증권으로 한다. 투자유가증권은 기업들이 보유하고 있는 주식, 사채, 국·공채와 같은 유가증권 중에서 이자, 배당 또는 매매차익을 얻을 목적으로 장기간 보유하거나 경영권확보를 위하여 또는 다른 회사의 경영활동에 직접 참가하기 위하여 취득한 것을 말한다. 자세한 설명은 제9장의 유가증권을 참고하기로 한다.

3) 투자부동산

투자의 목적 또는 비영업용으로 소유하는 토지·건물 및 기타의 부동산으로 하고, 그 내용을 주석으로 기재한다. 투자부동산은 영업활동에 이용되는 부동산이 아니기 때문에 감가상각을 해서는 안되며, 통상 취득일로부터 2년 내에 취득목적에 사용되지 않는 부동산을 말한다.

7.4 기타비유동자산

1 기타비유동자산의 의의

기타비유동자산(other non-current assets)은 특정한 비유동자산의 범주에 속하지 않는 자산이다. 기업회계기준은 1996년 3월 30일의 제7차 개정에서 기타자산 항목을 삭제하였으나, 2006년 2월 6일 제정한 기업회계기준서 제21호 “재무제표의 작성과 표시(I)”에서 기타비유동자산을 설정하였다. USALI에서는 자산을 크게 유동자산, 장기채권, 투자자산, 유형자산과 기타자산(other assets)으로 분류하고 있어 기타자산을 구분 · 표시하도록 요구하고 있다. 다만, USALI 상의 기타자산은 무형자산을 포함하는 항목이다.

2 기타비유동자산의 분류

USALI에서는 기타자산 과목으로 영업권, 생명보험해약반환금, 이연항목, 이연법인세자산(비유동분), 기타의 5가지를 들고 있다. 또한 기업회계기준에서는 임차보증금, 장기대여금, 장기성매출채권, 장기선급비용, 장기선급금, 장기미수금, 이연법인세자산(비유동분) 등을 제시하고 있다.

1) 임차보증금

임차보증금은 타인의 부동산 또는 동산을 사용할 수 있는 권리를 얻기 위하여 지급한 보증금을 말한다. 전세권은 법원에 등기된 권리이나 임차보증금은 단순한 계약상의 권리이다. 등기에 의하여 보호되는 임차보증금은 전세권이라고 한다.

2) 영업보증금

영업보증금은 영업활동을 위하여 제공한 보증금으로, 대리점 등이 대리점계약에 의하여 지급하는 거래보증금, 건설회사 등이 지급하는 입찰보증금 및 하자보증금 등이 있다.

3) 장기대여금

장기대여금은 유동자산에 속하지 아니하는 장기의 대여금으로 한다. 장기대여금의 대손상각비는 영업외비용이다.

4) 장기성매출채권

장기성매출채권은 유동자산에 속하지 아니하는 일반적 상거래에서 발생한 장기의 외상매출금 및 받을어음으로 한다. 장기성매출채권의 대손상각비는 판매비와관리비로 기재한다.

5) 이연법인세자산(비유동분)

이연법인세자산(비유동분)은 비유동자산과 비유동부채와 관련하여 발생하는 일시적 차이로 인하여 법인세법 등의 법령에 의하여 법인세로 납부하여야 할 금액이 법인세비용을 초과하는 경우 그 초과하는 금액과 이월결손금 등에서 발생한 법인세효과로 한다. 이연법인세자산(유동분)은 당좌자산으로 분류된다.

연습문제

1 다음의 거래를 분개하시오.

(1) 호텔건물 신축을 위하여 (주)건설산업과 계약을 맺고 도급대금 ₩10,000,000 중 ₩2,000,000을 착수금으로 수표발행 지급하고 설계비 ₩500,000은 현금으로 지급하다.

(2) 건물에 대한 중도금 ₩3,000,000을 수표발행 지급하다.

(3) 호텔건물이 완공되어 신축건물을 인도받고 잔액은 2개월 만기 어음을 발행하여 지급하다.

(4) 호텔건물에 대한 취득세 및 등록세 ₩500,000과 재산세 ₩100,000을 현금으로 지급하다.

(5) 호텔건물에 대한 1차 연도(1년으로 가정함) 감가상각을 행하다. 건물의 내용년수는 20년으로 하며, 정액법을 이용하고 잔존가치는 취득원가의 10%로 하였다.

2 (주)대학호텔은 레스토랑에 설치하기 위한 냉방기를 ₩100,000에 구입하였다. 추정내용년수는 5년이며, 추정잔존가치는 ₩10,000이다. 정액법, 정률법, 이중체감법, 연수합계법에 의한 각 연도의 감가상각비를 계산하고, 감가상각표를 작성하시오.

3 (주)한국여행사는 영업용 승용차를 ₩10,000,000에 구입하여 30,000km 운행하였다. 추정총운행거리는 100,000km이며, 추정잔존가치는 ₩1,000,000이다. 생산량비례법에 의한 감가상각비를 계산하시오.

4 다음은 (주)서울호텔의 거래이다. 분개를 하시오.

(1) 뷔페식당을 객실로 개조하는 작업을 하고 공사비로 어음을 지급하였다. 이 중 절반은 경상적 수선비로 분류된다.

(2) 사용하던 자동차를 ₩1,000,000에 매각하였다. 자동차의 취득원가는 ₩8,000,000, 감가상각누계액은 ₩7,000,000, 잔존가치는 취득원가의 10%이다.

5 다음은 (주)대학레스토랑의 설립관련 거래내역이다. 분개하시오.

(1) 2010년 1월 1일: 설립등기를 하다. 설립제비용 ₩400,000, 창립총회비용 ₩100,000, 법무사보수 ₩50,000을 현금으로 지급하다.

(2) 2010년 1월 1일: (주)서울레스토랑이 사용하던 점포를 건물 주인과 1억원에 임차계약하였으며, (주)서울레스토랑에 1,000만원을 권리금으로 지급하였다.

(3) 2010년 4월 1일: 레스토랑개관과 Family Restaurant(주)와 상표권사용계약(사용기간 4년)을 체결하고 4년간 사용료 ₩1,000,000을 지급하였다.

(4) 2010년 12월 31일: 결산을 하다. 무형자산은 모두 정액법을 이용하여 상각한다.

(5) 2011년 7월 1일: 회사는 새로운 메뉴 개발을 착수하다. 연구개발팀에서 실험용 경비로 ₩800,000을 지출하였다. 이중 75%는 경상적인 비용으로, 나머지는 개발비로 계상하기로 하다. 개발비는 5년 동안 정액법으로 상각하기로 하다.

(6) 2011년 12월 31일: 결산을 하다.

6 다음은 (주)강원관광농원의 거래 내역이다. 분개하시오.

(1) 토지 1,000평을 ₩10,000,000에 외상구입하다. 토지 중 800평을 업무용이며 200평은 투자목적의 비업무용이다.

(2) 평창에 사무용 건물을 임차하고 보증금 ₩3,000,000을 현금 지급하다.

(3) (주)경기여행사에 현금 ₩5,000,000을 장기 대여하다.

(4) 경영관리를 위한 ERP 프로그램을 ₩1,000,000에 구입하고 대금은 2달 후에 지급하기로 한다. ERP 프로그램의 내용년수는 3년이다.

(5) 결산일이 되어 (4)에 대한 상각을 하다. ERP 프로그램의 사용기간은 6개월이다.

(6) (3)의 장기대여금을 회수하고 이자와 원금 ₩6,000,000을 현금으로 받다.

CHAPTER | 08

자산계정(Ⅲ): 유가증권

8.1 유가증권의 의의와 분류

8.2 유가증권의 취득과 보유

8.3 지분증권의 기말평가

8.4 채무증권의 기말평가

8.5 유가증권의 감액손실

8.6 유가증권의 처분과 분류변경

08

자산계정(Ⅲ): 유가증권

기업은 여유자금을 이용하여 수익을 얻거나 타 기업을 지배할 목적으로 유가증권을 취득하기도 한다. 회계상 유가증권은 단기매매증권, 매도가능증권, 만기보유증권으로 구분된다. 단기매매증권은 당좌자산으로 분류되며, 매도가능증권과 만기보유증권은 당좌자산 또는 투자자산으로 분류될 수 있다. 본 장에서는 유가증권의 회계처리에 대하여 학습하고자 한다.

8.1 유가증권의 의의와 분류

1 유가증권의 의의

유가증권에 대한 개념은 법률상의 규정과 회계상의 개념이 다르다. 법률상 유가증권은 재산적 가치를 나타내는 증권이며 [그림 8-1]과 같이 분류된다.

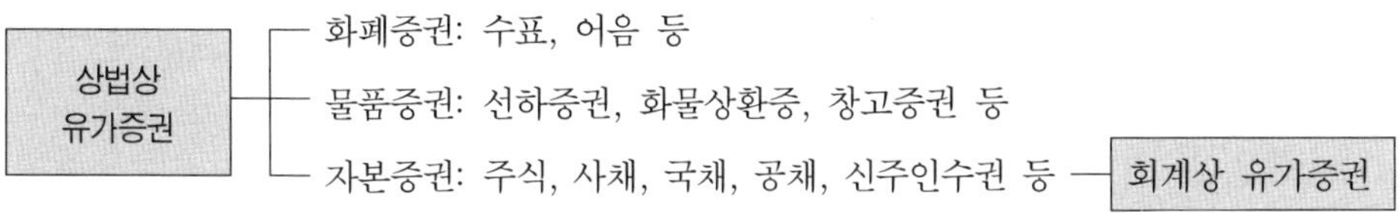

그림 8-1 유가증권의 분류

그러나 회계상의 유가증권은 이자 · 배당 · 매매차익을 얻거나 경영권 확보를 목적으로 투자의 대상이 되는 자본증권만을 의미한다. 이에 따라 회계에서 유가증권이란 회사가 일시적 자금의 증식이나 다른 기업을 지배할 목적으로 취득한 다른 회사의 주식이나 사채 및 국 · 공채 등을 말한다.

2 회계상 유가증권의 분류

유가증권은 증권에 기재된 권리의 내용에 따라 지분증권과 채무증권으로 분류된다.

1) 지분증권

지분증권(equity securities)은 기업의 순자산에 대한 소유지분을 나타내는 유가증권으로 발행회사 입장에서는 자기자본의 조달원천이 되는 증권이다. 지분증권에는 보통주식, 우선주식이 포함되며, 일정금액으로 소유지분을 취득할 수 있는 권리를 보장하고 있는 신주인수권 등이 포함된다.

2) 채무증권

채무증권(debt securities)은 발행자에 대하여 금전을 청구할 수 있는 권리를 표시하는 유가증권으로서 국채, 공채, 사채, 자산유동화증권 등을 말한다.

3 기업회계기준서상의 분류

유가증권은 취득한 후에 단기매매증권, 매도가능증권 및 만기보유증권 중의 하나로 분류하고, 대차대조표일마다 분류의 적정성을 재검토하여야 한다.

1) 단기매매증권

단기매매증권(trading securities)은 단기간 내의 매매차익을 목적으로 취득한 유가증권으로서 매수와 매도가 적극적이고 빈번하게 이루어지는 유가증권을 말한다. 단기적인 이익을 획득할 목적으로 운용되는 것이 분명한 증권포트폴리오를 구성하는 유가증권은 단기매매증권으로 분류한다.

2) 만기보유증권

만기보유증권(securities held to maturity)은 만기가 확정된 채무증권으로서 상환금액이 확정되었거나 확정이 가능한 채무증권을 만기까지 보유할 적극적인 의도와 능력이 있는 경우 당해 유가증권을 말한다. 즉 원금과 이자의 상환금액과 상환시기가 약정에 의하여 정해져 있는 유가증권을 말하며, 지분증권은 해당되지 않는다.

3) 매도가능증권

매도가능증권(securities available for sale)은 단기매매증권이나 만기보유증권으로 분류되지 않는 모든 유가증권을 포함한다.

4) 유가증권의 대차대조표상의 구분

유가증권의 대차대조표상 구분은 시장성, 만기까지 보유의도와 능력, 단기매매차익목적 등에 따라 [그림 8-2]와 같이 분류한다. 단기매매증권은 유동자산

(당좌자산)으로 분류하고 단기투자자산 등의 과목으로 하여 대차대조표에 표시할 수 있다.

매도가능증권과 만기보유증권은 투자자산으로 분류하고 장기투자증권 등의 과목으로 하여 표시할 수 있다. 다만, 대차대조표일로부터 1년 이내에 만기가 도래하거나 매도 등에 의하여 처분할 것이 거의 확실한 매도가능증권과 대차대조표일로부터 1년 내에 만기가 도래하는 만기보유증권은 유동자산으로 분류하고, 단기투자자산 등의 과목으로 하여 대차대조표에 표시할 수 있다.

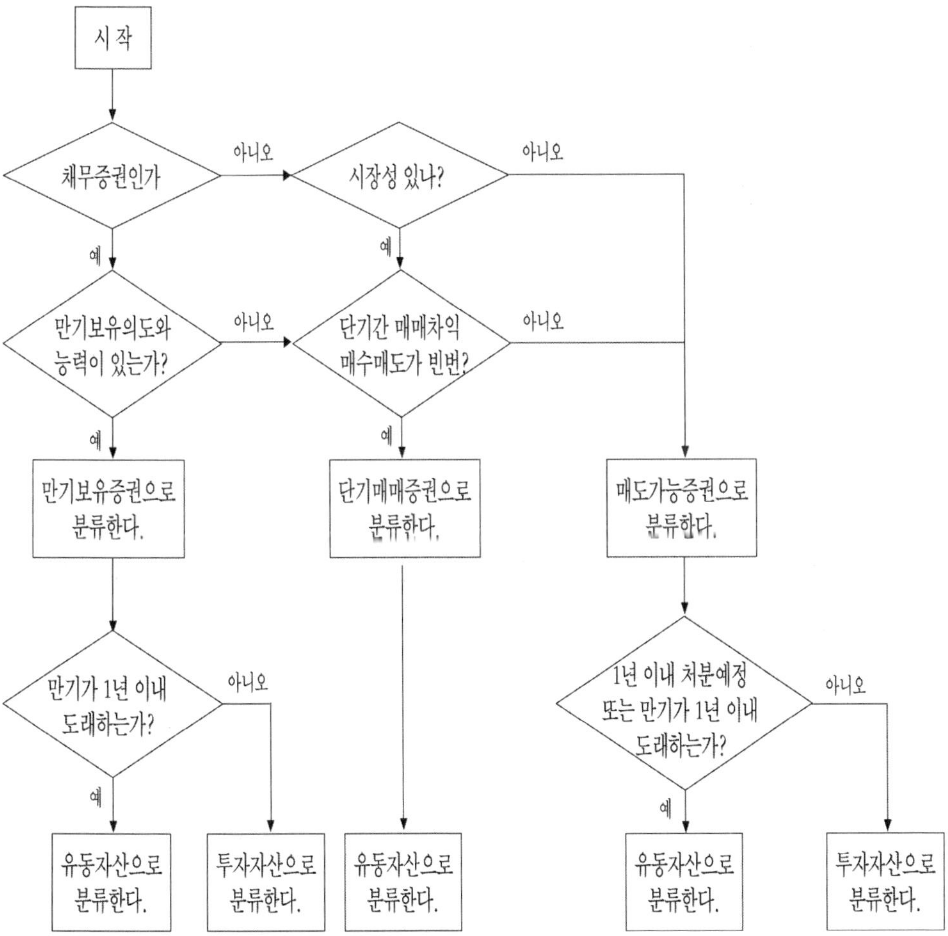

그림 8-2 유가증권의 대차대조표상 분류

8.2 유가증권의 취득과 보유

1 유가증권의 취득원가 결정

유가증권의 취득원가는 유가증권 취득을 위하여 제공한 대가의 시장가격에 취득부대비용을 포함한 가액으로 측정한다. 제공한 대가의 시장가격이 없는 경우에는 취득한 유가증권의 시장가격으로 취득원가를 측정한다. 그러므로 이자수취일 사이에 채권을 취득하는 경우에는 매도자에게 지급한 금액에서 기간경과분의 발생이자가 포함되어 있으므로 이를 미수이자의 과목으로 별도계정으로 분리한 다음 취득원가를 계산하여야 한다.

동일한 종목의 유가증권을 여러 차례에 걸쳐 매입한 경우에는 개별법, 총평균법, 이동평균법 또는 다른 합리적인 방법을 사용하여 취득단가를 계산하되, 동일한 방법을 매기 계속 적용하여야 한다.

2 유가증권 보유에 따른 수익

여유자금을 일시적으로 유가증권에 투자하는 목적은 배당이나 이자수익을 얻기 위함이다. 이에 따라 유가증권을 보유하는 기간동안 주식에 대한 배당금을 받는 경우에는 배당금수익으로, 채무증권에 대한 이자를 받는 경우에는 이자수익(유가증권이자수익)으로 계상하며 이들 수익은 모두 영업외수익으로 보고한다.

[예제] 다음의 거래를 분개하시오.

(1) (주)신라호텔은 주당 액면가액 ₩5,000인 (주)삼성의 주식 100주를 단기매매 목적으로 주당 ₩8,000에 매입하였다. 아울러 증권회사에 매입수수료 ₩10,000을 현금으로 지급하다.

(2) 위 주식에 대하여 중간배당이 주당 ₩300씩 확정되었다는 통보를 받았다.

(3) 6월 10일 (주)세종호텔이 발행한 사채(액면가액 ₩8,000,000)를 단기매매 목적으로 ₩7,834,959에 매입하였다. 이 사채의 연이자율은 7%, 이자지급일은 2월말과 8월말이다.
(4) 8월 31일 위 사채의 이자 ₩280,000을 받다.

풀이

(1) (차) 단기매매증권	810,000	(대) 현금	810,000
(2) (차) 미수배당금	30,000	(대) 배당금수익	30,000
(3) (차) 단기매매증권	7,680,000	(대) 현금	7,834,959
미수이자	154,959*		
(4) (차) 현금	280,000*	(대) 미수이자	154,959
		이자수익	125,041

(3)의 * ₩8,000,000 × 7% × 101일 ÷ 365일 = ₩154,959
경과일수는 3월 1일부터 6월 9일까지 101일이다.

(4)의 * ₩8,000,000×7%×6개월÷12개월=₩280,000

8.3 지분증권의 기말평가

주식과 같은 지분증권에 대한 기말평가는 발행주식의 20% 미만 보유시와 20% 초과 보유에 따라 회계처리방법이 상이하다.

1 지분율이 20% 미만인 경우

다른 회사 발행주식의 20% 미만을 소유한 경우에는 기말 결산 시 공정가액을 대차대조표 가액으로 한다. 단기매매증권과 매도가능증권으로 구분하여 공정가액 결정기준을 보면 다음과 같다.

1) 단기매매증권

단기매매목적의 지분증권은 시장성이 있어야 하며, 시장가격을 공정가액으로 본다. 시장가격은 대차대조표일의 종가로 한다. 다만, 대차대조표일 현재의 종가가 없으며 대차대조표일과 해당 유가증권의 직전 거래일 사이에 중요한 경제적 상환의 변화가 없는 경우에는 직전 거래일의 종가로 할 수 있다. 또한 국내증권거래시장과 외국의 증권거래시장에서 동시에 거래되는 유가증권은 원칙적으로 국내 시장에서 형성된 시장가격을 공정가액으로 본다.

2) 매도가능증권

시장가격이 있는 경우에는 시장가격이 공정가액이 되지만, 시장가격이 없는 경우에 공정가액을 합리적으로 추정할 수 있는 경우에는 공정가액으로 평가한다. 다만, 공정가액을 신뢰성 있게 추정할 수 없는 경우에는 취득원가로 평가한다.

3) 평가손익(미실현보유손익)의 회계처리

단기매매증권에 대한 미실현보유손익은 기초장부가액(당기에 취득한 것은 취득원가)과 공정가액을 비교하여 계산한 후 단기매매증권평가손익(영업외손익 항목임)으로 처리한다. 여러 종류의 단기매매증권에서 발생한 평가이익과 평가손실은 상계하여 계상한다.

매도가능증권(유동자산으로 분류된 것 포함)에 대한 미실현보유손익은 매도가능증권평가손익(자본조정 항목임)으로 처리하고, 당해 유가증권에 대한 평가손익의 누적금액은 그 유가증권을 처분하거나 감액손실을 인식하는 시점에 일괄하여 당기손익에 반영한다.

[예제] (주)신라호텔은 2011년 7월 1일 주당 액면가액 ₩5,000인 (주)삼성의 주식 300주를 단기매매 목적으로 주당 ₩8,000에 매입하였다. 아울러 증권회사에 매입수수료 ₩30,000을 현금으로 지급하였다. 이 유가증권의 2011년 12월 31일(결산일) 주당 가격은 ₩8,500이다.

물음

1. 단기매매증권인 경우, 결산일의 분개는?

2. 매도가능증권인 경우, 결산일의 분개는?
3. 매도가능증권으로 가정한다. (ㄱ) 2012년 12월 31일의 주당 가격이 ₩8,200인 경우, (ㄴ) 주당 가격이 ₩7,800인 경우의 분개는?

풀이

1.	(차) 단기매매증권	150,000	(대) 단기매매증권평가이익	150,000
2.	(차) 매도가능증권	150,000	(대) 매도가능증권평가이익	150,000
3. (ㄱ)	(차) 매도가능증권평가이익	90,000	(대) 매도가능증권	90,000
(ㄴ)	(차) 매도가능증권평가이익	150,000	(대) 매도가능증권	210,000
	매도가능증권평가손실	60,000		

2 지분율이 20% 이상인 경우

다른 회사 발행주식의 20% 이상을 소유한 경우에는 피투자회사에 대하여 중대한 영향력을 행사할 수 있는 것으로 보기 때문에 지분법을 적용하여 평가한다. 지분법(equity method)이란 피투자회사의 순자산가액이 변동하는 경우 그 변동에 대한 투자회사의 지분상당액을 투자주식계정에 가감함으로써 투자주식계정의 금액을 피투자회사의 순자산 장부가액에 대한 투자회사의 지분상당액과 일치시키는 회계처리방법이다.

지분법을 적용하여 평가하여야 할 지분증권을 취득한 경우에는 일반적 유가증권계정과 구분하기 위하여 (지분법적용)투자주식계정의 차변에 기입한다. 피투자회사가 당기순이익을 보고하면 당기순이익 중 투자회사의 지분율만큼 평가이익을 계상하며 동시에 투자주식의 장부가액을 증가시킨다. 반대로, 피투자회사가 당기순손실을 보고하면 투자회사의 지분율만큼 평가손실을 계상하며 투자주식의 장부가액을 감소시킨다. 지분법적용 투자주식의 평가이익은 영업외수익, 평가손실은 영업외비용으로 분류한다. 또한 배당금을 수령하면 수령한 배당금만큼 투자주식의 장부가액을 감소시킨다.

[예제] 다음은 연속된 거래이다. 분개하시오.

(1) 2010년 12월에 (주)신라호텔은 식재료의 원활한 공급을 위하여 (주)강원수산의 발행주식 중 25%를 ₩10,000,000에 취득하였다.

(2) 2010년 12월 31일에 (주)강원수산은 당기순이익 ₩1,000,000을 보고하였다.
(3) 2010년 3월에 ₩400,000의 현금배당을 실시하였다.
(4) 2010년 12월 31일 (주)강원수산은 당기순손실 ₩200,000을 보고하였다.

풀이

(1) (차) 투자주식	10,000,000	(대) 현 금	10,000,000
(2) (차) 투자주식	250,000*	(대) 지분법평가이익	250,000
* ₩1,000,000 × 25% = ₩250,000			
(3) (차) 현 금	100,000*	(대) 투자주식	100,000
* ₩400,000원 × 25% = ₩100,000			
(4) (차) 지분법평가손실	50,000*	(대) 투자주식	50,000
* ₩200,000 × 25% = ₩50,000			

8.4 채무증권의 기말평가

1 만기보유증권

자산은 그 자산을 취득할 때 지급한 금액인 취득원가로 기록하는 원칙이다. 이를 역사적 원가원칙 또는 취득원가원칙이라고 한다. 이에 따라 만기보유증권을 비롯한 유가증권도 취득하였을 때의 금액으로 기록하여야 할 것이다.

그러나 할인 또는 할증 발행된 만기보유증권을 취득한 경우에는 만기까지의 기간동안 차금에 대한 상각(또는 환입)을 통하여 이자수익으로 인식함과 동시에 만기보유증권의 취득원가 또는 장부가액에 가산하거나 차감하여야 한다. 할인 또는 할증 차금액은 만기보유증권의 액면가액(만기가액)과 취득원가의 차이이다.

할인 또는 할증 차금의 상각(또는 환입)은 유효이자율법을 이용한다. 유효이자율법에서는 채무증권의 기초장부가액에 유효이자율을 곱한 금액만큼을 이자수익으로 인식하고, 이자수익에서 실제로 현금 수취한 액면이자(만기시 액면가액×액면이자율)를 차감한 잔액을 할인 또는 할증의 상각액으로 처리한다. 유효이자율법 하에서 이자수익은 매기 다르게 계상되지만, 장부가액에 대한 투자수익률은 매기 동일하게 된다. 상각 또는 환입되는 금액의 계산의 다음과 같다.

> 유효이자 = 투자채권의 기초장부가액 × 유효이자율
> 액면이자 = 투자채권의 액면가액 × 액면이자율
> 상각액(또는 환입액) = 유효이자 − 액면이자

[예제] (주)서울관광농원은 2010년 1월 1일 (주)강원랜드 발행 사채(액면가액 ₩100,000)를 부대비용을 포함하여 ₩95,198에 취득하였다. 사채의 만기는 3년, 표면이자율은 10%, 이자지급일은 매년 말일이며, 이 사채의 취득과 관련된 유효이자율은 12%이다. (주)서울관광농원은 이 사채를 만기까지 보유하기 위하여 취득한 것이다.

물음

(1) 유효이자율법에 의하여 할인차금(할인액)상각표를 작성하시오.

(2) 2010년도와 2011년도 말에 필요한 분개를 하시오.

(3) 2012년도 말에 사채를 전액 회수하였을 때 필요한 분개를 하시오.

풀이

(1) 할인차금(할인액) 상각표의 작성

일자	①유효이자 (전기④×12%)	②액면이자 (₩100,000×10%)	③상각액 (①−②)	④장부가액 (③+전기④)
취득시				₩95,198
2010. 12. 31	₩11,424	₩10,000	₩1,424	96,622
2011. 12. 31	11,595	10,000	1,595	98,217
2012. 12. 31	11,783	10,000	1,783	100,000

(2) * 2010년 말의 분개

(차) 현금	10,000	(대) 이자수익	11,424
만기보유증권	1,424		

* 2011년 말의 분개

(차) 현금	10,000	(대) 이자수익	11,595
만기보유증권	1,595		

(3) 2007년 말의 분개

(차) 현금	100,000	(대) 만기보유증권	100,000

앞서의 [예제]에서 보는 바와 같이 채무증권을 할인 취득한 경우에는 기간의 경과와 함께 만기보유증권의 장부가액이 증가하고, 이자수익도 증가하며, 할인차금의 상각액도 증가한다.

[예제] (주)서울관광농원은 2011년 1월 1일 (주)강원랜드 발행 사채(액면가액 ₩100,000)를 취득부대비용을 포함하여 ₩105,151에 취득하였다. 사채의 만기는 3년, 표면이자율은 10%, 이자지급일은 매년 말일이며, 이 사채의 취득과 관련된 유효이자율은 8%이다. (주)서울관광농원은 이 사채를 만기까지 보유하기 위하여 취득한 것이다.

물음

(1) 유효이자율법에 의하여 할증차금(할증액)상각표를 작성하시오.

(2) 2011년도와 2012년도 말에 필요한 분개를 하시오.

풀이

(1) 할인차금(할증액) 환입표의 작성

일자	①유효이자 (전기④×8%)	②액면이자 (₩100,000×10%)	③상각액 (①－②)	④장부가액 (③＋전기④)
취득시				₩105,151
2011. 12. 31	₩8,412	₩10,000	₩1,588	103,563
2012. 12. 31	8,285	10,000	1,715	101,848
2013. 12. 31	8,148	10,000	1,848	100,000

(2) 2011년 말의 분개

(차) 현금	10,000	(대) 이자수익	8,412
		만기보유증권	1,588

2012년 말의 분개

(차) 현금	10,000	(대) 이자수익	8,285
		만기보유증권	1,715

위의 [예제]에서 보는 바와 같이 채무증권을 할증 취득한 경우에는 기간의 경과와 함께 만기보유증권의 장부가액이 감소하면서, 이자수익도 감소한다. 다만, 할증차금의 환입액(또는 상각액)은 증가함을 알 수 있다.

2 단기매매증권과 매도가능증권

단기매매증권과 매도가능증권에 대한 기말 결산시 대차대조표에 표시할 가액은 공정가액으로 한다. 공정가액(fair value)이란 합리적인 판단력과 거래의사가 있는 독립된 당사자 간에 거래될 수 있는 교환가격으로서 유가증권을 보유하는 기업이 계속 존속한다는 가정 하에 성립하는 가격이어야 한다. 따라서 청산이나 주요 사업의 중단에 따라 강요되거나 불리한 조건의 매각거래에서 형성되는 가격은 공정가액으로 볼 수 없다. 그러나 현금을 확보하기 위하여 유가증권을 시급히 처분하여야 하는 상황과 같이 유가증권 보유기업의 재무적 상황이 공정가액의 결정에 영향을 미치는 경우 처분가액은 공정가액으로 볼 수 있다.

8.5 유가증권의 감액손실

1 감액손실의 인식

유가증권의 공성가액이 급격히 하락하여 유가증권으로부터 회수할 수 있을 것으로 추정되는 금액(회수가능가액)이 채무증권의 상각 후 취득원가(장부가액) 또는 지분증권의 취득원가보다 작은 경우에는 감액손실을 인식할 것을 고려하여야 한다.

이에 따라 대차대조표일마다 감액손실발생의 객관적 증거가 있는지를 평가하고, 그러한 증거가 있는 경우에는 감액이 불필요하다는 명백한 반증이 없는 한, 회수가능액을 추정하여 감액손실을 인식하고 이를 영업외비용으로 보고한다. 즉 매도가능증권의 감액손실은 다음과 같이 계산한다.

매도가능증권감액손실 = 공정가액 − 장부가액 + 매도가능증권평가이익 (또는 − 매도가능증권평가손실)

감액손실이 발생하였다는 객관적 증거가 될 수 있는 경우는 다음과 같다.

① 금융기관으로부터 당좌거래 정지처분을 받은 경우, 청산 중에 있거나 1년 이상 휴업 중인 경우, 또는 완전자본잠식상태에 있는 경우와 같이 유가증권 발행자의 재무상태가 심각하게 악화된 경우

② 이자 지급과 원금 상환의 지연과 같은 계약의 실질적 위반이나 채무불이행이 있는 경우

③ 정리절차개시의 신청이나 화의개시절차 신청 등으로 당초의 차입조건의 완화가 불가피한 경우

④ 유가증권 발행자의 파산가능성이 높은 경우

⑤ 과거에 그 유가증권에 대하여 감액손실을 인식하였으며, 그 때의 감액사유가 계속 존재하는 경우

⑥ 유가증권 발행자의 재무상태가 악화되어 그 유가증권이 시장성을 잃게 된 경우

⑦ 「기업구조조정촉진법」에 의한 관리절차를 신청하였거나 진행 중인 경우

2 감액손실의 환입

감액손실을 인식한 이후 감액손실이 회복되고, 감액손실의 회복이 감액손실을 인식한 기간 후에 발생한 사건과 객관적으로 관련(예를 들면, 채무자의 신용등급 향상)된 경우에는 이전에 인식하였던 감액손실 금액을 한도로 하여 감액손실을 환입한다. 이때의 감액손실환입은 영업외수익으로 분류한다. 반면에 감액손실을 인식한 기간 후에 공정가액이 상승하더라도 감액손실의 회복에 해당하지 아니하는 경우에는 당해 공정가액 상승금액을 자본조정항목으로 처리한다.

[예제] (주)신라호텔은 2010년 7월 1일 주당 액면가액 ₩5,000인 (주)삼성의 주식 300주를 단기매매 목적으로 주당 ₩8,000에 매입하였다. 아울러 증권회사에 매입수수료 ₩30,000을 현금으로 지급하였다. 이 증권은 매도가능증권으로 분류된다. 연속거래로 보고 물음을 분개하시오.

물음

1. 2010년 12월말 주당 가격은 ₩8,400이다.
2. 2011년 12월말 주당 가격은 ₩4,500으로 하락하여 감액손실을 인식하기로 하다.
3. 2012년 12월말 주당 가격은 ₩5,700으로 상승하였다.
4. 2012년 12월말 주당 가격은 ₩8,500으로 상승하였다.

풀이

	차변	금액	대변	금액
1.	(차) 매도가능증권	90,000	(대) 매도가능증권평가이익	90,000
2.	(차) 매도가능증권평가이익	90,000	(대) 매도가능증권	1,170,000
	매도가능증권감액손실	1,080,000		
3.	(차) 매도가능증권	360,000	(대) 매도가능증권감액손실환입	360,000
4.	(차) 매도가능증권	840,000	(대) 매도가능증권감액손실환입	720,000
			매도가능증권평가이익	120,000

8.6 유가증권의 처분과 분류변경

1 유가증권의 처분

유가증권의 처분(또는 양도)이란 유가증권 보유자가 유가증권의 통제를 상실한 것을 말하며, 유가증권이 처분된 경우에는 그 유가증권을 대차대조표에서 제거하여야 한다.

유가증권을 처분한 경우에는 유가증권의 처분대가로 받았거나 받을 금액에서 처분 당시 유가증권의 장부가액을 차감하여 계산된 차액을 유가증권처분손익 과목으로 계상하고 영업외손익 항목으로 분류한다. 다만, 매도가능증권의 미실현보유손익인 평가손익이 계상되어 있는 경우, 이 미실현보유손익은 처분 시점에 실현된 것으로 본다. 따라서 매도가능증권평가이익은 처분손익에 가산하고, 매도가능증권평가손실은 차감한 후에 처분손익을 계산한다.

[예제] 다음 거래를 (ㄱ) 단기매매증권인 경우와 (ㄴ) 매도가능증권인 경우로 구분하고 분개하시오.

(1) 2010년 9월 1일 (주)대한항공 발행 주식 100주(주당 액면가액 ₩5,000)를 주당 ₩8,000에 구입하고 수수료 ₩20,000과 함께 현금 지급하다.

(2) 2010년 12월말 위 주식의 주당 가격은 ₩7,700이다.

(3) 2011년 6월30일 위 주식을 주당 ₩9,000에 처분하고 수수료 ₩10,000을 공제한 금액을 현금으로 받다.

풀이

(ㄱ) 단기매매증권으로 분류한 경우

	차변	금액		대변	금액
1.	(차) 단기매매증권	820,000	(대)	현금	820,000
2.	(차) 단기매매증권평가손실	50,000	(대)	단기매매증권	50,000
3.	(차) 현금	890,000	(대)	단기매매증권	770,000
				단기매매증권처분이익	120,000

(ㄴ) 매도가능증권으로 분류한 경우

	차변	금액		대변	금액
1.	(차) 매도가능증권	820,000	(대)	현금	820,000
2.	(차) 매도가능증권평가손실	50,000	(대)	매도가능증권	50,000
3.	(차) 현금	890,000	(대)	매도가능증권	770,000
				매도가능증권평가손실	50,000
				매도가능증권처분이익	70,000

2 유가증권의 분류 변경

1) 분류 변경의 기준

유가증권을 보유하던 중 보유의도와 보유능력에 변화가 있어 분류 변경이 필요한 경우에는 다음과 같이 처리한다.

첫째, 단기매매증권은 다른 유가증권과목으로 분류 변경할 수 없으며, 다른 유가증권과목의 경우에도 단기매매증권으로 분류 변경을 할 수 없다. 다만, 단기매매증권이 시장성을 상실한 경우에는 매도가능증권으로 분류하여야 한다.

둘째, 매도가능증권은 만기보유증권으로 분류 변경할 수 있으며, 만기보유증권은 매도가능증권으로 분류 변경할 수 있다.

2) 분류 변경의 회계처리

유가증권과목의 분류 변경을 할 때에는 분류 변경일 현재의 공정가액으로 평가한 후 변경한다. 유가증권 분류 변경에 따른 평가 후의 미실현보유손익 잔액은 다음과 같이 처리한다.

첫째, 만기보유증권에서 매도가능증권으로 분류 변경하는 경우 유가증권 분류 변경에 따른 평가에서 발생하는 공정가액과 장부가액의 차이금액은 자본조정항목으로 처리한다.

둘째, 매도가능증권에서 만기보유증권으로 분류 변경하는 경우에는 다음과 같이 처리한다.

① 분류 변경을 위한 평가시점까지 발생한 매도가능증권의 미실현보유손익 잔액은 계속 자본조정항목으로 처리하고, 그 금액은 만기까지의 잔여기간에 걸쳐 유효이자율법을 적용하여 상각하고 각 기간의 이자수익에 가감한다.

② 매도가능증권의 만기액면가액과 분류 변경일 현재의 공정가액과의 차이는 유효이자율법에 의하여 그 채무증권의 만기일까지의 잔여기간에 걸쳐서 상각하고 각 기간의 이자수익에 가감한다.

셋째, 시장성을 상실하게 된 단기매매증권을 매도가능증권으로 분류 변경하는 경우에는 분류 변경일 현재의 공정가액(최종시장가격)을 새로운 취득원가로 계상하고 분류 변경일까지의 미실현보유손익은 당기손익으로 인식한다.

연습문제

1 다음 거래를 분개하시오.

(1) (주)한국관광용품센터는 주당 액면가액 ₩5,000인 (주)동원의 주식 100주를 단기매매 목적으로 주당 ₩7,000에 매입하였다. 아울러 증권회사에 매입수수료 ₩5,000을 현금으로 지급하였다.

(2) 위 주식에 대하여 중간배당이 주당 ₩300씩 확정되었다는 통보를 받았다.

(3) 6월 1일 (주)경주호텔이 발행한 사채(액면가액 ₩8,000,000)를 단기매매 목적으로 ₩8,400,000에 매입하였다. 이 사채의 연이자율은 7%, 이자지급일은 2월말과 8월말이다.

(4) 8월 31일 위 사채의 이자 ₩280,000을 받았다.

2 다음은 (주)아시아나항공의 (주)금호 발행 주식에 대한 거래 내역이다. (주)금호 발행 주식을 매도가능증권으로 가정하고 분개하시오.

(1) 2010년 11월 1일 (주)금호 발행 주식 1,000주(발행주식총수의 10%)를 ₩7,000,000에 취득하였다.

(2) 2010년 12월말 위 주식의 주당 가격은 ₩6,500이다.

(3) 2011년 12월말 위 주식의 주당 가격은 ₩3,000이다. (주)금호는 2005년 11월 중 회사정리절차 개시신청을 하였다.

(4) 2012년 12월말 위 주식의 주당 가격은 ₩3,600이다.

(5) 2013년 8월말 (주)금호는 회사정리절차를 조기에 종결하고 법정관리를 종료하였으며, 2007년 12월말 위 주식의 주당 가격은 ₩4,500이다.

(6) 2014년 4월 10일 위 주식을 모두 주당 ₩5,500에 처분하였다.

3 다음은 연속된 거래이다. 분개하시오.

(1) 2010년 12월에 (주)신라호텔은 식재료의 원활한 공급을 위하여 (주)강원수산의 발행주식 중 30%를 ₩10,000,000에 취득하였다.

(2) 2010년 12월 31일에 (주)강원수산은 당기순이익 ₩1,200,000을 보고하였다.

(3) 2010년 12월 31일 (주)강원수산은 당기순손실 ₩300,000을 보고하였다.

(4) 2011년 3월에 ₩400,000원의 현금배당을 실시하였다.

4 (주)강원랜드는 2011년 1월 1일 투자목적으로 사채(액면가액 ₩100,000, 만기 5년, 액면이자율 9%, 매년 말 이자지급)를 ₩92,608에 매입하였다. 시장이자율은 11%이다.

물음

(1) 할인차금상각표를 작성하시오.

(2) 사채는 만기보유증권으로 분류한다. 2011년 말부터 2015년 말에 이르기까지 이자수익 인식과 만기상환에 대한 분개를 하시오.

(3) 사채는 매도가능증권으로 분류한다. 연도별 동 사채의 기말 공정가액이 아래와 같은 경우, 2011년 말, 2012년 말 및 2013년 말에 이자수익의 인식과 유가증권 평가에 필요한 분개를 하시오.

	2011년 12월 31일	2012년 12월 31일	2013년 12월 31일
공정가액	₩94,200	₩94,900	₩96,700

5 다음 거래를 (ㄱ) 단기매매증권인 경우와 (ㄴ) 매도가능증권인 경우로 구분하고 분개하시오.

(1) 2010년 11월 1일 (주)대한항공 발행 주식 200주(주당 액면가액 ₩5,000)를 주당 ₩8,000에 구입하고 수수료 ₩10,000과 함께 현금 지급하다.

(2) 2010년 12월말 위 주식의 주당 가격은 ₩7,800이다.

(3) 2011년 6월 30일 위 주식을 주당 ₩8,400에 처분하고 수수료 ₩10,000을 공제한 금액을 현금으로 받다.

CHAPTER | 09

부채계정

9.1 부채의 의의와 분류

9.2 유동부채

9.3 비유동부채

09

부채계정

기업의 자금조달은 주주가 출자한 자본 및 자본잉여금, 영업활동을 통하여 얻은 이익 그리고 은행 및 개인들로부터 차입한 부채를 이용할 수 있다. 본 장에서는 채권자지분인 부채의 개념에 대한 이해를 기초로 부채계정에 대한 특성과 그 회계처리방법에 대하여 학습하고자 한다. 부채는 이용할 수 있는 기간에 따라 단기간 이용할 수 있는 유동부채와 장기간 이용 가능한 비유동부채로 분류하고 부채의 조달 · 이자지급 · 상환 등의 일련의 과정에 대한 회계처리방법을 살펴보기로 한다.

9.1 부채의 의의와 분류

부채(liabilities)는 기업의 채무이다. 즉 부채는 기업이 현금 또는 경제적 자원을 미래에 제공해야 할 빚을 화폐액으로 표시한 것이다. 부채가 발생하면 기업은 다른 경제적 실체에 현금, 상품 등의 자산이나 서비스를 제공해야 할 의무가 발생한다. 대부분의 부채는 계약상 지급의무액과 지급일이 확정되어 있다. 또한 사채나 장기차입금과 같은 비유동부채는 이자율과 이자지급일이 확정되어 있다.

부채는 상환기일을 기준으로 유동부채와 비유동부채로 분류한다. 유동부채는 결산일(대차대조표일)로부터 1년 이내에 상환기일이 도래할 것이며, 비유동부채는 상환기일이 결산일로부터 1년이 넘는 것이다. 즉 구분은 부채발생일이 아니라 결산일을 기준으로 한다.

9.2 유동부채

1 유동부채의 의의

유동부채(current liabilities)는 결산일로부터 1년 이내에 지급하여야 하는 채무이다. 유동부채는 그 지급이 단기간 내에 이루어지므로 그 평가는 만기가액(maturity value)으로 한다. 그러므로 부채 상환시점에서의 지급예정액을 장부가액으로 한다. 유동부채에는 외상매입금과 지급어음의 매입채무, 단기차입금, 미지급금, 선수금, 예수금, 미지급비용, 미지급법인세, 미지급배당금, 선수수익, 단기충당부채, 유동성장기부채 등이 포함된다.

2 매입채무

매입채무(trade payables)는 일반적인 상거래에서 발생한 외상매입금과 지급어음을 말한다.

(1) 외상매입금

외상매입금(accounts payables)은 원재료 및 상품과 같은 재고자산을 외상으로 매입하는 경우에 발생하는 채무이다. 즉 외상매입금은 일반적 상거래에서 발생하는 외상채무의 변동을 기록하기 위한 계정이다. 외상매출금과 마찬가지로 외상매입처가 많은 경우에는 거래처별로 인명계정을 설정할 수 있으며, 총계정원장에는 통제계정으로 외상매입금계정을 이용한다.

(2) 지급어음

지급어음(notes payables-trade)은 일반적 상거래에서 발생한 어음채무를 말한다. 즉 원재료 및 상품 등의 재고자산 매입에 따른 어음상 채무는 지급어음계정으로 처리하고, 재고자산 이외의 자산구입과 관련하여 발생하는 어음상 채무는 (어음)미지급금계정에 기록하여야 한다. 또한 자금융통을 목적으로 하는 금융상의 거래에서 발생하는 어음채무는 (어음)차입금계정에 기록하여야 한다. 약속어음의 발행 또는 환어음의 인수와 같이 어음채무를 부담하는 경우에는 지급어음계정의 대변에 기록하고, 어음대금을 지급하였다면 지급어음계정의 차변에 기록한다.

활동의 분류	어음수취인	어음지급인
영업활동(재고자산 거래)	받을어음	지급어음
투자활동(유형자산 거래)	(어음)미수금	(어음)미지급금
재무활동(현금의 대차)	(어음)대여금	(어음)차입금

[예제] 다음은 어느 호텔의 거래 내역이다. 분개하시오.

(1) 식재료 ₩100,000을 매입하고 대금은 2개월 후에 지급하기로 하다.
(2) 주류상으로부터 주류 ₩300,000을 매입하고 90일 만기 약속어음을 발행하다.
(3) 계열여행사로부터 자금 ₩500,000을 차입하고 60일 만기 약속어음을 발행하다.
(4) 부속건물 신축을 위한 토지를 ₩8,000,000에 매입하고 대금 중 절반은 현금으로, 나머지는 6개월 만기 약속어음을 발행하여 지급하다.
(5) (4)의 만기일이 되어 약속어음을 지급하다.

풀이

	차변	금액	대변	금액
(1)	(차) 식음재료(매입)	100,000	(대) 외상매입금	100,000
(2)	(차) 식음재료(매입)	300,000	(대) 지급어음	300,000
(3)	(차) 현금	500,000	(대) (어음)차입금	500,000
(4)	(차) 토지	8,000,000	(대) 현금	4,000,000
			(어음)미지급금	4,000,000
(5)	(차) (어음)미지급금	4,000,000	(대) 현금	4,000,000

3 기타의 유동부채

1) 단기차입금

차입금(borrowings)이란 금융기관, 거래처, 임원, 주주 등으로부터 차용증서를 주고 자금을 빌리는 경우의 채무를 말하며, 상환기간이 결산일로부터 1년 이내에 도래하는 것은 단기차입금(short-term borrowings)으로 분류하고 1년을 초과하는 것은 장기차입금(long-term borrowings)으로 분류한다. 차입시 차용증서 대신에 약속어음을 발행하는 경우에는 어음차입금계정으로 구분관리하는 것이 합리적이다. 예를 들어, 은행으로부터 1천만원을 차입하고 3개월 후에 이자 ₩300,000과 함께 상환하였다면 다음과 같이 분개한다.

* 차입시: (차) 현금 10,000,000 (대) 단기차입금 10,000,000
* 상환시: (차) 단기차입금 10,000,000 (대) 현금 10,300,000
  이자비용 300,000

2) 미지급금

미지급금(accounts payables-other)은 기업의 일상적 상거래 이외의 거래에 의한 채무를 기록한다. 즉 유가증권이나 고정자산을 취득하고 대금을 추후 지급하기로 한 경우에는 미지급금계정으로 기록한다. 만일 유가증권이나 고정자산을 취득하고 약속어음을 발행하였다면 어음미지급계정으로 기록한다. 예를 들어, ₩3,000,000짜리 건물을 구입하고 대금은 2달 후에 지급하기로 하였다면 다음과 같이 분개한다.

* 건물취득시: (차) 건물 3,000,000 (대) 미지급금 3,000,000
* 현금지급시: (차) 미지급금 3,000,000 (대) 현 금 3,000,000

3) 미지급비용

미지급비용(accrued expenses)은 이미 발생한 비용을 아직 지급하지 못한 경우에 이용하는 계정이다. 미지급비용은 그 내용에 따라 미지급급료, 미지급이자, 미지급임차료, 미지급수수료 등으로 구분관리하는 것이 합리적이나, 대차대조표상에는 이를 미지급비용으로 통합하여 표시하는 것이 일반적이다. 예를 들어, 25일 지급하여야 하는 급료 중 ₩6,000,000을 자금부족으로 다음 달 15일 지급하였다면 분개는 다음과 같다.

* 급료미지급시:	(차) 급료	6,000,000	(대) 미지급비용	6,000,000
* 급료지급시:	(차) 미지급비용	6,000,000	(대) 현　　금	6,000,000

4) 선수금

선수금(advances from customers)은 기업이 상품이나 용역을 판매하기로 약정하고 거래대금의 일부를 미리 받는 경우에 나타나는 채무이다. 즉 상품 또는 용역판매계약을 체결하고 계약금을 미리 받은 경우, 항공회사가 항공권을 미리 판매하는 경우에는 선수금계정의 대변에 기록하고 상품 또는 용역을 인도하거나 항공서비스를 제공하는 시점에 선수금계정의 차변에 기록한다. 항공사가 운항용역을 ₩1,000,000에 판매하기로 하고 계약금으로 ₩200,000을 받았으며, 10일 후 잔금을 수령하고 용역을 제공하였다면, 분개는 다음과 같다.

* 계약금수령시:	(차) 현금	200,000	(대) 선수금	200,000
* 용역판매시:	(차) 현금	800,000	(대) 매　출	1,000,000
	선수금	200,000		

한편, 후일 상품이나 용역을 제공하기로 하고 상품권을 판매하는 개별관광기업이 점차 증대하고 있다. 또한 한국관광협회중앙회가 주관하고 (주)코리아트래블즈가 발행하고 있는 "국민관광상품권"은 호텔, 여행사, 레스토랑 등 관광산업뿐만 아니라 백화점, 병원 등에서도 통용되고 있다. 상품권(商品券에는 금액상품권, 물품상품권, 용역상품권 등이 있다)을 판매하는 경우의 회계처리는 다음과 같다.

① 상품권 판매시: 상품권은 액면가액으로 발행하거나 할인발행할 수 있다.

할인발행의 경우 액면가액을 선수금(또는 상품권선수금)계정으로 계상하고, 할인액은 상품권할인액계정으로 기록한다. 상품권할인액계정은 동 선수금(또는 상품권선수금)계정의 차감적 평가계정이다.

(차) 현금	×××	(대) 상품권선수금	×××
상품권할인액	××		

② 매출시: 상품권을 회수하고 상품 등을 판매하는 경우 매출수익을 인식한다. 또한 할인판매한 상품권을 회수하는 경우, 상품권할인액은 매출에누리로 대체한다.

(차) 상품권선수금	×××	(대) 매출	×××
매출에누리	××	상품권할인액	××

③ 상품권의 잔액 환급시: 상품권의 잔액을 환급하여 주거나, 물품상품권 또는 용역상품권의 물품 또는 용역의 제공이 불가능하거나 지체됨으로 인하여 현금으로 상환하여 주는 경우에는 선수금과 상계한다.

(차) 상품권선수금	×××	(대) 현금	×××

④ 장기 미회수 상품권의 회계처리: 장기간 동안 회수되지 않는 상품권은 상법상의 소멸시효가 완성되는 시점에서 잔액을 전부 상품권기간경과이익(영업외수익)으로 인식한다.

(차) 상품권선수금	×××	(대) 상품권할인액	××
		상품권기간경과이익	×××

[예제] 다음은 (주)봉화호텔의 상품권관련 거래이다. 분개하시오.

(1) 상품권 액면가액 ₩1,000,000을 5% 할인발행하고 현금을 받다.

(2) 상품권 중 ₩600,000을 회수하고 상품을 제공하다.

(3) 상품권 중 ₩200,000을 회수하고 잔액 ₩40,000을 현금 지급하다.

(4) 미회수된 상품권의 상법상 소멸시효가 완성되다.

풀이

1. (차) 현금	950,000	(대) 상품권선수금	1,000,000
상품권할인액	50,000		
2. (차) 상품권선수금	600,000	(대) 매출	600,000
매출에누리	30,000	상품권할인액	30,000

3. (차) 상품권선수금	200,000	(대) 매출	160,000
		현금	40,000
(차) 매출에누리	10,000	(대) 상품권할인액	10,000
4. (차) 상품권선수금	200,000	(대) 상품권할인액	10,000
		상품권기간경과이익	190,000

5) 선수수익

선수수익(unearned income 또는 deferred revenue)은 이미 받은 현금 중에서 아직 용역을 제공하지 않았기 때문에 차기 이후로 이연되는 수익이다. 선수이자, 선수임대료 등이 포함된다. 선수수익은 수익의 실현주의에 따라 기간이익을 정확하게 계산하기 위하여 결산시점에 나타나는 계정이다. 제6장 결산에서 이미 설명하였다.

6) 예수금과 가수금

예수금(withholding 또는 deposits received)은 거래처 또는 종업원으로부터 일시적으로 현금을 예수한 경우 이를 반환하거나 해당기관에 납부할 때까지 기록해 두는 계정이다. 종업원들의 급여에서 공제하는 소득세예수금, 건강보험료예수금, 국민연금예수금, 노동조합비예수금 등이 있으며, 신원보증예수금, 부가가치세예수금 등을 들 수 있다.

가수금(suspense receipts)은 현금을 받았으나 계정과목 또는 금액 등이 확정되지 아니한 경우에 임시적으로 처리하는 부채계정이다. 이는 미결산계정의 일종이며, 대차대조표에는 나타나지 않아야 한다.

[예제] 다음 거래를 분개하시오.

(1) 종업원 급료 중 원천징수소득세 ₩150,000, 국민연금 ₩40,000, 건강보험료 ₩10,000을 공제하고 나머지 ₩2,300,000을 현금 지급하다.

(2) (1)의 소득세, 국민연금, 건강보험료를 온라인으로 관련기관에 입금하다. 또한 회사부담 건강보험료와 국민연금 ₩50,000도 함께 지급하다.

(3) 출장 간 사원이 ₩800,000을 송금하여 왔으나 그 내용이 불분명하다.

(4) (3)의 사원이 귀사 후 입금액은 외상대금을 회수한 것임이 밝혀지다.

풀이

1. (차)	급료	2,500,000	(대) 소득세예수금	150,000
			국민연금예수금	40,000
			건강보험료예수금	10,000
			현금	2,300,000
2. (차)	소득세예수금	150,000	(대) 현금	250,000
	국민연금예수금	40,000		
	건강보험료예수금	10,000		
	복리후생비	50,000		
3. (차)	현금	800,000	(대) 가수금	800,000
4. (차)	가수금	800,000	(대) 외상매출금	800,000

7) 유동성장기부채

비유동부채 중 결산일로부터 1년 이내에 상환기일이 도래하는 부분은 이를 유동성장기부채로 재분류하여 유동부채에 포함시킨다. 즉 유동성장기부채(current portion of long-term debt)는 사채, 장기차입금과 같은 비유동부채 중에서 1년 내에 상환하여야 할 부분을 말한다. 예를 들어, 장기차입금 2천만원 중 400만원의 만기가 결산일로부터 10개월 후라면, 다음과 같은 분개가 이루어진다.

* 차입시: (차)	현금	20,000,000	(대) 장기차입금	20,000,000
* 결산시: (차)	장기차입금	4,000,000	(대) 유동성장기부채	4,000,000
* 지급시: (차)	유동성장기부채	4,000,000	(대) 현금	4,000,000

표 9-1 상호 대칭되는 유동자산과 유동부채

거래 내용	유동자산	유동부채
재고자산의 외상거래	외상매출금	외상매입금
재고자산의 어음거래	받을어음	지급어음
금전의 대차	대여금	차입금
재고자산이외자산의외상거래	미수금	미지급금
상품, 용역판매전현금거래	선급금	선수금
비용, 수익의 수정	선급비용	선수수익
비용, 수익의 수정	미수수익	미지급비용
부가가치세	부가세선급금	부가세예수금

이상과 같은 유동부채는 제7장에서 설명한 유동자산으로 분류되는 과목들과 상호 대칭되는 관계에 있다. 이를 요약하면 <표 9-1>과 같다.

9.3 비유동부채

1 비유동부채의 본질

1) 비유동부채의 의의

비유동부채(non-current liabilities)란 결산일로부터 1년 이내에 상환일이 도래하지 않는 부채이며, 장기부채라고도 한다. 기업이 장기자금을 필요로 하는 경우에는 주식을 발행하거나 장기부채를 조달하여야 한다. 비유동부채에 대한 자본비용(cost of capital)인 이자비용은 영업외비용으로 인정되어 법인세효과(tax effect)를 얻을 수 있으며, 경영권에 대한 변화를 초래하지 않는다. 이에 따라 주식발행보다는 비유동부채로 필요자금을 조달하는 것이 유리할 수 있다.

2) 비유동부채의 평가

비유동부채는 기업이 부담해야 하는 채무액으로 평가한다. 그러나 장기연불조건의 매매거래, 장기금전대차거래 또는 이와 유사한 거래에서 발생하는 채무로서 명목가액과 현재가치의 차이가 중요한 경우에는 이를 현재가치로 평가한다. 현재가치는 당해 채무로 인하여 미래에 지급할 총금액(이는 원금과 이자를 포함한다)을 적정한 이자율로 할인한 가액이다. 현재가치로 평가하는 비유동부채의 예는 사채, 장기차입금, 장기성매입채무 등이다.

3) 비유동부채의 종류

기업회계기준에서 열거하고 있는 비유동부채의 과목은 다음과 같다.

① 사채(debentures): 1년 후에 상환되는 사채의 가액으로 하되, 사채의 종류별로 구분하고 그 내용을 주석으로 기재한다.

② 장기차입금(long-term borrowings): 1년 후에 상환되는 차입금으로 하며 차입액, 차입용도, 이자율, 상환방법 등을 주석으로 기재한다.

③ 장기성매입채무(long-term trade payables): 유동부채에 속하지 아니하는 일반적 상거래에서 발생한 장기의 외상매입금 및 지급어음으로 한다.

④ 장기충당부채(long-term liability provisions): 1년 후에 사용되는 충당부채로서 그 사용목적을 표시하는 과목으로 기재한다.

⑤ 이연법인세부채(deferred income tax credits): 일시적 차이로 인하여 법인세비용이 법인세법 등의 법령에 의하여 납부하여야 할 금액을 초과하는 경우 그 초과금액으로 한다.

2 사 채

1) 사채의 의의

사채(社債: debentures 또는 bonds)는 비교적 거액의 자금을 장기간 사용하기 위하여 일반투자자를 대상으로 사채권을 발행하고 자금을 빌리는 채무이다. 사채권면에는 사채의 원금, 이자율, 만기일 등이 표시되며, 이에 따라 일정한 기간(예: 3개월, 6개월 등)마다 이자를 지급하고 만기일에 원금을 상환하게 된다. 사채는 주식과 더불어 장기자본을 조달하는 대표적인 방법이지만, 양자는 <표 9-2>와 같은 차이를 보인다.

표 9-2 사채와 주식의 비교

항 목	사 채	주 식
(1) 속성	기업의 장기채무임(비유동부채)	기업의 채무가 아니고, 소유자지분(자본)임
(2) 경영참가권	사채권자는 기업의 경영에 참여할 수 없음	주주는 주주총회에서의 의결권행사로 경영에 참여함
(3) 이자지급	기업이익 유무에 불구하고 일정한 확정이자를 지급	불확정적인 이익의 배당
(4) 원금상환	만기일에 원금 상환	기업청산의 경우까지 상환되지 않음
(5) 재산분배권	기업청산의 경우 주식보다 우선적 변제	기업청산의 경우 모든 부채상환 후 잔여재산을 분배

2) 사채의 종류

다양한 투자자들의 욕구에 부응하여 사채의 종류도 다양해지고 있다. 사채는 몇 가지 특성에 따라 다음과 같이 분류할 수 있다.

(1) 상환시점에 따라

① 만기상환사채(term bonds): 만기일에 모든 사채의 상환이 이루어지는 사채이다.

② 연속상환사채(serial bonds): 모든 사채가 동일한 만기를 갖지 않기 때문에 매년 연속적으로 분할상환이 가능한 사채이다.

③ 수시상환사채(callable bonds): 만기일 전에 발행회사가 임의로 약정가격으로 매입상환할 수 있는 사채이다. 사채의 매입가격과 액면가액의 차이액을 콜프레미엄(call premium)이라 한다.

(2) 담보 유무에 따라

① 담보부사채(secured bonds): 발행회사 소유의 유가증권, 유형자산이나 개인의 재산 등을 담보로 발행하는 사채이다. 담보설정자산의 종류에 따라 부

동산담보부사채(mortage bonds), 유가증권담보부사채(collateral bonds) 등이 있다.

② 무담보부사채(unsecured bonds): 발행회사의 담보가 없이 신용에 의하여 발행되는 사채이다.

(3) 보증 여부에 따라

① 보증사채(guaranteed bonds): 사채의 원금상환과 이자지급에 대하여 증권회사와 같은 제3의 기관에 의하여 보증이 되는 사채이다.

② 무보증사채(non-guaranteed bonds): 사채의 원금상환과 이자지급에 대하여 제3자에 의한 보증이 없는 사채이다.

(4) 주식으로의 전환 여부에 따라

① 전환사채(convertible bonds): 처음에는 사채이나 일정기간 경과 후에 발행회사의 주식으로 전환될 수 있는 사채이다. 전환을 하면 사채는 자본으로 대체된다.

② 비전환사채(non-convertible bonds): 발행회사의 주식으로 전환될 수 없는 사채이다.

③ 신주인수권부사채(bonds with stock warrants): 사채를 주식으로 전환할 수 없으나, 약정된 기간에 약정된 가격으로 신주를 인수할 수 있는 권리가 부여된 사채이다.

3) 사채의 발행

사채발행가격은 항상 사채의 액면금액과 동일한 것은 아니다. 사채발행가격은 사채의 조건, 기업의 신용도, 담보여부, 보증여부 등에 따라 달라질 수 있으며, 특히 액면이자율과 유효이자율이 상이한 경우에는 사채발행가격은 액면금액과 다르게 된다. 액면이자율(coupon interest rate)은 이자지급액을 계산하기 위하여 사채권면에 기재되어 있는 이자율이며 표시이자율(stated interest rate)

또는 명목이자율이라고도 한다. 반면에 유효이자율(effective interest rate)은 사채발행시 사채시장에서 투자자들이 수용할 수 있는 최저의 이자율을 말하며, 시장이자율(market interest rate) 또는 실질이자율이다.

사채 발행방법은 액면금액을 기준으로 <표 9-3>과 같이 액면발행, 할인발행, 할증발행으로 구분된다. 사채의 발행가격은 사채권인쇄비, 수수료 등의 사채발행비를 차감하고 계산한 순유입액을 말한다.

① 액면발행(at par issue): 액면발행은 액면금액으로 사채를 발행하는 것이다. 사채의 액면이자율과 유효이자율이 같은 경우에 액면발행을 한다. 예를 들어, 액면금액 ₩10,000,000인 사채를 ₩10,000,000에 발행한다면 분개는 다음과 같다.

(차) 현금	10,000,000	(대) 사채	10,000,000

② 할인발행(discount issue): 할인발행은 액면금액이하로 사채를 발행하는 것이다. 액면금액과 발행가격의 차이는 사채할인발행차금계정의 차변에 기록된다. 사채할인발행차금계정은 사채계정의 차감적 평가계정이다. 할인발행은 유효이자율이 액면이자율보다 큰 경우에 나타난다. 예를 들어, 액면금액 ₩10,000,000인 사채를 ₩9,600,000에 발행하였으며, 사채발행비 ₩100,000이 발생하였다면 그 분개는 다음과 같다.

(차) 현금	9,500,000	(대) 사채	10,000,000
사채할인발행차금	500,000		

③ 할증발행(premium issue): 할증발행은 사채의 발행가격이 액면금액보다 큰 경우이다. 발행가격의 액면금액 초과액은 사채할증발행차금계정의 대변에 기록된다. 사채할증발행차금계정은 사채계정의 부가적 평가계정이다. 사채의 액면이자율이 시장의 유효이자율보다 큰 경우에는 액면금액보다 높은 가격으로 발행하게 된다. 예를 들어, 액면금액 ₩10,000,000인 사채를 ₩11,000,000에 발행하였으며 사채발행관련 비용이 ₩100,000 발생하였다면 분개는 다음과 같다.

(차) 현금	10,900,000	(대) 사채	10,000,000
		사채할증발행차금	900,000

④ 사채 발행가격의 계산: 사채의 발행가격은 사채원금의 현재가치와 지급되는 사채이자의 현재가치를 합계한 금액으로 발행한다. 현재가치를 계산하는 할인율은 유효이자율을 이용한다. 왜냐하면, 유효이자율은 사채의 현재가치와 발행시점에서의 거래가격인 발행가격을 일치시켜주는 할인율이기 때문이다. 예를 들어, 2010년 1월 1일 (주)서산항공은 3년 만기의 액면금액 ₩6,000,000, 액면이자율은 10%, 유효이자율 6%, 이자는 매년 말에 지급하는 사채를 발행하고자 한다. 이 회사의 사채 발행가격은 ₩6,641,400으로 결정된다. 즉 사채의 액면이자율이 유효이자율보다 높기 때문에 할증발행을 하게 된다.

사채 원금의 현재가치(6%, 3년)(₩6,000,000 × 0.8396)	₩5,037,600
사채 이자의 현재가치(6%, 3년)(₩6,000,000 × 10% × 2.6730)	1,603,800
사채의 현재가치(발행가격)	₩6,641,400

표 9-3 이자율에 따른 사채발행의 유형

사채발행유형	이자율의 관계	사채기간 동안의 총사채이자비용액
액면발행	액면이자율 = 유효이자율	현금지급 사채이자총액*
할인발행	액면이자율 〈 유효이자율	현금지급 사채이자총액 + 사채할인발행차금
할증발행	액면이자율 〉 유효이자율	현금지급 사채이자총액 − 사채할인발행차금

* '사채액면가액 × 액면이자율'로 계산된 사채이자 현금지급총액

4) 사채발행차금의 상각

사채할인발행차금과 사채할증발행차금은 사채기간에 걸쳐 상각을 하여야 하며 그 상각액은 사채이자에 포함시킨다. 이에 따라 사채할인발행차금의 상각은 매년의 사채이자비용을 증가시키며, 사채할증발행차금의 상각은 매년의 이자비용을 감소시킨다. 사채발행차금의 상각에 따른 분개는 다음과 같다.

* 사채할인발행차금의 상각시

(차) 이자비용	×××	(대) 사채할인발행차금	×××

* 사채할증발행차금의 상각시

(차) 사채할증발행차금 ×××　　　　(대) 이자비용 ×××

사채발행차금의 상각액을 계산하는 방법은 정액법과 유효이자율법이 있으나, 기업회계기준은 유효이자율법만을 허용하고 있다. 유효이자율법(effective interest rate method)은 사채의 장부가액에 유효이자율을 적용하여 사채이자비용을 계산한 후, 사채이자비용과 현금지급 사채이자의 차액을 상각하는 방법이다. 이 방법 이용시 사채의 장부가액에 대한 이자비용의 비율은 매기 동일하다. 매기 사채발행차금의 상각액을 계산하는 과정은 다음과 같다.

① 기초의 사채 장부가액에 유효이자율을 곱하여 사채이자비용을 계산한다. 사채의 장부가액은 액면가액에서 사채할인발행차금을 차감하거나 사채할증발행차금을 가산한 금액이다.

② 사채의 액면가액에 표시이자율(액면이자율)을 곱하여 현금지급이자를 계산한다.

③ 사채이자비용과 현금지급이자의 차이를 계산한다. 사채이자비용은 유효이자이며, 현금지급이자는 액면이자이다. 할인발행의 경우에는 현금지급이자가 사채이자비용보다 작으며, 할증발행의 경우에는 현금지급이자가 사채이자비용보다 크다.

④ ③에서 계산한 차액이 사채발행차금의 상각액이 된다.

사채이자비용 = 기초 사채장부가액 × 유효이자율
현금지급이자 = 사채 액면가액 × 액면이자율
사채할인발행차금 상각액 = 사채이자비용 − 현금지급이자
사채할증발행차금 상각액 = 현금지급이자 − 사채이자비용

[예제] (주)경기호텔은 2010년 1월 1일 시설투자를 위하여 액면 ₩5,000,000, 표시이자율 10%, 이자지급일은 12월 31일인 3년 만기의 사채를 발행하였다. 시장이자율은 12%이며, 사채발행차금은 유효이자율법으로 상각한다. 사채 발행을 위한 비용은 ₩59,900이 발생하였다. 회사의 결산일은 12월 말이다.

물음

1. 사채의 발행가격을 계산하고 발행일의 분개를 하시오.
2. 사채의 발행차금상각표를 작성하시오.
3. 사채의 만기 상환시까지 필요한 분개를 하시오.

풀이

1. 사채 액면의 현재가치(12%, 3년) (₩5,000,000 × 0.7118) ₩3,559,000
   현금지급이자의 현재가치(12%, 3년)(₩5,000,000 × 10% × 2.4018) 1,200,900
   사채 현재가치 ₩4,759,900
   사채발행비용 (59,900)
   사채의 발행가격 ₩4,700,000

   (차) 현금 4,700,000 (대) 사채 5,000,000
   사채할인발행차금 300,000

2.

일자	유효이자	현금이자	사채할인 발행차금상각	사채할인 발행차금잔액	사채의 장부가액
2010. 1. 1					₩4,700,000
2010.12.31	₩564,000ㄱ)	₩500,000	₩64,000	₩236,000	4,764,000
2011.12.31	571,680	500,000	71,680	164,320	4,835,680
2012.12.31	664,320ㄴ)	500,000	164,320ㄴ)	0	5,000,000
합계	₩1,800,000	₩1,500,000	₩300,000		

ㄱ) ₩4,700,000 × 0.12 = ₩564,000
ㄴ) ₩4,835,680 × 0.12 = ₩580,282이나 마지막 해이므로 2차년도말의 사채할인발행차금 잔액 ₩164,320과 같도록 조정함.

3. 2010. 12. 31. (차) 이자비용 564,000 (대) 현금 500,000
   사채할인발행차금 64,000
   2011. 12. 31. (차) 이자비용 571,680 (대) 현금 500,000
   사채할인발행차금 71,680
   2012. 12. 31. (차) 이자비용 664,320 (대) 현금 500,000
   사채할인발행차금 164,320
   (차) 사채 5,000,000 (대) 현금 5,000,000

5) 사채의 만기상환

사채를 만기일에 상환하면 사채상환에 따른 손익은 발생하지 않는다. 즉 만기시점에서 사채의 장부가액은 액면가액과 일치하게 된다. 사채는 그 금액이 크기 때문에 상환을 위한 자금을 매기 일정액을 연차적으로 적립하기도 한다. 이와 같이 사채상환을 위하여 적립되는 자금을 감채기금이라 한다. 감채기금(sinking fund)은 정기예금, 금전신탁, 유가증권 등의 형태로 적립되며 감채기금에서 얻게 되는 수익(예: 이자수익)도 감채기금에 가산한다. 감채기금은 투자자산으로 분류된다.

또한 사채의 상환을 위하여 매기 이익처분시 그 일부를 유보하여 적립금으로 설정하기도 하며 이를 감채적립금(sinking fund reserve)이라 한다. 감채적립금은 임의적립금의 일종이다. 사채를 상환하면 감채적립금은 별도적립금으로 대체된다. 적립금에 대하여는 제10장에서 설명하기로 한다.

* 감채기금의 적립시: (차) 감채기금 ××× (대) 현금 ×××
* 감채적립금의 적립시:
  (차) (처분전)이익잉여금 ××× (대) 감채적립금 ×××

[예제] 다음의 사채관련 거래를 분개하시오.

(1) 사채상환을 위하여 투자신탁회사에 ₩5,000,000을 금전신탁하다.
(2) 주주총회결의에 의하여 처분전이익잉여금 중 ₩6,000,000을 감채적립금으로 적립하다.
(3) 사채 액면 ₩6,000,000을 금전신탁과 현금을 이용하여 상환하다.

풀이

	차변	금액		대변	금액
1.	(차) 감채기금	5,000,000	(대)	현금	5,000,000
2.	(차) 처분전이익잉여금	6,000,000	(대)	감채적립금	6,000,000
3.	(차) 사채	6,000,000	(대)	감채기금	5,000,000
				현금	1,000,000
	(차) 감채적립금	6,000,000	(대)	별도적립금	6,000,000

6) 사채의 조기상환

사채는 만기일에 상환하는 것이 일반적이며, 만기상환시에는 상환손익이 발생하지 않는다. 그러나 사채는 경우에 따라서 조기상환될 수 있다. 특히 수시상환사채는 만기일 전이라도 상환된다. 사채의 조기상환(early extinguishment of bonds)시에는 사채상환손익(이는 영업외손익임)이 발생한다. 사채상환손익은 사채의 조기상환가액과 장부가액의 차이로 계산된다.

> 사채 장부가액 = 액면가액 + 미상각 할증발행차금(또는 − 미상각 할인발행차금) + 미지급사채이자
> 사채상환이익 = 사채 장부가액 − 사채 조기상환가액
> 사채상환손실 = 사채 조기상환가액 − 사채 장부가액

한편, 일시적인 자금운용목적으로 자기사채를 취득할 수 있다. 자기사채(treasury bonds)는 사채 발행회사가 만기 전에 유통되고 있는 사채를 취득하여 보유하고 있는 사채를 말한다. 자기사채를 취득한 경우에도 사채의 조기상환과 같은 방법으로 회계처리한다.

[예제] 앞서의 경기호텔 [예제] 자료를 이용한다. (주)경기호텔은 2011년 12월 31일에 발행사채를 조기상환하였다. 사채의 조기상환가액이 (1) ₩5,000,000인 경우와 (2) ₩4,600,000인 경우로 나누어 사채 조기상환일의 분개를 하시오.

풀이

1. 조기상환가액이 ₩5,000,000인 경우
   사채상환손실: ₩5,000,000 − ₩4,835,680 = ₩164,320

(차) 사채	5,000,000	(대) 현금	5,000,000
사채상환손실	164,320	사채할인발행차금	164,320

2. 조기상환가액이 ₩4,600,000인 경우
   사채상환이익: ₩4,835,680 − ₩4,600,000 = ₩235,680

(차) 사채	5,000,000	(대) 현금	4,600,000
		사채할인발행차금	164,320
		사채상환이익	235,680

3 충당부채

1) 충당부채의 의의

기간비용의 인식기준으로는 발생주의원칙이 적용되며, 그 대표적인 예가 충당부채이다. 충당부채(liability provisions 또는 allowance of a liability nature)

는 당기의 수익에 대응하는 비용으로 장래에 확실히 발생할 것으로 예상되는 지출에 대한 준비액이며 그 금액을 합리적으로 추정하여 기록하는 부채이다. 이는 금액이나 지급처가 미확정 상태인 추정부채(estimated liability)의 일종이다. 충당부채로 기록하기 위해서는 다음 세 가지 조건을 모두 충족하여야 한다.

① 과거 사건이나 거래의 결과로 현재의무가 존재한다.

② 당해 의무를 이행하기 위하여 자원이 유출될 가능성이 매우 높다.

③ 그 의무의 이행에 소요되는 금액을 신뢰성 있게 추정할 수 있다.

충당부채로 인식하는 금액은 현재의무의 이행에 소요되는 지출에 대한 최선의 추정치이어야 한다. 최선의 추정치는 기업의 현재의무를 직접 이행하거나 이해관계가 없는 제3자에게 이전시키는 경우에 합리적으로 지급하여야 하는 금액이다.

2) 충당부채의 종류와 회계처리

충당부채에는 퇴직급여충당부채, 수선충당부채, 판매보증충당부채, 판매촉진충당부채 등이 있으며 결산일로부터 1년 이내에 현금 지출이 발생하는가에 따라 유동부채 또는 비유동부채에 속하는 것으로 분류한다. 충당부채 중 이를 연차적으로 분할하여 사용하거나 그 전부 또는 일부의 사용시기를 합리적으로 예측할 수 없는 경우에는 전부 비유동부채에 속하는 것으로 기재할 수 있다.

(1) 퇴직급여충당부채

퇴직급여충당부채(accrued severance pay)는 기업의 임직원이 퇴직할 경우에 지급할 퇴직금에 충당하기 위한 것이다. 퇴직금은 근속기간의 경과에 따라 누증되므로 매년 증가하는 퇴직급여를 퇴직급여충당부채로 설정하여야 한다. 퇴직급여충당부채는 회계연도 말 현재 전 임직원이 일시에 퇴직할 경우 지급하여야 할 퇴직금에 상당하는 금액으로 한다. 이에 따라 기말에 추가되어야 하는 퇴직급여는 다음과 같이 계산하여 분개한다.

> 계상되는 퇴직급여액 = (당기말 퇴직금추계액 − 전기말 퇴직금추계액) + 당기 퇴직금지급액 = 퇴직금추계액 증가액 + 당기 퇴직금지급액

* 결산시 전입: (차) 퇴직급여 ××× (대) 퇴직급여충당부채 ×××
* 퇴직금 지급시:(차) 퇴직급여충당부채 ××× (대) 현금 ×××

[예제] 다음은 (주)경기호텔의 2년간 퇴직급여관련 자료이다. 분개하시오.

(1) 2010년 말 현재 전 임직원이 일시에 퇴직할 경우 퇴직금추계액은 ₩3,000,000이다. 퇴직급여충당부채의 잔액은 ₩2,600,000이다.

(2) 2011년 중 실제 퇴직금지급액은 ₩500,000이다. 2011년 말 현재 전 임직원이 일시에 퇴직할 경우 퇴직금추계액은 ₩3,300,000이다.

풀이

1.	(차) 퇴직급여	400,000	(대) 퇴직급여충당부채	400,000
2.	(차) 퇴직급여충당부채	500,000	(대) 현금	500,000
	(차) 퇴직급여	800,000	(대) 퇴직급여충당부채	800,000

(2) 수선충당부채

수선충당부채(allowance for repairs and maintenance)는 수년에 한번씩 대대적인 수선을 행하는 경우에 수선비용의 기간배분과정을 통하여 계상하는 충당부채이다. (주)진도여객은 4년마다 한번씩 유람선에 대하여 대규모 수선을 행하며 그 추정비용은 ₩2,000,000이다. 4년도 말에 실제 수선을 한 결과 총수선비 ₩2,500,000이 발생하였다. 수선충당부채 설정과 실제 수선에 따른 지출의 분개는 다음과 같다.

* 적립시: (차) 수선유지비 500,000 (대) 수선충당부채 500,000*
  ₩2,000,000 ÷ 4 = ₩500,000 4년동안 네 번 분개를 한다.
* 수선시: (차) 수선충당부채 2,000,000 (대) 현금 2,500,000
  수선유지비 500,000

(3) 판매보증충당부채

판매보증충당부채(allowance for sales warranty)는 제품, 상품이나 서비스를 보증판매하는 경우, 보증판매로 인하여 차기 이후에 발생될 사후보증(after service: A/S)을 위한 보증수리비 발생을 추정하여 설정하는 충당부채이다.

[예제] (주)양평호텔 내에 위치한 골프용품점은 2010년 10월 10일 상품 100개를 단위당 ₩50,000에 현금 판매하였다. 회사는 상품에 대하여 2년간 보증하고 있다. 과거의 경험에 비추어 상품보증비는 매출액의 약 5%가 될 것으로 예상된다. 한편, 실제 보증비용 지출은 2011년 5월 18일 ₩80,000, 2012년 9월 28일 ₩100,000이 발생하였다. 회사결산일은 12월 말이다. 일자별로 분개를 하시오.

풀이

2010. 10. 10.	(차) 현금	5,000,000	(대) 매출	5,000,000
2010. 12. 31.	(차) 판매보증비	250,000	(대) 판매보증충당부채	250,000
2011. 5. 18.	(차) 판매보증충당부채	80,000	(대) 현금	80,000
2012. 9. 28.	(차) 판매보증충당부채	100,000	(대) 현금	100,000
2012. 12. 31.	(차) 판매보증충당부채	70,000	(대) 판매보증충당부채환입	70,000*

* ₩250,000 − ₩80,000 − ₩100,000 = ₩70,000 판매보증충당부채환입은 영업외수익으로 분류한다.

(4) 판매촉진충당부채

기업은 판매촉진의 일환으로 고객에게 일정한 수의 쿠폰이나 마일리지(mileage)에 대하여 경품을 교환해 주는 판매촉진활동을 하기도 한다. 이러한 경우 회계연도 말 이후에 발생하게 될 경품비용을 추정하여 판매촉진충당부채로 계상하여야 한다. 이는 당기의 판매활동과 관련하여 발생하는 경품비용을 수익・비용대응원칙에 따라 비용화하는 과정이다.

[예제] 서울피자(주)는 판촉활동의 일환으로 매출액 ₩10,000당 경품쿠폰 1매를 지급하고 있으며, 쿠폰 10매를 가져오는 고객에게 원가 ₩5,000짜리 경품을 지급한다. 제10기 중 매출액은 ₩70,000,000이며 지급한 경품쿠폰은 6,000매이다. 발행된 경품쿠폰의 80% 정도가 회수될 것으로 예상되며, 제10기 중 3,600매의 경품쿠폰이 회수되어 경품을 지급하였다. 제10기 중 경품 500개를 현금지급하고 구입하였다. 관련된 모든 거래를 분개하시오.

풀이

① 매출시 :	(차) 현금	70,000,000	(대) 매출	70,000,000
② 경품구입시:	(차) 경품	2,500,000	(대) 현금	2,500,000
③ 경품제공시:	(차) 판매촉진비	1,800,000	(대) 경품	1,800,000
④ 결산시:	(차) 판매촉진비	600,000*	(대) 판매촉진충당부채	600,000

* [(6,000매 × 0.8 − 3,600매) ÷ 10매] × ₩5,000 = ₩600,000

연습문제

1 다음은 어느 항공회사의 거래이다. 분개하시오.

(1) 기내식을 위한 식재료 ₩300,000을 매입하고 90일 만기 약속어음을 발행하다.
(2) (1)의 만기일에 약속어음을 결제하다.
(3) 건물을 ₩5,000,000에 구입하고 대금은 2달 후에 지급하기로 하다.
(4) (3)의 건물구입대금을 현금으로 지급하다.
(5) 은행으로부터 ₩6,000,00을 1년간 차입하다. 이자율은 연 12%이다.
(6) (5)의 은행차입금과 이자를 전액 현금으로 지급하다.
(7) 비품 ₩400,000을 구입하고 절반은 현금으로 지급하고 나머지는 3개월 짜리 약속어음을 발행하다.
(8) (7)의 약속어음을 결제하다.
(9) 출장중인 종업원으로부터 ₩80,000을 받았으나 내용이 불명확하다.
(10) (9)의 송금액은 거래처인 여행사로부터 항공운임을 회수한 것으로 판명되다.
(11) 급여 ₩2,300,000 중 소득세 ₩80,000, 국민연금 ₩20,000, 노동조합비 ₩5,000을 차감한 잔액을 현금으로 지급하였다.
(12) (11)의 원천징수분을 해당기관에 현금으로 납부하였다.
(13) 자금부족을 타개하기 위하여 신한은행으로부터 ₩10,000,000을 차입하다. 원금상환은 3년 후에 하기로 하였다.
(14) 결산시 (13)의 차입금 상환기일이 6개월 후가 되다.
(15) 서울여행사에 운항서비스 ₩800,000을 제공하기로 하고, 계약금 ₩300,000을 받았다.
(16) (15)의 운항서비스를 제공하였으며 잔금은 2개월 후 수령하기로 하였다.

2 다음은 (주)봉화호텔의 상품권관련 거래이다. 분개하시오.

(1) 상품권 액면가액 ₩2,000,000을 5% 할인발행하고 현금을 받다.
(2) 상품권 중 ₩800,000을 회수하고 상품을 제공하다.
(3) 상품권 중 ₩900,000을 회수하고 잔액 ₩60,000을 현금 지급하다.
(4) 미회수된 상품권의 상법상 소멸시효가 완성되다.

3 (주)대한항공은 2010년 7월 1일 자금부족상태를 타개하기 위하여 액면 ₩7,000,000인 사채를 발행하였다. 사채의 만기는 2014년 6월 30일이다. 액면이자율은 12%, 시장이자율은 14%, 이자지급일은 매년 6월 30일이다. 회사의 결산일은 12월 말이다. 유효이자율법을 이용하여 상각한다.

물음

1. 사채의 발행가격을 계산하고 발행일의 분개를 하시오.
2. 사채발행차금상각표를 작성하시오.
3. 사채상환을 위한 기금으로 사용하기 위하여 ₩5,000,000을 정기예금하였다. 분개는?
4. 2011년 12월 31일, 2012년 6월 30일의 분개를 하시오.
5. 2013년 12월 31일 사채의 장부가액은 얼마인가?
6. 2013년 3월 31일 사채를 ₩6,900,000에 조기상환하였다면 분개는?
7. 2014년 6월 30일 사채를 만기상환하였다. 분개는?

4 (주)무안호텔은 2014년 7월 1일 자금부족상태를 타개하기 위하여 액면 ₩5,000,000인 사채를 발행하였다. 사채의 만기는 2019년 6월 30일이다. 액면이자율은 15%, 시장이자율은 10%, 이자지급일은 매년 6월 30일과 12월 31일이다. 회사의 결산일은 12월 말이다. 유효이자율법을 이용하여 상각한다.

물음

1. 사채의 발행가격을 계산하고 발행일의 분개를 하시오.
2. 사채발행차금상각표를 작성하시오.
3. 2014년 12월 31일, 2015년 6월 30일의 분개를 하시오.
4. 2016년 12월 31일 사채의 장부가액은 얼마인가?
5. 2017년 7월 1일 사채를 ₩5,100,000에 매입상환하였다. 분개는?

5 다음은 (주)울진유람선의 3년간 퇴직급여 관련 자료이다. 분개하시오.

(1) 2014년 말 현재 전 임직원이 일시에 퇴직할 경우 퇴직금추계액은 ₩8,000,000이다. 또한 퇴직급여충당부채의 잔액은 ₩7,600,000이다.
(2) 2015년 중 퇴직금지급액은 ₩700,000이다.
(3) 2015년 말 현재 전 임직원이 일시에 퇴직할 경우 퇴직금추계액은 ₩8,300,000이다.
(4) 2016년 중 대규모 구조조정으로 인하여 명예퇴직금을 포함한 퇴직금지급액은 ₩9,200,000이었다.
(5) 2016년 말 퇴직금추계액은 ₩2,400,000이다.

6 (주)임실관광농원은 2014년 10월 10일 특산물인 제품 50개를 단위당 ₩40,000에 현금 판매하였다. 회사는 제품에 대하여 1년간 보증하고 있다. 과거의 경험에 비추어 제품보증비는 매출액의 약 4%가 될 것으로 예상된다. 한편, 실제 보증비용 지출은 2014년 12월 18일 ₩50,000, 2005년 6월 28일 ₩60,000이 발생하였다. 회사의 결산일은 12월 말이다. 일자별로 분개하시오.

7 다음은 (주)서울유람선의 선박관련 거래이다. 거래를 분개하시오.

(1) 2014년 12월 31일 3년마다 한 번씩 행하여지는 대수선을 위하여 매년 ₩200,000을 충당부채로 계상하기로 하다.

(2) 2015년말 위 충당부채를 계상하다.

(3) 2016년말 위 충당부채를 계상하다.

(4) 2017년 3월 대수선을 행하고 수선비 ₩680,000을 현금 지급하다.

CHAPTER | 10

자본계정

10 자본계정

주식회사의 출발은 주주들의 출자이다. 주주들은 그들 자신의 부를 증대시킬 목적으로 기업에 출자를 하며, 기업의 궁극적인 목표는 기업의 성과를 통하여 주주의 부를 극대화하는 것이다. 자본이란 총자산에서 총부채를 차감한 잔액이며 주주(소유주)의 청구권을 말한다. 본 장에서는 주식회사의 자본제도를 살펴보고 자본금, 자본잉여금, 자본조정, 기타포괄손익누계액, 이익잉여금 및 배당 등과 관련된 거래를 살펴보고자 한다.

10.1 주식회사의 자본제도

1 기업의 분류

기업은 [그림 10-1]에서 보는 바와 같이 크게 자연인기업과 법인기업으로 분류한다. 자연인기업은 기업과 소유주가 상호 분리되지 아니하므로 소유주와 독립적인 법인격을 갖지 못하는 형태의 기업이다. 그러므로 자연인기업의 재산은 소유주 개인재산으로 간주된다. 자연인기업은 출자자가 자연인 1인인 개인기업과 둘 이상에 의하여 이루어지는 조합기업으로 나눌 수 있다.

반면에 법인기업은 기업 자체가 소유주와는 독립된 법인격을 가지며 고유의 법적 책임과 권한을 가진다. 법인기업은 상법상 합명회사, 합자회사, 유한회사, 주식회사의 4가지로 구분된다. 주식회사의 출자자인 주주는 출자한 자본액만을 한도로 책임이 부여되나, 나머지 기업들은 무한책임사원이나 유한책임사원으로 주식회사의 주주보다 기업에 대한 책임의 범주가 보다 광범위하다.

기업의 자본에 대한 회계처리는 개인기업회계, 조합기업회계(파트너십회계), 주식회사회계로 구분할 수 있다. 조합기업, 합명회사, 합자회사, 유한회사는 조합기업회계제도를 적용한다. 조합기업회계의 경우 자본금계정(출자금계정)을 사원 또는 조합원별로 구분하여 별도로 표시한다. 개인기업회계나 조합기업회계는 주식회사회계에 비하여 단순하다. 이에 따라 본 장에서는 주식회사의 자본회계만을 설명하기로 한다.

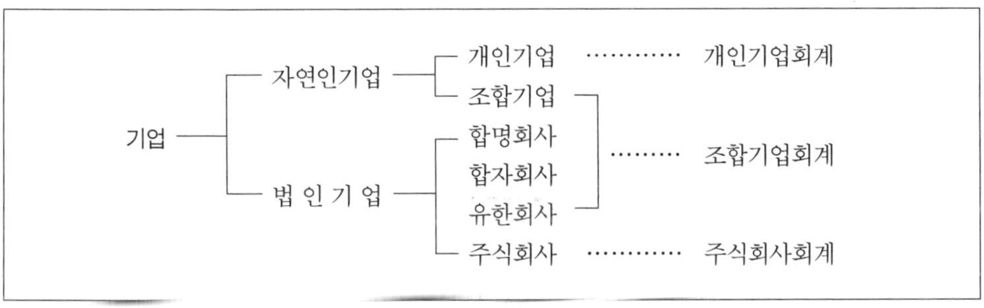

그림 10-1 기업의 형태와 회계처리

2 주식회사의 의의

현대 기업의 법률적인 형태 중 가장 일반적인 것은 주식회사이다. 주식회사(stock corporation)는 주주의 출자에 의하여 일정한 자본을 가지며, 주주는 주식의 인수가액을 한도로 출자의무만을 부담할 뿐 회사의 채무에 대하여 직접 책임을 지지 않는다. 주식회사의 특징을 요약하면 다음과 같다.

① 주주의 유한책임제도이다. 주주는 회사에 대하여 주식 인수가액을 한도로 출자의무만을 부담하고 회사의 채권자에 대하여 아무런 책임을 지지 않는다. 그러므로 회사의 채권자는 회사에 대한 채권을 이유로 주주의 개인 재산에 대한 청구권을 행사할 수 없다.

② 소유와 경영의 분리이다. 주식은 아주 작은 금액으로 분할되어 있어 주식회사는 다수의 주주로 구성된다. 이에 따라 일반 주주가 모두 기업경영에 직접 참여하는 것은 불가능하므로 회사의 경영은 이사로 구성된 이사회에 일임하게 된다. 이사들은 전문경영인으로서 회사의 경영관리활동을 수행한다.

③ 법인격을 갖는다. 이에 따라 회사의 명의로 경제적 권리를 행사(예: 재화 및 서비스의 매매, 종업원의 채용 등)할 수 있으며, 또한 법률에 의한 경제적 의무(예: 급여의 지급, 세금의 납부 등)를 이행하여야 한다.

④ 주식의 양도가 자유롭다. 즉 주주는 다른 주주의 동의없이 유가증권시장(KOSPI), 코스닥(KOSDAQ)시장 또는 Free Board 등과 같은 주식거래시장이나 개인 간의 거래를 통하여 주식의 매입과 처분을 할 수 있다.

⑤ 계속기업으로서 영구존속이 가능하다. 즉 주주나 최고경영자의 신분변동과는 무관하게 기업이 존속할 수 있다.

⑥ 상법 등 법률상의 규제성이다. 주식회사는 많은 이해자집단으로 둘러싸여 있으므로 주식회사의 설립, 기관구성, 공시, 청산 등을 엄격히 법률로 규정하고 있으며 국가기관의 직접적인 감독을 받도록 한다.

3 주식회사 자본제도의 구분

주식회사의 자본제도는 수권자본제도와 공칭자본제도로 구분된다. 수권자본제도(authorized capital system)는 기업이 장차 발행할 주식의 총수(수권주식수) 중 일부만을 회사 설립시에 발행하고, 이후 필요시 수권주식수 범위 내에서 추가로 주식을 발행하는 제도이다. 그러므로 수권주식수(authorized stock)는 발행주식수(issued stock)보다 크다. 반면에, 공칭자본제도(nominal capital system)는 회사설립시 회사가 발행할 주식 총수를 모두 발행하는 제도이다. 이 제도 하에서 발행주식의 납입은 일정기간에 걸친 분할납입이 허용된다. 또한 주식회사는 필요에 의하여 회사가 발행한 자기주식을 취득할 수 있으며, 발행주식수에서 자기주식수를 차감한 나머지가 유통되고 있는 유통주식(outstanding stock)이다.

우리의 상법은 수권자본제도를 채택하고 있으며, 주식발행과 관련하여 다음과 같은 요건을 갖추도록 규정하고 있다.

① 주식회사는 회사가 발행할 주식의 총수(수권주식수)와 설립시 발행하는 주식의 총수를 정하고 이를 정관에 기재하여야 한다.
② 주식회사의 자본금은 5,000만원 이상이어야 한다.
③ 1주의 액면금액은 ₩100 이상이어야 한다.
④ 설립시 발행하는 주식수는 수권주식수의 4분의 1 이상이어야 한다.
⑤ 추가자본 필요시 이사회 결의로 신주를 발행하여 자본금을 증가시킨다.

4 자본의 의의

자본(capital)은 소유주지분(owners' equity) 또는 주주지분(stockholders' equity)이라 하며, 기업의 자산에 대하여 주주가 갖는 청구권을 말한다. 기업 자산에 대하여 채권자가 우선적인 청구권을 갖기 때문에 자본, 즉 소유주지분은 잔여지분(residual equity)이다. 즉 자본은 자산총액에서 부채총액을 차감하고 남은 부분으로 순자산(net assets)을 의미하며 자산취득을 위한 자본 조달원천 중 자기자본을 말한다.

자본은 자산과 부채의 차액, 즉 순자산에 대한 소유주의 지분을 의미하기 때문에, 자산·부채와 분리하여 독립적으로 측정할 수 없는 특징을 갖는다. 기업회계기준상 자본은 [그림 10-2]와 같이 자본금, 자본잉여금, 자본조정, 기타포괄손익누계액, 이익잉여금으로 구분된다.

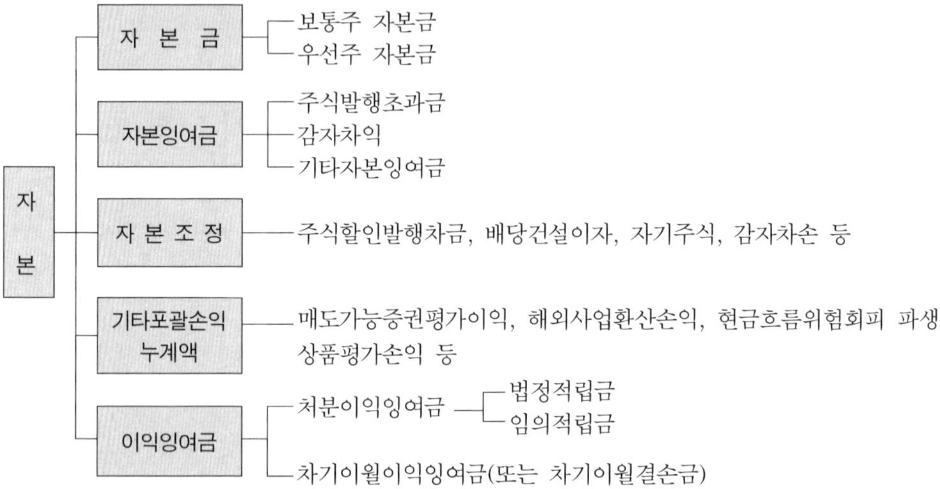

그림 10-2 기업회계기준상 자본의 분류

10.2 자본금

1 자본금의 의의

자본금(capital stock)이란 주주의 불입자본 중에서 상법의 규정에 따라 정관에 자본금으로 확정되어 있는 금액이며 법정자본(legal capital)이라고도 한다. 자본금은 1주당의 액면금액에 발행주식 총수를 곱하여 계산한 발행주식의 액면 총액이다.

자본금 = 1주당 액면금액 × 발행주식 총수

자본금은 발행하는 주식의 종류에 따라 보통주 자본금과 우선주 자본금으로 나누어진다. 보통주(common stock)는 기본적, 일반적 주식이며 주식회사는 반드시 보통주를 발행하여야 한다. 우선주(preferred stock)는 보통주에 비하여 이

익배당과 청산시 재산의 청구권이 우선되는 주식이다. 대차대조표상에는 두 종류의 자본금을 구분하여 표시하여야 한다.

2 주식의 발행

주식회사의 설립방법은 발기설립과 모집설립으로 구분된다. 어느 경우든 발기인은 1인 이상이어야 한다. 발기설립은 회사설립시 발행하는 주식의 전부를 발기인이 인수하여 회사를 설립하는 방법이다. 모집설립은 발기인이 회사설립시 발행하는 주식의 일부만을 인수하고 나머지는 주식의 공모를 통하여 주주를 모집하고 회사를 설립하는 방법이다.

모집설립 또는 증자를 위하여 주식을 발행하는 과정은 청약, 배정, 납입, 주권발행 등을 거치게 된다. 청약 시에는 청약증거금을 납부하며 이는 신주청약증거금계정의 대변에 기록한다. 그 후 배정을 받고 발행가액을 모두 납입한 후 주식을 발행하면 신주청약증거금계정은 자본금계정으로 대체된다. 신주청약증거금은 대차대조표상 자본금과 자본잉여금 사이에 표시한다. 예를 들어, 주당 액면가액 ₩10,000인 주식 5,000주를 액면발행하기로 하고 주식청약증거금으로 ₩20,000,000을 받았다면 다음과 같이 분개한다.

① 주식청약에 의한 청약증거금 수령 시:

(차)	현 금	20,000,000	(대) 신주청약증거금	20,000,000

② 청약미수금의 수령과 주식발행 시:

(차)	신주청약증거금	20,000,000	(대) 자본금	50,000,000
	현 금	30,000,000		

다만, 정관의 규정에 의하여 회사설립시 발기인들은 현물출자를 할 수 있다. 현물출자 시에는 차변에 현금이 기록되는 것이 아니라 유형자산, 투자자산 등 해당 자산과목을 차변에 기록한다.

한편, 주식의 발행은 액면발행, 할증발행, 할인발행으로 구분된다. 액면발행은 액면금액으로 발행하는 것이다. 할증발행은 액면금액 이상으로 발행하는 경우이며, 발행가액이 액면금액을 초과하는 부분은 주식발행초과금으로 기록된다. 주식발행초과금은 자본잉여금이다. 할인발행은 액면금액 이하로 발행하는 경우이며, 발행가액이 액면금액에 미달하는 부분은 주식할인발행차금으로 기록한다. 주식할인발행차금은 차감적 자본조정항목이다. 다만, 할인발행은 상법상 엄격히 제한되고 있다. 주식발행 유형을 요약하면 <표 10-1>과 같다.

표 10-1 주식발행 유형의 비교

주식발행 유형	액면가액과 발행가액의 비교	차액의 기록
액면발행	액면가액 = 발행가액	없음
할증발행	액면가액 < 발행가액	주식발행초과금(자본잉여금)
할인발행	액면가액 > 발행가액	주식할인발행차금(자본조정)

[예제] (주)부안여행사는 회사를 설립하면서 주당 액면가액 ₩5,000인 주식 10,000주를 발행하였다. 주식발행과 관련하여 수수료 등 비용이 ₩100,000 발생하였다. 주식의 발행가액이 (1) ₩5,000, (2) ₩7,000인 경우로 나누어 분개를 하시오.

풀이

회사 설립시의 주식발행비용은 창업비라는 판매비와관리비로 계상한다.

	차변	금액	대변	금액
	(차) 창업비	100,000	(대) 현 금	100,000
(1)	(차) 현금	50,000,000	(대) 자본금	50,000,000
(2)	(차) 현금	70,000,000	(대) 자본금	50,000,000
			주식발행초과금	20,000,000

3 증자와 감자

1) 자본금의 증가

주식회사는 설립 시 수권주식수의 4분의 1 이상을 발행한 후 자금이 필요하면 이사회의 결의 후 미발행주식을 발행할 수 있다. 이와 같이 수권주식수 범위 내에서 추가적인 주식발행을 통한 자본금의 증가를 증자(增資: increase of capital)라고 한다. 증자는 자본금의 증가로 기업자산이 실제적으로 증가하였는가의 여부에 따라 유상증자와 무상증자로 구분된다.

유상증자는 신주발행에 따라 자본납입이 행하여지므로 회사의 자산이 증가하는 증자이며, 실질적 증자라고 한다. 무상증자는 신주발행에 따라 자본금이 증가하나 회사의 자산은 증가하지 않는 증자로써 형식적 증자이다. 기존 주주의 지분율을 변화시키지 않는 자본잉여금이나 이익잉여금의 자본전입, 주식배당 등이 있다. 반면에 주주의 지분율을 변화시키는 무상증자로는 전환사채의 주식전환, 전환우선주의 보통주 전환을 들 수 있다.

[예제] 다음 거래를 분개하시오.

(1) 회사는 이사회의 결의로 신주 10,000주(주당 액면가액 ₩500)를 주당 ₩700에 발행하기로 하고 간사 증권회사를 통하여 전액 납입을 받고 주식을 발행하였다. 신주발행을 위한 비용이 ₩30,000 발생하였다.

(2) 주주총회의 결의를 거쳐 주당 액면가액 ₩5,000, 발행주식수 10,000주에 대하여 10%의 배당률로 주식배당을 하다.

풀이

	차변	금액	대변	금액
1.	(차) 현금	6,970,000	(대) 자본금	5,000,000
			주식발행초과금	1,970,000

* 증자시 발생하는 광고비, 주권인쇄비, 수수료 등 신주발행비용은 주식발행초과금 또는 주식할인발행차금계정에서 조정한다.

	차변	금액	대변	금액
2.	(차) (처분전)이익잉여금	5,000,000	(대) 자본금	5,000,000

2) 자본금의 감소

기존의 자본금을 감소시키는 감자(減資: reduction of capital)는 상법상 주주총회의 특별결의를 거치도록 하며 그 절차와 방법도 엄격히 제한하고 있다. 감자의 방법으로는 주식의 소각, 주금절삭, 주식병합 등이 이용된다.

① 주식의 소각(燒却): 시장에서 유통되고 있는 주식을 매입하여 소각하는 것이다.

② 주금액의 절삭(切削): 발행주식수는 그대로 두고 주당 액면가액을 감소시키는 방법이다.

③ 주식의 병합(併合): 주당 액면가액은 변경하지 않고 발행주식수를 일정비율로 감소시키는 방법이다.

자본금의 감소인 감자는 그 대가의 지급 여부에 따라 유상감자와 무상감자로 나뉜다. 유상감자는 자본금 감소액을 주주에게 지급하는 것으로 실질적 감자이다. 그러나 무상감자는 자본금 감소액을 주주에게 지급하지 않는 형식적 감자이다. IMF체제 하에서 금융기관의 구조조정의 일환으로 실시된 경기은행, 동화은행 등의 퇴출이나 2008년 미국발 금융위기로 인하여 기업들의 무상감자가 이루어져 투자자들은 엄청난 손해를 보았던 사례가 있다.

자본금의 감소는 결손금이 누적되어 이를 보전하기 위하여 행하여진다. 자본금의 감소과정에서는 감소되는 자본금과 감소를 위한 자산의 감소액을 비교하여 감자차익 또는 감자차손을 계산한다. 감자차익은 자본잉여금으로 분류한다. 반면에 감자차손은 감자차익과 우선 상계하고 그래도 잔액이 남는 경우에는 추후 설명할 결손금처리순서에 준하여 처리한다.

자본금의 감소액 > 감자를 위한 자산 감소액 : 감자차익의 발생 자본금의 감소액 < 감자를 위한 자산 감소액 : 감자차손의 발생

[예제] 다음 거래를 분개하시오.

(1) 자본금이 과대하여 주당 액면가액 ₩6,000을 ₩5,000으로 줄이고 그 차액은 전액 현금 지급하다. 발행주식총수는 1,000주이다.

(2) 발행주식 중 1,000주(주당 액면가액 ₩5,000)를 주당 ₩4,000에 매입하여 소각하다.

(3) 발행주식 중 1,000주(주당 액면가액 ₩5,000)를 주당 ₩6,500에 매입 소각하다. 감자차익의 잔액은 ₩1,000,000이다.

(4) 이월결손금 ₩3,000,000을 보전하기 위하여 주당 액면가액 ₩7,000인 주식 10,000주를 주당 액면가액 ₩6,500으로 절삭하기로 하다.

풀이

1. (차) 자본금	1,000,000	(대) 현금	1,000,000
2. (차) 자본금	5,000,000	(대) 현금	4,000,000
		감자차익	1,000,000
3. (차) 자본금	5,000,000	(대) 현금	6,500,000
감자차손	1,500,000		
(차) 감자차익	1,000,000	(대) 감자차손	1,000,000

* 감자차손은 우선 이미 계상되어 있는 감자차익과 상계한다. 그래도 남는 감자차손 ₩300,000은 차감적 자본조정항목으로 기재한 후 결산시 결손금처리순서에 준하여 처리한다.

4. (주) 자본금	5,000,000	(대) 이월결손금	3,000,000
		감자차익	2,000,000

10.3 자본잉여금

1 자본잉여금의 의의

자본잉여금(capital surplus)이란 주주의 납입자본 중에서 자본금을 제외한 나머지 부분이다. 이는 기업의 영업성과와는 관계 없이 자본금의 변화를 초래하는 자본거래에서 발생되는 잉여금이다. 자본잉여금은 배당으로 처분할 수 없으며, 자본금 전입이나 결손금 보선에만 이용할 수 있다. 자본잉여금에는 주식발행초과금, 감자차익, 자기주식처분이익 등이 있다.

2 주식발행초과금

주식발행은 앞서 <표 10-1>에서 본 바와 같이 액면금액과 발행가액의 비교를 통하여 액면발행, 할증발행, 할인발행으로 구분된다. 주식발행초과금(paid-in capital in excess of par value 또는 premium on stock)은 할증발행 시 발행가액이 액면금액을 초과하는 부분이다. 그러므로 주금납입이 없는 주식배당이나 무상증자의 경우에는 주식발행초과금이 발생하지 않는다. 예를 들어, 주당 액면금액 ₩5,000인 주식 100주를 주당 ₩7,000에 발행하였다면 다음과 같이 분개한다.

(차) 현금	700,000	(대) 자본금	500,000
		주식발행초과금	200,000

3 감자차익

감자차익에 대하여는 앞서 "자본금의 감소"에서 설명하였다. 감자차익(gain on capital reduction)이란 자본금 감소액이 주식의 소각, 주금의 반환 등 자본금 감소로 인한 자산 감소액을 초과하는 부분이다. 이월결손금이 있는 경우에는 이를 차감하고 계산한 잔액이다.

4 자기주식처분이익

자기주식처분이익(gain on sales of treasury stock)이란 자기주식을 취득하고 일시적 보유 후에 재매각하는 경우 매각가액이 취득가액보다 많은 경우 그 차액을 말한다. 자기주식에 대한 회계처리는 10.4 자본조정에서 설명하기로 한다.

10.4 자본조정

1 자본조정의 의의

자본조정(capital adjusting accounts)은 소유주지분에 속하는 항목이지만 자본금, 자본잉여금, 이익잉여금 중 어느 항목에도 속하지 않고 자본항목의 전체 합계액에 가산하거나 차감하여야 하는 항목들이다. 대개는 자본구성항목으로 그 내역이 구체적으로 확정되지 않아 일시적으로 유보시킨 임시적 성격의 과목들이다. 자본조정은 [그림 10-3]과 같이 소유주지분에 대한 차감적 항목과 가산적 항목으로 구분된다.

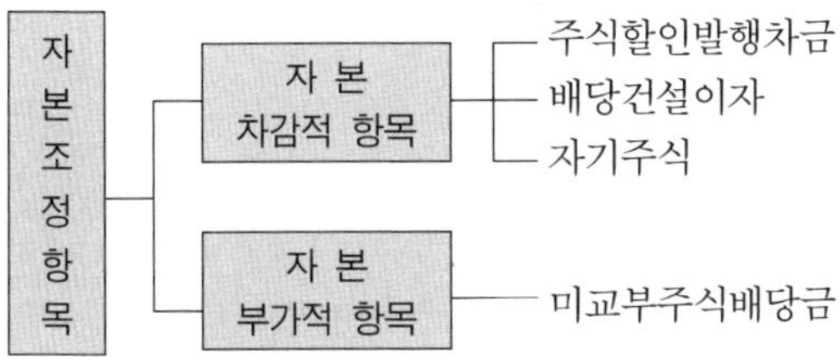

그림 10-3 자본조정 항목의 구분

2 주식할인발행차금

주식할인발행차금(discount on stock issuance)은 주식을 할인발행(액면미달발행)하는 경우 발행가액의 액면가액 미달액을 말한다. 주식할인발행차금은 차감적 자본조정항목이다. 우리의 상법은 최초 회사설립시에는 자본충실을 위하여 주식의 할인발행을 금지하고 있다. 그러나 증자의 경우 회사설립 후 2년이 경과하고 주주총회의 특별결의와 법원의 인가를 얻은 경우 주식의 할인발행을 제한적으로 허용하고 있다.

주식할인발행차금은 주식발행년도부터 3년 이내의 기간에 매기 균등액을 상각하고, 동 상각액은 이익잉여금처분으로 한다. 다만, 처분할 이익잉여금이 부족하거나 결손이 있는 경우에는 차기 이후 연도에 이월하여 상각할 수 있다.

[예제] 다음 거래를 분개하시오.

(1) 회사설립 후 5년이 지나 제6기 7월 1일에 요건을 갖추어 신주 1,000주(주당 액면가액 ₩5,000)를 주당 ₩4,100에 발행하고 납입금은 당좌예금하다.

(2) 결산시 상기 주식할인발행차금을 상각하다. 기간은 3년으로 하다.

풀이

1. (차) 현금	4,100,000	(대) 자본금	5,000,000
주식할인발행차금	900,000		
2. (차) 미처분이익잉여금	300,000	(대) 주식할인발행차금	300,000

* 이익잉여금 처분에 관한 설명은 제12장을 참고하도록 한다. 균등액상각법과 정액법은 차이가 있다. 균등액상각법은 월할계산을 하지 않으나 정액법은 월할계산을 한다. 그러므로 균등액상각법을 이용하면 비록 주식발행일이 7월 1일이라도 1년분을 상각한다.

3 배당건설이자

배당건설이자(pre-operating dividends 또는 interest during construction)는 회사설립 후 이익이 없는 상태에서 일정한 기간 동안 주주에게 지급하는 배당을 말한다. 이는 차감적 자본조정항목이다. 이익이 없으면 배당을 할 수 없는 것이 원칙이나, 그 성질상 건설에 장기간을 요하는 수도, 가스, 전력, 철도 등의 업종에서 예외적으로 인정되는 것이 배당건설이자이다. 상법에서는 다음과 같은 요건을 갖춘 경우에 한하여 배당건설이자를 지급할 수 있도록 하고 있다.

① 사업의 성질상 회사의 성립 후 2년 이상 그 영업 전부를 개시하기가 불가능하다고 인정되어야 한다.

② 원시정관으로 건설이자를 배당할 수 있는 주식의 수와 배당할 이자의 이율 및 배당기간을 정해야 한다.

③ 배당건설이자에 관한 정관의 규정은 법원의 인가를 받아야 한다.

④ 배당건설이자율은 연 5%를 초과하지 못한다.

배당건설이자로 계상한 금액은 개업 후 연 6% 이상의 이익배당을 하는 경우 그 6%를 초과한 금액과 동액 이상을 상각하여야 한다. 배당건설이자의 상각은 이익잉여금의 처분으로 한다.

[예제] (주)태안개발은 안면도에 대규모 관광단지를 조성하기 위하여 1억원의 자본금으로 설립되었다. 개업을 위한 건설에 장기간이 소요되어 원시정관의 규정과 법원의 인가를 받아 연 3%의 건설이자를 2년간 배당하기로 하였다. 제3기초에 시설이 완공되어 영업을 시작하였으며, 제3기말 8%의 배당을 실시하였다. 또한 제4기말과 제5기말에는 9%의 배당을 실시하였다. 배당건설이자와 관련된 분개를 하시오.

풀이

제1기말:	(차) 배당건설이자	3,000,000	(대) 현금	3,000,000
제2기말:	(차) 배당건설이자	3,000,000	(대) 현금	3,000,000
제3기말:	(차) 미처분이익잉여금	2,000,000	(대) 배당건설이자	2,000,000
제4기말:	(차) 미처분이익잉여금	3,000,000	(대) 배당건설이자	3,000,000
제5기말:	(차) 미처분이익잉여금	1,000,000	(대) 배당건설이자	1,000,000

4 자기주식

자기주식(treasury stock)은 주식의 발행회사가 기발행유통주식 중 매입, 증여, 합병 및 영업양수 등에 의하여 재취득한 주식으로 금고주(金庫株)라고도 한다. 주가의 하락방지, 배당률 저하방지, 주당순이익(earnings per share: EPS)의 증대 등을 위하여 기업이 자발적으로 자기주식을 취득할 수 있으며, 영업활동 수행상 어쩔 수 없이 또는 자본금감소를 목적으로 자기주식을 취득할 수도 있다. 자기주식의 취득은 실질적으로 자본금을 감소시키고 주가조작 등의 우려가 있기 때문에 상법은 이를 엄격하게 제한하고 있다. 자기주식은 의결권이 없으며 이익배당청구권도 없다. 기업의 유통주식수(outstanding stock)는 발행주식수에서 자기주식수를 차감하여 계산된다.

자기주식의 회계처리방법은 원가법과 액면가액법이 있다. 원가법(cost method)은 자기주식의 취득과 처분을 취득원가에 입각하여 기록하며 자기주식의 재발행을 전제로 취득한 것으로 본다. 반면에, 액면가액법(par value method)은 자기주식의 취득과 처분을 액면가액을 기준으로 처리하며 자기주식의 소각을 전제하는 경우 적합한 방법이다. 기업회계기준은 원가법에 기초하고 있다. 이하에서는 원가법에 의한 자기주식거래에 대한 회계처리과정을 설명하고자 한다.

① 자기주식을 취득하면 취득원가로 기록한다.

(차) 자기주식 ××× (대) 현금 ×××

② 자기주식을 재발행하면 취득원가와 처분가액을 비교하여 자기주식처분손익을 기록한다.

* 취득원가가 처분가액보다 작은 경우: 자기주식처분이익(이는 기타자본잉여금임)이 기록된다.

(차)	현금	×××	(대)	자기주식	×××
				자기주식처분이익	×××

* 취득원가가 처분가액보다 큰 경우: 이미 기록되어 있는 자기주식처분이익과 상계하고 남는 부분은 자기주식처분손실(이는 차감적 자본조정임)로 기록한 후 이익잉여금을 처분하면서 결손금처리순서에 따라 보전한다.

(차)	현금	×××	(대)	자기주식	×××
	자기주식처분이익	××			
	자기주식처분손실	××			

③ 자기주식을 소각하면 취득원가와 액면가액을 비교하여 감자차익 또는 감자차손을 기록한다.

* 취득원가가 액면가액보다 작은 경우: 감자차익이 기록된다.

(차)	자본금	×××	(대)	자기주식	×××
	감자차익	××			

* 취득원가가 액면가액보다 큰 경우: 이미 기록되어 있는 감자차익과 상계하고 남는 부분은 감자차손으로 기록한 후 이익잉여금을 처분하면서 결손금처리순서에 따라 보전한다.

(차)	자본금	×××	(대)	자기주식	×××
	감자차익	××			
	감자차손	××			

[예제] 다음은 자기주식과 관련하여 연속된 거래이다. 취득원가법을 이용하여 분개하시오.

(1) 발행주식 중 500주(주당 액면가액 ₩5,000)를 주당 ₩7,000에 부득이하게 취득하다.

(2) 위 주식 중 200주를 주당 ₩7,600에 재발행하다.

(3) 위 주식 중 200주를 주당 ₩6,000에 재발행하다.

(4) 위 주식 중 100주를 소각하다.

풀이

1. (차)	자기주식	3,500,000	(대) 현금	3,500,000
2. (차)	현금	1,520,000	(대) 자기주식	1,400,000
			자기주식처분이익	120,000
3. (차)	현금	1,200,000	(대) 자기주식	1,400,000
	자기주식처분이익	120,000		
	자기주식처분손실	80,000		
4. (차)	자본금	500,000	(대) 자기주식	700,000
	감자차손	200,000		

5 기타의 자본조정항목

1) 감자차손

자본금감소(감자)시에 나타나는 감자차손은 감자차익과 우선적으로 상계하고 그 잔액은 차감적 자본조정으로 기록한 후 결손금의 처리순서에 따라 상각한다. 그러므로 감자차손은 처분가능잉여금이 부족한 경우에 대차대조표상에 표시된다.

2) 자기주식처분손실

자기주식을 재매각하는 경우에 발생하는 자기주식처분손실은 자기주식처분이익과 우선적으로 상계하고 그 잔액은 차감적 자본조정으로 기록하며 결손금 처리순서에 따라 상각한다. 그러므로 자기주식처분손실은 처분가능잉여금이 부족한 경우에 한하여 대차대조표상에 표시된다.

3) 국고보조금과 공사부담금

시설투자에 사용될 목적으로 무상으로 제공받은 국고보조금이나 공사부담금은 당해 자산을 취득하기 전까지 부가적 자본조정으로 분류하며, 당해 자산을 취득하면 그 자산의 차감적 평가계정으로 대체된다.

10.5 기타포괄손익누계액

1 매도가능증권평가손익

이미 제9장에서 설명한 바와 같이 매도가능증권에 대한 기말평가시 공정가액법을 적용하는 경우 장부가액과 공정가액(시가)의 차이는 매도가능증권평가손익으로 기록하여야 한다. 매도가능증권평가이익은 부가적 자본조정으로, 매도가능증권평가손실은 차감적 자본조정으로 기록한다. 이는 매도가능증권은 장기간 보유를 목적으로 하기 때문에 단기적인 평가손익은 차기말 평가시 상계될 가능성이 높기 때문이다.

또한 매도가능증권평가이익(손실)은 차기 이후의 매도가능증권평가손실(이익)과 우선 상계한다. 매도가능증권평가손익은 투자주식을 모두 처분하는 시점에서 매도가능증권처분손익으로 대체되어 손익계산서상 영업외손익으로 기록된다.

[예제] 다음은 (주)한라산호텔의 여유자금을 이용하여 (주)오양수산이 발행한 주식의 취득과 매각에 대한 거래내역이다. 매도가능증권으로 분류되는 주식에 관한 거래를 분개하시오.

(1) 제5기 10월 11일 (주)한라산호텔은 장기간의 배당수익을 목적으로 상장된 (주)오양수산의 주식 100주(유통주식수의 1%, 주당 액면가액 ₩5,000)를 주당 ₩7,000에 취득하였다.

(2) 제5기 12월 31일 (주)오양수산의 주가는 ₩6,000이다.
(3) 제6기 3월 15일 (주)오양수산에서 배당금(배당률 10%)을 수령하다.
(4) 제6기 12월 31일 (주)오양수산의 주가는 ₩7,500이다.
(5) 제7기 11월 30일 위 주식을 주당 ₩6,800에 모두 매각하다.
(6) 제7기 11월 30일 위 주식을 주당 ₩8,000에 모두 매각하다.

풀이

	차변	금액	대변	금액
1.	(차) 매도가능증권	700,000	(대) 현금	700,000
2.	(차) 매도가능증권평가손실	100,000	(대) 매도가능증권	100,000
3.	(차) 현금	50,000	(대) 배당금수익	50,000
4.	(차) 매도가능증권	150,00	(대) 매도가능증권평가손실	100,000
			매도가능증권평가이익	50,000
5.	(차) 현금	680,000	(대) 매도가능증권	750,000
	매도가능증권평가이익	50,000		
	매도가능증권처분손실	20,000		
6.	(차) 현금	800,000	(대) 매도가능증권	750,000
	매도가능증권평가이익	50,000	매도가능증권처분이익	100,000

2 해외사업환산손익

해외지점 또는 해외사무소의 외화표시 자산, 부채, 자본 및 손익항목을 일괄하여 원화로 환산하는 경우 당해 자산, 부채는 대차대조표일 현재의 환율을, 자본은 발생당시의 환율을 적용하며, 손익항목은 거래발생당시의 환율이나 당해 회계연도의 평균환율을 적용하여 일괄계산할 수 있다. 이 때 발생하는 대차대조표상의 환산손익과 손익계산서상의 환산손익의 차이는 해외사업환산손실 또는 해외사업환산이익으로 기록된다. 해외사업환산손실(overseas operations translation debit)은 환산손실의 경우에 나타나는 차감적 자본조정이며, 해외사업환산이익(overseas operations translation credit)은 환산이익의 경우에 나타나는 부가적 자본조정이다.

해외사업환이익(손실)은 차기 이후에 발생하는 해외사업환산손실(이익)과 상계하여 표시하고, 관련 지점 또는 사업소가 청산, 폐쇄 또는 매각되는 회계연도의 영업외손익으로 표시한다.

10.6 이익잉여금

1 이익잉여금의 의의

이익잉여금(earned surplus)이란 영업활동의 결과로 얻은 당기순이익 중에서 사외로 유출되거나 자본금으로 대체되지 아니하고 기업 내부에 축적된 이익액을 말한다. 이는 손익거래에서 발생하는 잉여금으로 흔히 유보이익(retained earnings)이라 한다. 이익잉여금은 기업이 얻은 이익 중에서 배당 등으로 처분하지 않고 사내에 유보되어 있는 부분이지만, 그 자체가 현금을 적립하고 있는 것은 아니다.

이익잉여금은 [그림 10-4]와 같이 그 처분 여부에 따라 처분이익잉여금과 미처분이익잉여금으로 구분할 수 있다. 처분이익잉여금(appropriated earned surplus)은 주주총회의 결의를 통하여 특정 목적이 부여된 잉여금이다. 대개 법률의 규정 및 기업의 필요에 의하여 특정한 용도에 사용하기 위하여 준비되는 적립금(reserve)이다. 반면에 미처분이익잉여금(unappropriated earned surplus)은 아직 특정한 목적이 부여되지 않은 잉여금으로 주주총회의 결의를 통하여 처분할 수 있는 자유잉여금(free surplus)이며 배당을 할 수 있다.

- 이익잉여금
  - 법정적립금
    - 이익준비금
    - 재무구조개선적립금
  - 임의적립금 : 정관 또는 주주총회결의 적립금
  - 미처분이익잉여금(또는 미처리결손금)

그림 10-4 이익잉여금의 분류

2 법정적립금

법정적립금(statutory reserves)은 관련 법률 등에 의하여 설정이 요구되는 적립금이다. 법정적립금은 배당으로 사용할 수 없으며 결손보전과 자본전입에만 사용할 수 있다. 법정적립금에는 상법상의 이익준비금과 상장법인재무관리규정에 의한 재무구조개선적립금을 들 수 있다.

이익준비금(legal reserve)은 상법의 규정에 의하여 적립이 강제되어 있는 법정적립금이다. 주식회사는 자본금의 2분의 1에 달할 때까지 금전에 의한 이익배당액의 10분의 1 이상을 이익준비금으로 적립하여야 한다. 이익준비금의 특징을 요약하면 다음과 같다.

① 현금배당액의 10분의 1 이상이어야 한다. 그러므로 이익준비금은 적립해야 할 최저한도만 있고 최고한도의 규제는 없다.
② 이익준비금 설정의 최대한도는 자본금의 2분의 1이다.
③ 자본금의 2분의 1 이상을 초과하는 적립액은 임의적립금으로 간주한다.

[예제] (주)아산컨트리클럽의 당기순이익은 ₩15,000,000이며, ₩7,000,000의 현금배당을 실시하고자 한다. 이 회사의 자본금은 ₩50,000,000이며, 현재 이익준비금의 잔액은 ₩20,000,000이다. 이익준비금으로 적립하여야 하는 최소적립액과 최대적립액은 각각 얼마인가?

풀이

최소적립액은 현금배당액의 10%이며, 최대적립액은 자본금의 50%에 해당하는 금액에서 기존 적립액을 차감한 차이액이다.

최소적립액: ₩7,000,000 × 10% = ₩700,000
최대적립액: (₩50,000,000 × 50%) − ₩20,000,000 = ₩5,000,000

재무구조개선적립금(reserve for financial structure improvement)은 "유가증권의 발행 및 공시등에 관한 규정"에 의하여 유형자산처분이익이 유형자산처분손실과 당해 법인세비용의 합계액을 초과하는 경우에 그 초과액(당기순이익이 그 초과액에 미달하는 경우에는 당기순이익)의 30% 이상을 적립하도록 한 것이다. 이는 거액의 유형자산처분이익에 대하여 배당을 제한하고 재무구조를 개선하기 위하여 적립된다.

3 임의적립금

임의적립금(voluntary reserves)은 법령에 의하여 강제되는 것이 아니라 제3자와의 계약 또는 기업의 필요성에 의하여 자발적으로 적립되는 적립금이다. 이에 따라 법정적립금과는 달리 그 사용이 자유롭다. 임의적립금은 그 성격상 적극적 적립금과 소극적 적립금으로 구분된다. 적극적 적립금(positive reserves)은 자산의 취득 또는 부채의 상환 등 기업의 순자산을 증대시키기 위한 적립금이다. 이는 적립목적이 달성되어도 소멸하지 않고 다른 목적의 적립금(예: 별도적립금)으로 대체된다. 소극적 적립금(negative reserves)은 기업의 자본감소를 방지할 목적으로 설정하는 적립금이다. 이는 적립목적을 달성하면 이월이익잉여금으로 대체되어 소멸하는 적립금이다.

임의적립금은 그 적립의 목적에 따라 구체적인 과목을 설정하며 그 예는 다음과 같다. ①, ②, ③은 적극적 적립금으로, ④, ⑤, ⑥, ⑦, ⑧은 소극적 적립금으로 분류된다.

① 사업확장적립금(reserve for business expansion): 장래에 사업을 확장하기 위한 적립금이다.

② 신축적립금(reserve for construction): 건물 신축을 목적으로 하는 적립금이다.

③ 감채적립금(reserve for sinking fund): 사채 및 장기차입금 등 비유동부채를 상환하기 위한 적립금이다.

④ 결손보전적립금(reserve for deficit recovery): 장래 발생할지도 모를 결손금을 보전하여 재무구조를 양호하게 하기 위한 적립금이다.

⑤ 재해손실적립금(reserve for disaster): 화재, 천재지변 등 우발적 사고로 인한 손실을 대비하기 위한 적립금이다.

⑥ 자가보험적립금(reserve for self-insurance): 기업이 스스로 우발손실에 대비하여 준비하는 적립금이다.

⑦ 배당평균적립금(reserve for dividend equalization): 배당률이 평균적으로 일정한 수준을 유지할 수 있도록 하기 위한 적립금이다.

⑧ 퇴직급여적립금(reserve for pension fund): 퇴직금의 준비를 위한 적립금이며, 퇴직급여충당금(이는 고정부채임)과는 다른 것이다.

⑨ 별도적립금(general reserve): 특정한 적립 목적 없이 적립되는 적립금이며 어떠한 목적으로든 이용될 수 있는 적립금이다.

[예제] 다음을 분개하시오.

(1) (주)춘천호텔은 이익잉여금 중 ₩5,000,000을 건물 신축을 위한 적립금으로 유보하였다.

(2) 위 적립금을 이용하여 호텔을 신축하고 대금 ₩7,000,000을 당좌수표로 지급하였다.

(3) 배당금을 지급하기 위하여 이익잉여금 중 ₩3,000,000을 유보하였다.

(4) (3)의 적립금을 해제하고 이를 배당에 사용하기로 하였다.

풀이

	차변	금액	대변	금액
(1)	(차) 미처분이익잉여금	5,000,000	(대) 신축적립금	5,000,000
(2)	(차) 건 물	7,000,000	(대) 당좌예금	7,000,000
	신축적립금	5,000,000	별도적립금	5,000,000
(3)	(차) 미처분이익잉여금	3,000,000	(대) 배당평균적립금	3,000,000
(4)	(차) 배당평균적립금	5,000,000	미처분이익잉여금	5,000,000

4 비밀적립금

비밀적립금(secret reserve)은 이익처분의 결과로 유보된 적립금이 아니라 은닉(隱匿)되어 대차대조표상에 표시되지 않은 적립금이다. 이는 비공시적립금(undisclosed reserve) 또는 은닉적립금(hidden reserve)이라 한다. 비밀적립금은 자산을 과소평가하거나 부채를 과대평가한 경우에 나타난다. 그 예를 보면 다음과 같다.

① 자산을 과소평가한 경우: 자본적 지출을 수익적 지출로 처리, 재고자산의 과소평가, 현물출자자산의 과소평가, 감가상각누계액의 과대계상, 대손충당금의 과대설정, 미수수익의 과소계상, 선급비용의 과소계상 등

② 부채를 과대평가한 경우: 가공부채의 설정, 충당부채의 과대설정, 선수수익의 과대계상, 미지급비용의 과대계상 등

한편, 비밀적립금과 대비되는 개념이 혼수자본이다. 혼수자본(watered capital)은 대차대조표에 표시된 자본액이 실질 자본액보다 큰 경우 그 차액을 말하며, 혼수자본에 대하여 발행된 주식을 혼수주식(watered stock)이라 한다. 현물출자시 출자한 현물의 공정가액보다 그 가치를 과대평가하면 혼수자본이 발생하며, 반대로 출자한 현물의 공정가액보다 그 가치를 과소평가하면 비밀적립금이 발생한다.

10.7 배 당

1 배당의 의의

배당(dividends) 또는 이익배당은 주주에게 보유주식수에 비례하여 이익 중 일부를 분배하는 것이다. 배당은 확정적인 것이 아니라 이익잉여금 규모, 당기순이익 정도 등에 따라 주주총회에서 결정한다. 즉 배당은 이익잉여금의 처분과정이며 주주가 보유한 주식수에 비례하여 지급하여야 한다. 자기주식에 대하여는 배당을 하지 않는다.

배당은 배당가능 이익잉여금의 범위 내에서만 실시할 수 있다. 만일 이익잉여금이 없는 상태에서 배당을 한다면 이는 이익배당이 아니라 자본배당이다. 자본배당은 이익의 처분이 아니라 자본의 환급이며 청산배당(淸算配當: liquidating dividends)이라고 한다.

2 배당의 종류와 회계처리

배당의 종류로는 현금배당, 주식배당이 일반적이며, 예외적으로 현물배당이나 부채배당이 있을 수 있다. 배당은 결산일 후에 주주총회를 통해 확정한 후 이루어지는 것이 일반적이다. 이하에서는 현금배당과 주식배당만을 설명하고자 한다.

배당에 대한 회계처리과정은 배당기준일, 배당선언일, 배당지급일로 나누어 진다. 배당기준일(date of record)은 주주명부에 기재되어 배당을 받을 수 있는 주주를 확정하는 날이며 통상 결산일이다. 배당선언일(date of declaration)은 주주총회에서 배당을 승인한 날, 즉 이익잉여금처분(안)을 확정한 날이다. 배당지급일(date of payment)은 배당금을 지급하거나 주식을 발행한 날이다. 상법상 배당지급일은 배당선언일로부터 1개월 이내이어야 한다. 다만, 주주총회에서 배당금 지급시기를 따로 정한 경우에는 예외로 한다.

1) 현금배당

현금배당(cash dividends)은 현금으로 지급되는 가장 일반적인 형태의 배당이다. 배당선언일에 미지급배당금이라는 유동부채가 발생하며 배당지급일에 이 부채가 소멸한다.

① 배당선언일: (차) 미처분이익잉여금 ××× (대) 미지급배당금 ×××

② 배당지급일: (차) 미지급배당금 ××× (대) 현금 ×××

2) 주식배당

주식배당(stock dividends)은 배당을 현금으로 지급하지 않고 회사의 주식을 발행하여 지급하는 것이다. 즉 처분전이익잉여금을 납입자본으로 전입하고 신주를 발행하여 주주에게 무상으로 지급하는 형태이며 현금의 유출을 필요로 하지 않는다. 상법상 주식배당은 이익배당총액의 1/2을 초과할 수 없으나, 상장회사는 상법의 규정에 불구하고 100%의 주식배당이 가능하다.

주식배당의 회계처리는 액면가액법(par value method)과 시장가치법(market value method)이 있으나 상법은 액면가액법을 채택하고 있다. 액면가액법은 배당을 위하여 발행되는 신주의 액면가액으로 배당을 기록하는 방법이다. 주주총회에서 주식배당을 선언하면 미교부주식배당금(unissued stock dividends)이라는 부가적 자본조정 항목에 기록된다. 그 후 배당지급일에 주권이 발행되면 이 계정은 자본금 등의 계정으로 대체된다.

예를 들어, (주)한국항공은 2010년 12월 31일 결산을 하였다. 발행주식총수는 10,500주(주당 액면가액 ₩5,000)이며, 자기주식으로 재취득한 주식이 500주이다. 이익잉여금처분계산서(안)상 10%의 주식배당이 포함되어 있다. 2011년 2월 25일 주주총회에서 이사회의 배당안을 의결하였으며 주권의 발행은 3월 10일 이루어졌다. 액면가액법을 이용하여 분개한다면 다음과 같다.

* 2011. 2. 25

(차) 미처분이익잉여금	5,000,000	(대) 미교부주식배당금	5,000,000

* 2011. 3. 10

(차) 미교부주식배당금	5,000,000	(대) 자본금	5,000,000

[예제] (주)대한항공은 2010년 당기순이익을 계산한 결과 ₩18,000,000이었다. 2010년 12월 31일 현재 기준일로 하여 보통주 1주당 ₩300의 현금배당과 주식 20주당 1주의 주식배당을 할 것을 이사회에서 결의하였다. 2011년 2월 25일 개최된 주주총회에서도 이를 추인하였다. 배당지급은 2011년 3월 15일에 하였다. 2010년 12월 31일 현재 보통주 발행주식수는 20,000주이며 주당 액면가액은 ₩5,000이다. 필요한 분개를 하시오.

풀이

(1) 2010년 12월 31일(배당기준일): 분개 없음

(2) 2011년 2월 25일(배당선언일)

(차) 미처분이익잉여금	11,000,000	(대) 미지급배당금	6,000,000
		미교부주식배당금	5,000,000

(3) 2011년 3월 15일(배당지급일)

(차) 미지급배당금	6,000,000	(대) 현 금	6,000,000
미교부주식배당금	5,000,000	자본금	5,000,000

연습문제

1 (주)경주호텔은 주당 액면가액이 ₩5,000인 주식 1,000주를 발행하고 대금은 당좌예금하였다. 발행조건이 다음과 같을 경우 각각 분개하시오.

(1) 주당 ₩5,000에 발행한 경우

(2) 주당 ₩6,000에 발행한 경우

(3) 주당 ₩4,500에 발행한 경우

2 다음은 (주)간성여행사의 자본에 대한 거래 내용이다. 기업회계기준에 따라 분개하시오.

(1) 회사설립시 보통주 10,000주(주당 액면가액 ₩5,000, 수권주식수 40,000주)를 발행하기로 하다. 4,000주는 발기인이 토지(평가액 ₩12,000,000)와 건물(평가액 ₩10,000,000)로 현물출자하고, 나머지는 연고모집을 통하여 주당 ₩6,000에 발행하기로 하고 청약증거금으로 주당 ₩2,000을 현금으로 납입받았다.

(2) (1)의 청약미수금을 전액 납입받고 주식을 발행하여 회사를 설립하였다. 주식발행비용 ₩80,000이 발생하다.

(3) 자금부족을 타개하기 위하여 이사회결의를 통하여 5,000주를 주당 ₩7,000에 발행하다. 주식발행비용 ₩30,000은 현금으로 지급하다.

(4) 결손금 ₩4,000,000의 보전을 위하여 주당 액면가액 ₩5,000을 ₩4,000으로 감액하다.

3 다음 거래를 분개하시오.

(1) 자본금이 과대하여 주당 액면가액 ₩6,000을 ₩5,000으로 줄이고 그 차액은 전액 현금 지급하다. 발행주식총수는 5,000주이다.

(2) 발행주식 중 2,000주(주당 액면가액 ₩5,000)를 주당 ₩4,000에 매입하여 소각하다.

(3) 발행주식 중 1,000주(주당 액면가액 ₩5,000)를 주당 ₩7,000에 매입 소각하다. 감자차익이 ₩1,500,000 있다.

(4) 이월결손금 ₩4,000,000을 보전하기 위하여 주당 액면가액 ₩10,000인 주식 10,000주를 주당 액면가액 ₩5,000으로 절삭하기로 하다.

(5) 이월결손금 ₩800,000을 보전하기 위하여 주식 3,000주(주당 액면가액 ₩1,000)에 대하여 3 대 2의 비율로 주식을 병합하다.

4 다음은 (주)강원호텔의 자기주식과 관련하여 연속된 거래이다. 취득원가법에 따라 분개하시오.

(1) 발행주식 중 1,000주(주당 액면가액 ₩5,000)를 주당 ₩6,000에 부득이하게 취득하다.

(2) 위 주식 중 200주를 주당 ₩6,600에 처분하다.

(3) 위 주식 중 200주를 주당 ₩5,800에 처분하다.

(4) 위 주식 중 300주를 주당 ₩5,500에 처분하다.

(5) 위 주식 중 100주를 주당 ₩7,000에 처분하다.

(6) 위 주식 중 200주를 소각하다.

5 다음은 (주)신라관광개발의 배당과 관련된 자료이다.

(1) 제20기 12월 31일 이익잉여금처분을 위한 자본계정 자료는 다음과 같다.

- 보통주 자본금 (주당 액면가액 ₩5,000) ₩5,000,000
- 주식발행초과금 ₩1,000,000
- 재무구조개선적립금 ₩400,000
- 이익준비금 ₩1,200,000
- 처분전이익잉여금 ₩2,400,000

(2) 제20기 12월 31일 이익잉여금처분계산서(안)를 마련하면서 현금배당 10%와 주식배당 6%를 실시하기로 하다. 이익준비금은 최소한의 금액을 적립하기로 하다.

(3) 제21기 2월 25일 주주총회에서 현금배당 10%, 주식배당 6%를 의결하다.

(4) 제21기 3월 8일 현금배당을 실시하다.

(5) 제21기 3월 20일 주식배당을 실시하고 보통주 자본금의 변경등기를 하다.

물음

1. 현금배당과 관련된 거래를 분개하시오.
2. 주식배당을 액면가액법으로 분개하시오.

CHAPTER | 11

결 산

11 결 산

거래에 대한 기록은 매일매일 이루어진다. 회계시스템은 일정한 기간을 전제하므로 회계기간이 종료되면 수정사항의 파악과 분개, 재무제표 작성, 장부의 마감 등의 절차를 밟게 되는데 이를 결산이라 한다. 본 장에서는 결산시점에서 행하게 되는 결산절차에 대하여 학습하기로 한다.

11.1 결산의 의의와 절차

1 결산의 의의

회계정보를 보고하는데 있어 가장 중요한 것은 회계기간 동안 기업의 경영성과와 결산일 현재의 기업의 재무상태를 알려주는 것이다. 경영성과를 올바로 알려주기 위해서는 회계기간 중에 실현된 수익과 수익을 얻기 위해 소비된 비용을 정확하게 계산하여야 한다. 회계연도 중에 지속적으로 발생하는 거래는 분개장에 기입하고, 원장에 전기를 하여 각 계정의 증감을 계산한다. 결산(closing)이란 일정한 회계기간이 종료된 후 결산일의 재무상태와 회계기간 동안의 경영성과 및 재무상태의 변동을 파악하기 위하여 재무제표를 작성하고 제장부를 마감하는 절차를 말한다. 결산일은 결산을 행하는 날이며, 회계기간은 결산일의 다음날부터 다음의 결산일까지의 기간을 뜻한다.

대부분의 기업은 1년에 1회의 결산을 행하지만, 기업의 필요성이나 법률의 규정에 따라 1년에 2회 이상 결산을 행하기도 한다. 그러나 반기 또는 분기별 결산은 회계기간 말에 행하는 정규결산은 아니며, 회계자료의 잠정적 추계에 의하여 행하는 가결산(provisional closing)의 형태이다. 경영관리의 목적을 위하여 대부분의 기업들은 월 단위로 월별 결산을 행하기도 한다.

2 결산의 절차

매일의 거래는 거래의 식별과 측정을 거쳐 분개와 전기를 통하여 장부에 기록되는 회계 중의 일상적 회계절차이며, 결산일에는 다양한 과정을 거쳐 재무제표를 작성하게 된다. 회계기말에 있어서 즉 결산일에 행하여야 하는 결산의 모든 과정을 결산절차(closing procedures)라고 한다.

결산절차는 결산예비절차, 결산본절차, 결산보고서의 작성 등 세 단계로 나누어진다. 각 단계마다 보다 세분화된 절차를 거치게 되며, 이를 요약하면 다음과 같다.

1) 결산예비절차

결산 전의 절차라고도 하며 다음의 절차를 거친다.

① 수정전시산표의 작성

② 수정사항의 파악 및 재고조사표의 작성

③ 수정사항의 기입(수정분개 및 전기)

④ 수정후시산표의 작성

⑤ 정산표의 작성

2) 결산본절차

결산마감절차 또는 장부의 마감절차라고도 하며, 이는 각 계정의 잔액을 마감하는 과정으로 분개를 행하며 이를 결산분개라고 한다.

① 원장의 마감
- 대차대조표 계정의 마감
- 손익계산서 계정의 마감

② 기타 장부(분개장, 보조부)의 마감

③ 이월시산표(결산 후 시산표)의 작성

3) 결산보고서의 작성

결산 후 절차라고도 하며 대차대조표, 손익계산서 등의 재무제표를 작성하는 과정이다. 그러나 기업은 위와 같은 모든 결산절차를 반드시 지켜야 하는 것은 아니며, 기업의 편의에 따라 보다 간단한 절차를 택하는 것이 일반적이다. 그래서 대다수의 기업은 재고조사표의 작성, 정산표의 작성, 이월시산표의 작성과정 등을 생략하고 있다. 그러므로 대부분의 기업에서는 결산절차로 수정전시산표 작성, 수정사항의 파악, 수정분개 및 전기, 수정후시산표 작성, 재무제표의 작성, 장부의 마감 등의 과정을 행하게 된다.

11.2 시산표의 작성

1 시산표의 의의

결산은 시산표의 작성으로부터 시작된다. 기업에서 발생된 모든 거래가 적절하게 분개되어 원장으로 전기가 정확하게 이루어졌다면 차변총계와 대변총계는 일치하여야 한다. 이와 같이 거래가 정확하게 분개 및 전기되었는가를 검증하기 위하여 시산표가 작성된다. 즉 시산표(trial balance: T/B)는 원장기입의 정확성 여부를 검증하기 위하여 작성하는 일람표로서 계정집계표라고 할 수 있다. 더불어 시산표는 결산보고서를 작성함에 있어 보조수단으로 이용될 수 있을 뿐만 아니라 경영성과나 재무상태의 개요를 파악할 수 있는 수단이 된다.

2 시산표의 유용성

시산표의 유용성은 한마디로 오류검증 기능을 갖는다는 것이다. 즉 시산표는 거래의 분개 및 전기가 정확하게 이루어졌는가를 검증하는 기능을 갖는다. 모든 거래의 기록은 거래의 이중성, 대차평균의 원리, 계정기입의 법칙 등에 의하여 모든 계정들의 차변합계액과 대변합계액은 항상 일치하며, 각 계정의 차변과 대변합계액의 차액(잔액)의 합계액도 항상 일치하여야 한다.

회계기록에 잘못이 있는지의 여부를 확인하는 것 이외에 또다른 유용성은 재무제표의 작성을 위해 원장의 모든 계정과목들을 일목요연하게 정리할 필요가 있기 때문이다. 계정과목의 수가 많고 회계내용이 복잡한 기업에서는 원장의 분량만 해도 여러 권이 되기 때문에 원장의 내용을 가지고 직접 재무제표를 작성하기는 매우 힘든 일이며, 복잡성으로 인해 잘못이 발생할 가능성이 매우 높기 때문에 시산표를 먼저 작성하여 재무제표의 작성을 용이하게 하는 것이다.

3 오류 발견

시산표 작성시 발견된 오류는 반드시 수정절차를 밟아야 한다. 시산표상의 차변합계액과 대변합계액이 일치하지 않는 경우는 오류가 존재함을 뜻한다. 만일 오류가 있다면 분개장에 기입된 거래의 정확성, 원장으로의 전기 정확성, 시산표 집계의 정확성, 계산의 정확성 등을 검증하여 오류의 원인을 찾아낸 후 이를 정정하여야 한다. 시산표상의 차변합계액과 대변합계액이 일치하지 않는 원인을 야기하는 오류에는 다음과 같은 것들이 있다.

1) 분개의 오류

① 분개시 대차불일치를 야기한 기입상의 오류
② 특수분개장 및 보조원장상의 금액집계 오류
③ 계정과목의 착오

2) 전기의 오류

① 전기의 누락
② 전기금액의 오기
③ 대차가 잘못된 전기
④ 계정별 차변 및 대변합계액 또는 잔액계산상의 오류

3) 시산표 작성의 오류

① 시산표의 합계계산상의 오류
② 시산표 집계시 계정의 누락 및 계정금액의 오기
③ 시산표로의 이기시 차변과 대변을 반대로 한 경우

그러나 시산표의 잔액이 정확하다고 해서 모든 회계기록이 정확하다고 말할 수는 없으며 오류는 여전히 발견될 수 있다. 이것을 시산표의 자기검증기능의 한계라고도 하며, 다음과 같은 경우는 시산표의 작성만으로는 확인되지 않는 오류이다.

① 회계거래가 발생하였음에도 불구하고 분개 자체가 누락된 경우
② 같은 거래를 두 번 이상 분개한 경우
③ 분개된 것을 전기할 때 차변과 대변을 모두 누락시킨 경우
④ 분개나 전기시 차변과 대변의 계정과목을 반대로 기입한 경우

⑤ 원장에의 전기시 다른 계정과목에 전기한 경우

⑥ 차변과 대변에 동일한 금액으로 오류가 발생된 경우

4 시산표의 분류

1) 내용에 따른 분류

시산표에 집계된 각 계정들의 금액 내용에 따라 합계시산표, 잔액시산표, 합계잔액시산표의 세 가지로 나누어진다.

(1) 합계시산표

합계시산표는 총계정원장 상의 각 계정의 차변 및 대변의 합계금액을 집계하여 작성한 시산표이다. 합계시산표는 그 총액이 분개장의 합계액과 일치하므로 분개장에서 원장으로의 전기상의 오류나 누락을 발견할 수 있으며, 회계기간 중의 거래총액을 파악할 수 있는 장점을 갖는다.

(2) 잔액시산표

잔액시산표는 총계정원장상의 각 계정의 차변합계액과 대변합계액의 차액(잔액)을 집계하여 작성한 시산표이다. 따라서 시산표상의 각 계정의 금액은 결산시점의 현재 잔액을 나타내며, 이 잔액은 대차대조표나 손익계산서를 작성함에 그대로 이용될 수 있다. 자산과 비용계정은 차변잔액을 갖고, 부채 · 자본 및 수익계정은 대변잔액을 갖게 된다.

(3) 합계잔액시산표

합계잔액시산표는 합계시산표와 잔액시산표를 결합한 것이다. 따라서 총계정원장상의 각 계정의 차변합계액, 대변합계액 및 그 차액을 모두 집합하여 작성한 시산표이다. <표 11-1>은 금강산식당의 합계잔액시산표이다.

표 11-1 합계잔액시산표의 예

합계잔액시산표

(주)금강산식당 200×년 12월 31일

차변		원면	계정과목	대변	
잔액	합계			합계	잔액
11,136,000	19,580,000	1	현금	8,444,000	
320,000	400,000	2	외상매출금	80,000	
1,350,000	1,800,000	3	식음재료	450,000	
960,000	960,000	4	선급보험료		
2,050,000	2,050,000	5	단기대여금		
10,000,000	10,000,000	6	토지		
		7	차입금	10,000,000	10,000,000
		8	미지급금	8,000,000	8,000,000
	164,000	9	미지급비용	164,000	
		10	자본금	5,000,000	5,000,000
		11	매출	4,900,000	4,900,000
400,000	400,000	12	매출원가		
480,000	480,000	13	급료		
204,000	204,000	14	수도광열비		
1,000,000	1,000,000	15	임차료		
27,900,000	37,038,000		합계	37,038,000	27,900,000

2) 작성시기에 따른 분류

시산표는 이를 작성하는 작성단계, 즉 시기에 따라 수정분개 바로 전에 작성하는 수정전시산표와 수정분개후에 작성하는 수정후시산표 그리고 장부마감 후에 작성하는 이월시산표가 있다.

(1) 수정전시산표

수정분개를 행하기 전에 작성하는 시산표이다. 즉 수정전시산표는 수정분개를 전기하기 이전에 각 계정의 합계액 및 잔액 등을 집계하여 작성한 시산표이다.

(2) 수정후시산표

수정분개와 전기를 행한 이후에 작성하는 시산표이다. 따라서 수정후시산표는 수정분개를 전기한 후의 각 계정의 합계액 및 잔액 등을 집계하여 작성된다. 수정후시산표는 재무제표 작성을 위한 기초자료로 이용된다.

(3) 이월시산표

결산분개를 하고 모든 손익계산서 계정을 마감한 후에 작성하는 시산표로 시산표상에는 자산·부채·자본계정만이 기재되고 수익·비용계정은 기재되지 않는다. 이월시산표는 영미식결산법을 이용하여 대차대조표계정을 마감하는 경우 손익계산서계정의 결산분개와 대차대조표계정의 마감이 적절히 이루어졌는가를 확인하기 위하여 작성되는 시산표이며 전기이월액만을 모아 작성하기 때문에 결산후시산표라고도 한다.

11.3 결산정리

1 결산정리의 의의

시산표에 집계되어 있는 각 계정잔액들은 회계기간 중에 일어난 거래들을 반영하여 기말현재 금액들을 나타내고 있다. 그러나 모든 거래를 올바르게 기록하였다 하여도 모든 계정의 잔액이 경영성과나 재무상태를 제대로 나타내주는 것은 아니다. 이러한 금액들이 기말현재의 경제적 실질을 제대로 반영하지 못한 경우가 종종 있을 수 있다. 결산정리(year-end adjustments)란 기말정리 또는 수정기입이라고도 하며, 기말에 회계장부를 최종적으로 마감하기 위하여 수정사항을 추가로 분개 및 전기하는 절차를 말한다.

결산정리의 목적은 각 계정의 장부잔액과 실제잔액을 일치화시키고자 하는 것이다. 즉 결산정리는 자산, 부채의 정확한 평가를 통한 기간손익의 정확한 계산을 위해서 수행된다. 결산정리는 수익과 비용은 현금지출과 상관없이 그것이 발생한 기간에 정당하게 배분되도록 처리하여야 하는 발생주의 회계에 기초하고 있다.

결산정리의 과정은 수정사항을 파악하고 이를 분개장에 분개하고, 원장에 전기를 행하는 것이다. 결산정리사항(수정사항)에 대한 분개를 수정분개, 조성분개 또는 정리분개라고 한다.

2 결산정리사항

결산정리사항은 각 계정 중 장부잔액과 실제잔액이 일치하지 아니하는 사항들이다. 따라서 결산정리사항은 회계기간 중에 거래로 인식되지 않아 계정기입이 되지 아니한 사항들로 수정사항, 기말수정사항 또는 기말정리사항이라고도 한다.

결산정리사항은 비용(드물게 수익)의 추정을 통한 자산의 평가사항, 수익 및 비용의 수정사항(이연항목, 예상항목으로 구분), 기타사항으로 구분할 수 있다.

수익 및 비용의 이연항목은 회계기간 중 이미 수익 및 비용으로 기록하였으나 당기의 수익 및 비용이 아니라 차기의 수익 및 비용으로 기록되어야 하는 것으로 선급비용이나 선수수익이 해당된다. 반면에 수익 및 비용의 예상항목은 회계기간 중 당기의 수익 및 비용으로 기록하지 않은 사항을 당기 중의 수익 및 비용으로 계상하여야 하는 것으로 미지급비용이나 미수수익이 해당된다. 결산정리사항의 예를 살펴보면 <표 11-2>와 같다.

표 11-2 결산정리사항의 예

구 분	내 용	세부 구성항목	거래의 예
자산의 평가사항	비용(수익)의 추정을 통한 자산의 평가사항	매출원가 감가상각비 대손상각비	· 재고자산의 매출원가 계상 · 유형자산의 감가상각비 계상 · 무형자산의 상각 · 수취채권의 대손상각비 계상 · 유가증권 등의 평가손익 계상 · 현금과부족 정리 · 가계정 정리 · 소모품(비) 정리
수익 · 비용 수정사항	이연항목	선급비용	· 선급임차료 · 선급보험료
		선수수익	· 선수임대수익 · 선수용역수익
	예상항목	미지급비용	· 미지급급료 · 미지급광고비
		미수수익	· 미수이자수익 · 미수임대수익
기타사항			· 오류나 누락된 거래의 수정 · 법인세비용의 계상

3 자산의 결산정리

자산의 결산정리는 비용 또는 수익의 추정에 따라 자산계정을 결산시 수정하여 실제잔액과 장부잔액을 일치화시키는 과정이다. 결산정리는 수정분개를 하고 이를 원장에 전기함으로써 이행된다.

1) 재고자산계정의 정리

재고자산계정에서는 식음료재료와 단순 판매를 위한 상품으로 구분하여 매출원가를 계산하는 과정을 거친다. 관광산업에서 재고자산은 식료와 음료가 주류를 이루고 있다.

관광산업의 시산표에 계상되어 있는 식재료계정에는 당기에 구매한 재고와 기초재고를 포함한다. 재고자산은 판매를 위하여 사용되는 것임에도 불구하고 이들 매출원가는 보통 당기 중에 계산되지 않는다. 이것은 회기말에 재고자산의 매출원가를 재고자산계정에서 비용계정(매출원가)으로 대체하여 수정분개함으로써 이루어진다. 따라서 수정분개는 한해 동안 판매를 위해 사용된 재고자산 품목의 사용액을 계상하여야 한다.

예로서, 한국식당의 총계정원장에 회계기말에 나타난 식재료계정이 기초재고액이 ₩100,000, 당기매입액이 ₩600,000, 기말재고액이 ₩300,000이었다면 다음과 같이 수정분개를 행하여야 한다.

(차) 매출원가 400,000* (대) 식재료 400,000

* 매출원가 = 기초재고액 + 당기매입액 − 기말재고액

₩400,000 = ₩100,000 + ₩600,000 − ₩300,000

2) 유형자산의 감가상각

토지 및 건설중인 자산을 제외한 유형자산은 시간의 경과 및 사용에 의해 그 가치가 감소된다. 이에 결산시에 기간손익을 올바로 산정하기 위해서 당기의 가치감소액을 비용으로 계상함과 동시에 당해 유형자산의 금액을 감소시켜야 한다. 이러한 절차를 감가상각(depreciation)이라 한다.

감가상각의 수정분개는 당기에 소멸된 자산의 추정치를 사용하여 감가상각비를 차변에 계상한다. 유형자산을 대변에 계상하여 자산의 가치감소를 보여주는 대신에, 감가상각누계액을 설정하는 간접법을 이용하여 별도의 계정을 대변에 기입한다.

(차) 감가상각비××× (대) 감가상각누계액×××

3) 무형자산의 상각

무형자산은 회계기간 중의 가치감소액을 기간비용화하여 장부가액을 감소시

켜야 한다. 무형자산의 상각은 직접법을 이용한다.

(차) 무형자산상각비××× (대) 무형자산 ×××

4) 대손충당금의 설정

매출채권(외상매출금, 받을어음), 대여금 등의 수취채권은 회수가 불가능한 금액이 발생한다. 이 때 차기에 회수가 불가능해진 금액은 차기의 비용이 아니라 당기의 비용으로 처리하여야 수익·비용 대응의 원칙에 맞게 된다. 결산일 현재 가지고 있는 수취채권 중에서 회수가 불가능한 금액을 대손(bad debts)이라 하며 결산일에는 대손예상액을 추산하여 이를 비용으로 계상해야 하는데 이 비용을 대손상각비라고 한다. 대손예상액은 대손상각비라는 계정과목을 사용하여 차변에 기입하고 대변에는 대손충당금 계정과목을 사용한다. 다만, 대손예상액이 대손충당금 잔액보다 적을 때에는 대손충당금을 환입시킨다.

(차) 대손상각비××× (대) 대손충당금 ×××

또는

(차) 대손충당금××× (대) 대손충당금환입×××

5) 유가증권의 평가

주식 등의 유가증권은 가격이 변동하기 때문에 취득원가와 결산일 현재의 시가는 차이가 있을 수 있다. 정보이용자에게 결산일 현재의 정확한 재무상태와 경영성과를 보여주기 위해서는 보유하고 있는 유가증권을 시가로 평가하여야 한다. 유가증권은 단기매매증권, 매도가능증권, 만기보유증권으로 구분하며 단기매매증권과 매도가능증권은 시가와 장부가를 비교하여 그 평가손익을 계상하여야 한다. 예를 들어, 단기매매증권의 시가가 장부가보다 하락한 경우 그 차액을 단기매매증권평가손실이라는 비용계정의 차변에 기록하고, 반대로 시가가 장부가보다 높은 경우에는 그 차액을 단기내매증권평가이익이라는 수익계정의 대변에 기록해주어야 한다. 유가증권의 평가는 제9장에서 설명한다.

(차) 단기매매증권평가손실××× (대) 단기매매증권 ×××
또는
(차) 단기매매증권 ××× (대) 단기매매증권평가이익 ×××

6) 소모품의 정리

소모품이란 영업활동 중 단기간에 소모되는 사무용품, 청소용품, 포장용지 등을 말한다. 이는 재고자산으로 분류되는 저장품의 일종이다. 소모품은 구입시에 소모품이라는 자산으로 기록하는 방법과 소모품비라는 비용으로 기록하는 두 가지 방법이 있는데 결산시 수정분개가 달라진다.

(1) 자산계상법

소모품을 구입하는 시점에서 자산계정인 소모품계정에 기입한 후, 결산시에 당기 소비분을 비용계정인 소모품비계정으로 대체하는 방법이다.

소모품이 구매되었을 때 소모품 재고자산을 차변에 기입함으로써 자산계정을 증가시킨다.

(2) 비용계상법

소모품을 구입하는 시점에서 비용계정인 소모품비계정에 기입한 후, 결산시에 미소비분을 자산계정인 소모품계정으로 대체하는 방법이다.

[예제] 서울여행사는 2010년 7월 5일 ₩5,000,000의 소모품을 현금 구매하였으며 12월 31일 결산일에 실제로 보유하고 있는 소모품은 ₩1,000,000으로 나타났다. 자산계상법 및 비용계상법을 이용하여 결산일에 하여야 할 분개를 하시오.

풀이

① 자산계상법 이용의 경우

7월 5일:	(차) 소모품	5,000,000	(대) 현 금	5,000,000
12월 31일:	(차) 소모품비	4,000,000	(대) 소모품	4,000,000

② 비용계상법 이용의 경우

7월 5일:	(차) 소모품비	5,000,000	(대) 현 금	5,000,000
12월 31일:	(차) 소모품	1,000,000	(대) 소모품비	1,000,000

4 손익의 결산정리

1) 선수수익의 수정

때로는 서비스나 상품을 제공하기 이전에 대금을 회수하는 경우가 있다. 이때 회수된 현금에 대한 서비스나 상품을 결산일까지 제공하지 못한 경우에는 수취한 현금은 당기수익이 아닌 차기 이후의 수익인 것이다. 이러한 수익을 선수수익(unearned revenue 또는 deferred revenue)이라고 한다. 즉 당기에 수익으로 이미 받은 금액 중 차기에 속할 부분에 대해서는 그 수익계정에서 차감하고, 일시적인 부채를 표시하는 계정으로 대체하여 차기로 이월한다. 이것을 수익의 이연이라고 하는데, 차기에 이월되는 부채를 선수수익이라고 한다. 선수수익에는 선수임대료, 선수이자, 고객예치금 등이 있으며, 대차대조표에서 부채로 계상된다.

선수수익의 회계처리방법은 대금을 미리 받은 시점에서 수익으로 계상하는 수익계상법과 부채로 계상하는 부채계상법으로 구분된다.

(1) 수익계상법

용역제공 전에 대금을 미리 받은 경우 이를 수익계정에 계상하고, 결산일에 용역의 제공이 완료되지 아니한 부분은 부채계정인 선수수익계정으로 대체시키는 방법이다.

(2) 부채계상법

용역제공 전에 대금을 미리 받은 경우 이를 부채계정인 선수수익계정에 계상하고, 결산일에 용역을 제공한 부분만큼을 수익계정으로 대체시키는 방법이다.

[예제] 한국호텔은 12월 1일에 거래처로부터 대여금에 대한 이자 ₩1,000,000을 받았다. 이 중 ₩800,000은 12월까지에 대한 것이나, 나머지는 차기 1월분이다. 12월 31일에 결산을 하다. 수익계상법 및 부채계상법을 이용하여 결산일에 하여야 할 분개를 하시오.

풀이

① 수익계상법 이용의 경우

12월 1일:	(차) 현금	1,000,000	(대) 이자수익	1,000,000
12월 31일:	(차) 이자수익	200,000	(대) 선수수익	200,000

② 부채계상법 이용의 경우

12월 1일:	(차) 현금	1,000,000	(대) 선수수익	1,000,000
12월 31일:	(차) 선수수익	800,000	(대) 이자수익	800,000

2) 선급비용의 수정

선급비용(prepaid expense)은 수익창출활동과 관련하여 발생할 미래의 비용에 대하여 미리 현금 지급한 항목이다. 이자비용, 보험료, 임차료 등의 비용에 대하여 당기 중 지급된 금액 중에는 당기비용이 아닌 차기비용에 대한 선급의 부분이 있다. 선급비용의 수정목적은 발생주의 개념에 입각하여 당해년도에 속하지 않는 비용을 차기 이후로 이연시키기 위한 것으로 이것을 비용의 이연이라 하고, 이때의 자산을 선급비용이라고 한다. 이러한 의미에서 비용은 지급된 시점보다 오히려 발생된 기간에 인식되는 것이다.

선급비용의 수정은 재무제표의 자산(선급비용)과 비용의 양쪽에 적절하게 표시된다. 즉 선급비용계정은 당기말까지 만기가 되지 않은 부분을 나타내며, 비용계정은 그 기간 동안에 실제로 소모된 선급비용의 액수를 나타낸다. 선급비용에는 선급보험료, 선급임차료, 선급이자 등이 있다.

선급비용의 회계처리방법은 용역을 제공받기 이전에 미리 대금을 지급하는 시점에서 비용으로 계상하는 비용계상법과 자산으로 계상하는 자산계상법으로 구분된다.

(1) 비용계상법

대금 지급시점에서 모든 지급액을 비용으로 계상한 후 결산일에 차기 이후의 비용분은 선급비용으로 대체시키는 방법이다.

(2) 자산계상법

대금 지급시점에서 모든 지급액을 선급비용으로 계상한 후 결산일에 당기에 소모된 비용분만큼만 비용계정으로 대체시키는 방법이다.

[예제] 서울식당은 9월 1일에 1년 만기 건물화재보험에 가입하고 보험료 ₩1,200,000을 현금 지급하였다. 12월 31일에 결산을 하다. 자산계상법 및 비용계상법을 이용하여 결산일에 하여야 할 분개를 하시오.

풀이

① 자산계상법 이용의 경우

9월 1일:	(차) 선급보험료	1,200,000	(대) 현 금	1,200,000
12월 31일:	(차) 보험료	400,000	(대) 선급보험료	400,000

* 자산으로 기록될 선급보험료는 만기되지 않은(8개월분) 부분으로 ₩800,000이다.

② 비용계상법 이용의 경우

9월 1일:	(차) 보험료	1,200,000	(대) 현 금	1,200,000
12월 31일:	(차) 선급보험료	800,000	(대) 보험료	800,000

* 비용으로 기록될 보험료는 9월부터 12월까지 4개월 동안 소비된 보험료 ₩400,000이다

3) 미수수익의 수정

미수수익(accrued revenue)은 당해년도에 실현된 수익이지만 아직 기록되지 않은 수익이다. 당기에 속하는 수익으로서 미수분이 있을 경우에는 이것을 당기의 수익에 귀속시켜야 한다. 미수수익은 자산계정이 되며, 이것은 현금을 받지는 않았지만 수익이 발생한 것이므로 발생주의에 의해 수익을 계상하는 것이다. 미수수익은 주로 시간의 경과에 따라서 발생하는 이자수이, 지대수익, 임대료 등의 계약상의 수익에서 발생하며, 드물게 서비스나 상품 등을 이미 제공하

였으나 수익으로 계상하지 아니한 경우에도 나타날 수 있다. 미수수익으로는 미수이자, 미수수수료, 미수임대료 등이 있다.

[예제] 고려여행사는 7월 1일 거래업체에 연 12% 이자율에 현금 ₩5,000,000을 빌려주고 이자는 매월 받기로 하다. 12월 31일 결산일에 2개월분의 이자를 받지 못했다. 거래를 분개하시오.

풀이

7월 1일: (차) 단기대여금 5,000,000 (대) 현금 5,000,000
12월 31일: (차) 미수이자 100,000* (대) 이자수익 100,000
* ₩5,000,000 × (12% ÷ 12개월) × 2개월 = ₩100,000

4) 미지급비용의 수정

미지급비용(accrued expense)은 당해년도에 비용으로 발생하였으나 아직 지급하지 않았기 때문에 회계처리하지 않은 비용이다. 발생주의 회계에서 기간내에 소비된 모든 비용은 발생된 그 기간에 인식되어야만 한다. 즉 당기에 속하는 비용으로서 미지급분이 있으면 결산시점에 이것을 당기의 비용으로 처리하는 동시에 상환의무를 표시하는 미지급비용(부채)으로 기록해야 한다. 이런 계정을 계상하지 않으면 이익은 과대계상되고 부채는 과소계상되므로 회계기간에 이미 발생하였으나 미기록된 비용은 당기의 비용으로 계상하여야 한다. 미지급비용으로는 미지급이자, 미지급급료, 미지급수수료 등이 있다.

[예제] 한국식당은 12월분 전력료가 검침결과 ₩70,000이 발생하였으나 이에 대한 청구서를 아직 받지 못해 12월분 전력료를 결산일인 12월 말 현재 납부하지 않았다. 결산시점에서 분개하시오.

풀이

(차) 전력료 70,000 (대) 미지급전력료 70,000

5 재고조사표

재고조사표(inventory sheet)는 회계기간 중에 재고자산, 유가증권, 건물 등과 같이 자산가치의 변화가 나타날 수 있는 것을 기록하는, 즉 결산정리사항을 모아 놓은 표이다. 즉 재고조사표는 계정의 장부잔액과 실제잔액이 일치하지 않는 사항들을 모아 장부잔액을 수정하기 위한 일람표이다. 재고조사표는 결산정리사항들을 빠짐없이 집계함으로써 결산절차를 보다 신속하고 정확하게 수행할 수 있도록 한다. 재고조사표에 기록된 결산정리사항은 수정분개와 전기의 과정을 거치게 된다. 200×년 12월 31일 결산시점에서 작성한 재고조사표의 예는 <표 11-3>과 같다.

표 11-3 재고조사표의 양식

재고조사표

(주)대학호텔 200×년 12월 31일

계정과목	적요		금액	
재고자산	식재료A	200개 @100	₩20,000	
	식재료B	50개 @ 80	4,000	
	음재료C	100개 @300	30,000	₩54,000
유가증권	한국기업주식 500주			
		장부가액 @ 80	40,000	
		평가손실 @ 10	(5,000)	35,000
소모품	청소용소모품 매입액		15,000	
		소비액	(12,000)	3,000
비품	취득원가		100,000	
	감가상각비 5%		(5,000)	95,000
선급보험료	보험료지급액		5,000	
	6개월의 경과분		(2,500)	2,500
임대료	미수취분 계상			3,000
합계				₩192,500

11.4 정산표의 작성

1 정산표의 의의와 유용성

결산절차에 들어가면 각 원장의 계정잔액을 모아 시산표를 작성한 후 결산정리가 필요한 사항들에 대해 수정분개를 한다. 수정분개 후 수정전 시산표에 수정된 계정잔액을 반영하여 수정후시산표를 작성하고 이 수정후시산표로부터 대차대조표와 손익계산서 등 재무제표를 작성한다. 이러한 일련의 결산과정을 하나의 표로 작성하여 처리하는 경우가 있는데, 이 표를 정산표(working sheet: W/S)라 한다. 즉 정산표는 수정전시산표에서부터 수정분개를 거쳐 수정후시산표를 작성하고 이를 토대로 대차대조표와 손익계산서의 작성에 이르기까지 일련의 과정을 하나로 집약한 표이며 결산일람표라고도 한다.

결산예비절차로서 정산표의 작성은 필수적인 절차는 아니지만 전산화된 시스템을 사용하기 전에는 실무에서 정산표를 이용한 결산방법이 자주 사용되어 왔는데 다음과 같은 유용성을 갖기 때문이다.

① 원장상의 각 계정을 마감하기 전에 기업의 경영성과와 재무상태를 파악할 수 있다.
② 수정분개 및 전기 등 전반적인 회계과정의 정확성을 검증할 수 있다.
③ 결산의 과정을 일목요연하게 나타내 준다.
④ 대차대조표, 손익계산서 작성 및 원장 마감의 기초자료가 된다.
⑤ 대차대조표, 손익계산서의 작성을 정확하게 할 수 있도록 한다.
⑥ 수정분개나 장부의 마감 없이도 재무제표를 신속하게 작성할 수 있도록 한다.

2 정산표의 양식

정산표는 칼럼(column)의 수에 따라 6위식, 8위식, 10위식으로 나누어진다. 10위식의 정산표는 수정전시산표, 수정분개, 수정후시산표, 대차대조표, 손익계산서의 5가지 난으로 구분되며, 각 난은 차변과 대변으로 나뉘어 모두 10개의 난으로 구성된다.

10위식 정산표는 다섯 가지 모든 난을 갖기 때문에 결산의 전과정을 나타내준다. 8위식 정산표는 수정후시산표란이 없는 양식이며, 6위식 정산표는 수정후시산표, 대차대조표, 손익계산서란으로 구성되어 있다. 10위식 정산표양식을 제시하면 <표 11-4>와 같다.

표 11-4 10위식 정산표의 양식

정 산 표

200×년 12월 31일

(주)한국여행사 (단위 : 원)

계정과목	수정전시산표		수정분개		수정후시산표		대차대조표		손익계산서	
	차변	대변	차변	대변	차변	대변	차변	대변	차변	대변

3 정산표의 작성절차

정산표의 작성절차를 10위식 정산표를 기준으로 설명하면 다음과 같다.

① 계정과목란에 수정전잔액시산표의 계정과목을 옮겨 적는다.

② 수정전시산표란에 수정전잔액시산표의 치번, 대변의 금액을 옮겨 적는다.

③ 결산정리사항에 대한 수정분개의 내용을 수정분개란에 기입한다.

④ 수정전시산표란과 수정분개란의 금액을 합산 또는 차감하여 수정후시산표란에 기입한다. 두 난의 같은 변에 기입된 금액은 합산하고, 다른 변에 기입된 금액은 차감하여야 한다.

⑤ 수정후시산표란에 기입되어 있는 각 계정금액을 대차대조표 항목에 속하는 것은 대차대조표란으로, 손익계산서 항목에 속하는 것은 손익계산서란으로 금액을 옮겨 적는다.

⑥ 손익계산서란의 차변(비용)과 대변(수익)의 합계를 산출하고 그 차액을 계산한다. 이 차액이 당기순이익이다. 계정과목의 제일 마지막에 당기순이익(당기순손실)을 설정하고 손익계산서란의 차변에 당기순이익액을 기입하거나 대변에 당기순손실을 기입한다.

⑦ 대차대조표란의 차변(자산)과 대변(부채와 자본)의 합계를 산출하고 그 차액을 계산한다. 이 차액이 ⑥의 손익계산서란에서 계산된 당기순손익과 일치하는가를 확인하고, 대차대조표란의 대변에 당기순이익을 기입하거나 차변에 당기순손실액을 기입한다.

⑧ 대차대조표란과 손익계산서란의 차변과 대변의 합계액을 구하여 대차합계가 일치하는가를 확인한 후 합계를 적고, 합계에 두 줄의 밑줄을 그어 정산표를 마감한다.

[예제] 다음은 (주)한국여행사의 8월 한달 동안의 거래내역을 가지고 작성한 잔액시산표와 결산정리사항이다.

1. 결산정리사항을 수정분개하시오.
2. 10위식 정산표를 작성하시오.

수정전잔액시산표

(주)한국여행사 200×년 8월 31일

차변 잔액	원면	계정과목	대변 잔액
3,215,000	1	현금과예금	
1,500,000	2	매출채권	
1,000,000	3	선급보험료	
200,000	4	단기대여금	
100,000	5	비품	
	6	차입금	500,000
	7	자본금	5,000,000
	8	매출	2,000,000
	9	이자수익	80,000
1,000,000	10	매출원가	
435,000	11	급료	
30,000	12	수도광열비	
100,000	13	임차료	
7,580,000		합계	7,580,000

〈결산정리사항〉

① 당기의 8월분 보험료가 ₩100,000이다.

② 비품의 감가상각비가 ₩10,000이다.

③ 매출채권의 10%를 대손충당금으로 설정하다.

풀이

1. 결산정리사항의 수정분개

	차변	금액	대변	금액
①	(차) 보험료	100,000	(대) 선급보험료	100,000
②	(차) 감가상각비	10,000	(대) 비품감가상각누계액	10,000
③	(차) 대손상각비	150,000	(대) 대손충당금	150,000

2. 정산표의 작성

정 산 표

200×년 8월 31일

(주)한국여행사 (단위 : 천원)

계정과목	수정전시산표		수정분개		수정후시산표		대차대조표		손익계산서	
	차변	대변	차변	대변	차변	대변	차변	대변	차변	대변
현금과예금	3,215				3,215		3,215			
매출채권	1,500				1,500		1,500			
선급보험료	1,000			①100	900		900			
단기대여금	200				200		200			
비 품	100				100		100			
차 입 금		500				500		500		
자 본 금		5,000				5,000		5,000		
매 출		2,000				2,000				2,000
이자수익		80				80				80
매출원가	1,000				1,000				1,000	
급 료	435				435				435	
수도광열비	30				30				30	
임 차 료	100				100				100	
합 계	7,580	7,580								
보험료			①100		100				100	
감가상각비			②10		10				10	
비품감가상각누계액				②10		10		10		
대손상각비			③150		150				150	
대손충당금				③150		150		150		
합 계			260	260	7,740	7,740				
당기순이익								255	255	
합 계							5,915	5,915	2,080	2,080

11.5 결산마감절차

결산마감절차란 결산본절차 또는 장부마감절차라고도 하며, 결산분개를 통하여 원장 및 기타 장부를 마감하는 과정이다. 회계상 마감이란 각 계정의 차변합계와 대변합계를 계산한 후 양변을 일치시키고 차변과 대변의 일치된 합계액을 기입한 후 마감선(=)을 긋는 절차를 말한다. 차변과 대변의 합계를 일치화시키기 위하여 행하는 분개를 결산분개라고 한다.

결산마감절차 중 가장 중요한 것은 원장의 마감이며, 원장의 마감은 원장내에 있는 각 계정을 마감하는 절차로 결산분개를 통하여 이루어지며, 손익계산서계정과 대차대조표계정의 마감과정으로 나누어진다. 장부마감의 실제 절차는 다음과 같다.

① 손익계산서계정의 마감: 수익 · 비용계정은 집합손익계정으로 마감한다.

② 손익계정잔액의 자본계정으로의 대체: 집합손익계정 잔액을 자본금(이익잉여금)계정으로 대체한다.

③ 대차대조표계정의 마감: 자산 · 부채 · 자본에 속하는 계정을 마감한다.

1 결산분개

결산분개(closing entries)란 회계장부를 마감하기 위한 절차로 총계정원장상의 계정잔액을 영(zero)으로 만들기 위하여 행하는 인위적인 분개이며 마감분개라고도 한다. 따라서 결산분개는 수정분개와는 다르다.

일반적으로 결산분개의 방법은 영미식 결산법과 대륙식 결산법으로 구분된다. 영미식 결산법은 대차대조표계정잔액은 결산분개를 하지 않고 차기이월로 마감하며, 손익계산서계정만 마감을 위하여 결산분개를 행하는 방법이다.

대륙식 결산법은 대차대조표와 손익계산서의 계정 마감을 위하여 반드시 결산분개를 행하는 방법이다.

영미식 결산법이 대륙식 결산법보다 간편하기 때문에 보다 일반적으로 사용되고 있다. 두 방법 중 어느 것을 이용하여도 손익계산서계정의 마감과정은 동일하며, 단지 대차대조표계정의 마감과정만 차이를 보인다.

2 손익계산서계정의 마감

손익계산서계정을 마감하기 위해서는 영미식 또는 대륙식 결산법 중 어느 방법을 이용하여도 결산분개를 행하고, 이를 총계정원장상의 각 계정에 전기하여 계정의 잔액을 영(0)으로 만든다. 마감을 위하여 임시로 설정되는 계정은 집합손익계정(또는 손익계정)이다.

결산분개를 통하여 모든 손익계산서계정을 집합손익계정으로 대체하면 집합손익계정상에서 수익과 비용이 대응되어 당기순손익이 계산된다. 따라서 집합손익계정은 손익계산서의 내용을 표시한다. 집합손익계정상의 당기순이익은 자본계정인 이익잉여금계정으로 대체된다.

이처럼 손익계산서계정의 잔액은 결산분개를 통하여 집합손익계정으로 대체되어 계정잔액이 영(0)이 되어 소멸하기 때문에 손익계산서계정을 임시계정(또는 명목계정)이라고도 한다. 또한 집합손익계정도 잔액을 대차대조표상의 (처분전)이익잉여금계정으로 대체하여 잔액이 영(0)이 되어 소멸되는 임시적 계정이다.

손익계산서계정의 마감절차는 다음과 같이 요약된다.

① 집합손익계정을 설정한다.

② 결산분개를 통하여 수익계정은 집합손익계정의 대변에 집계하고, 비용계정은 집합손익계정의 차변에 집계한다. 즉 손익계산서계정의 결산분개는 다음과 같다.

- 수익계정: (차) 수익계정 ××× (대) 집합손익 ×××
- 비용계정: (차) 집합손익 ××× (대) 비용계정 ×××

③ 집합손익계정상의 차변(비용)과 대변(수익)을 비교하여 당기순손익을 계산한다.

④ 집합손익계정의 잔액을 자본의 이익잉여금계정으로 대체한다.

- 당기순이익의 경우

(차) 집합손익 ××× (대) 이익잉여금 ×××

- 당기순손실의 경우

(차) 이익잉여금 ××× (대) 집합손익 ×××

집합손익

비 용	수 익
당기순이익	

집합손익

비 용	수 익
	당기순손실

그림 11-1 집합손익계정의 비용과 수익

[예제] 다음은 (주)한국여행사의 수정후시산표 자료 중 손익계산서계정의 잔액시산표 자료이다.

1. 결산분개하시오.
2. 총계정원장에 전기하시오.

잔액시산표

차 변 잔 액	계 정 과 목	대 변 잔 액
	매 출	2,000,000
	이 자 수 익	80,000
1,000,000	매 출 원 가	
435,000	급 료	
30,000	수 도 광 열 비	
100,000	임 차 료	
100,000	보 험 료	
10,000	감 가 상 각 비	
150,000	대 손 상 각 비	

풀이

1. 결산분개

(차) 매 출 2,000,000 (대) 집합손익 2,080,000
이자수익 80,000

(차) 집합손익	1,825,000	(대) 매출원가	1,000,000
		급　료	435,000
		수도광열비	30,000
		임 차 료	100,000
		보 험 료	100,000
		감가상각비	10,000
		대손상각비	150,000
(차) 집합손익	255,000	(대) 이익잉여금	255,000

2. 전 기

매　출

집합손익	2,000,000		2,000,000

이자수익

집합손익	80,000		80,000

매출원가

	1,000,000	집합손익	1,000,000

급　료

	435,000	집합손익	435,0000

수도광열비

	30,000	집합손익	30,000

임차료

	100,000	집합손익	100,000

보험료

	100,000	집합손익	100,000

감가상각비

	10,000	집합손익	10,000

대손상각비

	150,000	집합손익	150,000

이익잉여금

	255,000	집합손익	255,000

집합손익

매출원가	1,000,000	매　출	2,000,000
급　료	435,000	이자수익	80,000
수도광열비	30,000		
임 차 료	100,000		
보 험 료	100,000		
감가상각비	10,000		
대손상각비	150,000		
이익잉여금	255,000		
합　계	2,080,000	합　계	2,080,000

3 대차대조표계정의 마감

자산, 부채, 자본에 속하는 계정들은 대부분 기말에 잔액이 남는 특징을 갖는다. 기말잔액은 다음 회계기간으로 이월되어 다음 회계기간의 기초잔액이 된다. 따라서 대차대조표계정의 마감은 이월기입 형태로 이루어진다. 이월기입은 대차대조표계정의 잔액을 차기로 이월시키는 기입을 말한다. 계정마감방법은 영미식과 대륙식이 있다.

1) 영미식 결산법

영미식 결산법은 미국, 영국 등에서 사용되는 방법이다. 이 방법은 계정마감을 위하여 결산분개와 이에 따른 전기를 하지 않고 자산, 부채, 자본계정에서 직접 마감을 하며, 마감절차는 다음과 같다.

① 각 계정의 차변합계와 대변합계를 계산한 후 그 차액(잔액)을 계산한다.

② 차변합계와 대변합계 중 적은 쪽의 적요란에 '차기이월'이라고 기입하고 금액란에 차액을 기입한다. 차기이월은 통상 붉은 글씨로 기입한다. 분면란에는 √표시를 하여 분개장에 분개하지 않았음을 나타낸다.

③ 차변과 대변의 합계액을 각각 기입하고 대차가 일치하는가를 확인한다.

④ 차기의 첫날 적요란에 '전기이월'이라 기입하고 분면란에는 √표시를 하며, 차기이월된 금액을 기입한다. 이 때 전기이월은 차기이월이 기입된 쪽의 반대편에 기입된다. 전기이월은 통상 검은 글씨로 기입된다.

⑤ 대차대조표계정 마감의 정확성을 확인하기 위하여 이월시산표를 작성한다. 이월시산표는 결산후시산표라고도 하며, 전기이월이 나타나 있는 대차대조표계정만을 대상으로 작성하는 시산표이다.

영미식 결산법은 대륙식 결산법보다 간편하기 때문에 일반적으로 많이 이용된다. 200×년 12월 1일 영업을 시작한 대학호텔의 영미식 결산법에 의하여 마감된 대차대조표계정의 예를 T계정을 이용해 작성하면 <표 11-5>와 같다. 이 호텔의 회계기간은 12월 1일부터 12월 31일까지이다.

표 11-5 T계정을 이용한 영미식 결산법에 의해 마감된 대차대조표계정의 예

현 금

12/1	자본금	50,000	12/3	재고자산	10,000
12/9	차입금	10,000	12/5	비 품	30,000
12/25	매 출	20,000	12/20	급 료	15,000
			12/25	보 험 료	2,000
			12/28	단기매매증권	10,000
			12/31	차기이월	13,000
	합 계	80,000		합 계	80,000
1/1	전기이월	13,000			

차 입 금

12/31	차기이월	10,000	12/9	현 금	10,000
	합 계	10,000		합 계	10,000
			1/1	전기이월	10,000

자 본 금

12/31	차기이월	50,000	12/1	현 금	50,000
	합 계	50,000		합 계	50,000
			1/1	전기이월	50,000

2) 대륙식 결산법

대륙식 결산법은 독일 등 유럽대륙에서 사용되는 방법이다. 이 방법은 손익계산서계정의 마감 경우와 같이 대차대조표계정의 마감시에도 결산분개와 전기과정을 거쳐 모든 계정의 차변합계와 대변합계를 일치시키는 방법이다. 결산분개를 위하여 임시적으로 결산잔액계정을 설정하며, 결산절차는 다음과 같다.

① 각 계정의 차변합계와 대변합계를 계산한 후 그 차액(잔액)을 계산한다.

② 결산잔액계정(또는 잔액계정)을 설정한다.

③ 결산분개를 통하여 자산계정의 잔액은 결산잔액계정의 차변에 집계하고, 부채와 자본계정은 결산잔액계정의 대변에 집계한다.

자산계정: (차) 결산잔액 ××× (대) 자산계정 ×××

부채계정: (차) 부채계정 ××× (대) 결산잔액 ×××

자본계정: (차) 자본계정 ××× (대) 결산잔액 ×××

④ 차변과 대변의 합계액을 각각 기입하고, 대차가 일치하는가를 확인한다.

⑤ 차기의 첫 날에 개시분개를 행하고 총계정원장에 전기한다. 개시분개는 개시잔액계정(또는 잔액계정)을 이용하여 행하며, 결산잔액금액이 기입된다. 개시분개는 다음과 같이 행한다.

자산계정: (차) 자산계정 ××× (대) 개시잔액 ×××

부채계정: (차) 개시잔액 ××× (대) 부채계정 ×××

자본계정: (차) 개시잔액 ××× (대) 자본계정 ×××

⑥ 결산잔액(또는 개시잔액)계정의 차변합계와 대변합계의 일치 여부로 정확성을 확인하며 이월시산표는 작성하지 않는다.

결산잔액계정과 개시잔액계정에의 전기 결과를 보면 [그림 11-2]와 같다. 또한 <표 11-5>에서 제시한 대학호텔의 예를 대륙식 결산법에 의하여 마감하면 <표 11-6>과 같다.

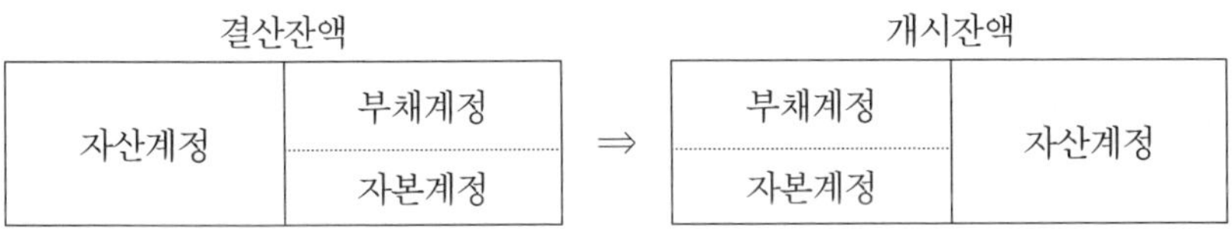

그림 11-2 결산잔액계정과 개시잔액계정에의 전기 결과

표 11-6 T계정을 이용한 대륙식 결산법에 의해 마감된 대차대조표계정의 예

현 금

12/1	자본금	50,000	12/3	재고자산	10,000
12/9	차입금	10,000	12/5	비 품	30,000
12/25	매 출	20,000	12/20	급 료	15,000
			12/25	보 험 료	2,000
			12/28	단기매매증권	10,000
			12/31	①결산잔액	13,000
	합 계	80,000		합 계	80,000
1/1	㉮개시잔액	13,000			

차 입 금

12/31	②결산잔액	10,000	12/9	현 금	10,000
	합 계	10,000		합 계	10,000
			1/1	㉯개시잔액	10,000

자 본 금

12/31	③결산잔액	50,000	12/1	현 금	50,000
	합 계	50,000		합 계	50,000
			1/1	㉰개시잔액	50,000

결산분개(12/31)

① (차) 결산잔액	13,000	(대) 현 금	13,000
② (차) 차 입 금	10,000	(대) 결산잔액	10,000
③ (차) 자 본 금	50,000	(대) 결산잔액	50,000

개시분개(1/1)

㉮ (차) 현 금	13,000	(대) 개시잔액	13,000
㉯ (차) 개시잔액	10,000	(대) 차 입 금	10,000
㉰ (차) 개시잔액	50,000	(대) 자 본 금	50,000

4 기타 장부의 마감

1) 분개장의 마감

분개장은 일단 영업거래가 끝난 시점에서 임시적인 마감을 한 후 결산정리사항의 수정분개와 결산분개가 끝난 시점에서 확정적으로 마감을 한다. 마감은 차변합계와 대변합계를 계산한 후 대차가 일치하는가를 확인하고 두 줄의 밑줄을 긋는다. 특수분개장의 경우도 같은 방법으로 마감한다.

2) 보조장의 마감

보조장부의 마감은 영업거래가 끝난 시점에서 행하게 된다. 마감의 방법은 일반적인 마감방법에 따라 회계기간 중의 거래금액을 합계하여 기록하고 두 줄의 밑줄을 긋는다.

11.6 결산보고서의 작성

결산마감절차가 끝나면 결산의 결과를 요약한 결산보고서를 작성하게 된다. 결산의 결과를 종합하여 기업의 이해관계자들에게 제공하기 위하여 결산보고서를 작성함으로써 모든 결산과정은 마무리된다. 즉 거래에 대한 분개부터 결산까지의 모든 회계처리절차는 회계기말에 결산보고서를 작성하여 정보이용자들에게 유용한 정보를 제공하고자 하는 회계의 기본목적을 성취하려는 과정이다.

결산보고서는 결산시에 작성되는 회계보고서를 말하며 일반적으로 재무제표(financial statements)라고 한다. 재무제표는 기업의 회계정보를 요약하여 정보이용자에게 전달하고자 작성되는 보고서이다. 결산보고서는 기업의 재무상태와 영업성과에 관한 정보를 제공하는 것으로, 우리나라 기업회계기준에서는 대차대조표, 손익계산서, 현금흐름표, 이익잉여금처분계산서(또는 결손금처리계산서), 자본변동표를 명시하고 있으며, USALI에서는 대차대조표, 손익계산서, 현금흐름표, 자본변동표를 기본 재무제표로 구분하고 있다.

11.7 재수정분개

1 재수정분개의 의의

재수정분개(reversing entries)란 전기말에 행한 수정분개에 대한 정반대의 분개이며 회계연도 최초일에 행한다. 재수정분개는 역분개(逆分介)라고도 하며, 이는 선택적인 절차로 어느 한 거래가 두 기간에 영향을 미칠 때 한 손익거래가 두 기간에 걸쳐 이중계상되는 것을 방지하기 위한 것으로, 발생항목에 대한 수정분개만을 대상으로 한다. 재수정분개는 회계연도 중의 분개절차를 간편하게 하거나 회계처리방법의 논리적 일관성 및 계속성을 확보하기 위한 목적으로 행하여진다. 그러므로 회계처리방법의 일관성을 위하여 꼭 필요한 경우에만 행하고 가급적 하지 않도록 하는 것이 바람직하다.

2 재수정분개 사항

모든 결산정리 사항의 수정분개에 대하여 재수정분개를 하는 것은 아니다. 일반적으로 회계연도 초에 재수정분개를 할 수 있는 사항은 전기말에 수행한 손익의 결산정리사항들과 소모품의 정리 등이다. 재수정분개를 하는 경우를 보면 다음과 같다.

① 선수수익을 수익계상법으로 회계처리한 경우
② 선급비용을 비용계상법으로 회계처리한 경우
③ 미수수익을 기입한 경우
④ 미지급비용을 기입한 경우
⑤ 소모품을 비용계상법으로 처리한 경우

3 재수정분개의 방법

기초시점에서 행하는 재수정분개는 전기말에 행한 수정분개를 차변과 대변을 바꾸어 하는 수정분개형태로, 결사정리사항의 수정분개를 반대로(역으로) 환원시키는 형태가 된다. 다음은 구체적인 재수정분개의 방법들이다.

① 선수수익을 수익계상법으로 회계처리한 경우

수정분개 :	(차) 임대료	×××	(대) 선수수익	×××
재수정분개:	(차) 선수수익	×××	(대) 임대료	×××

② 선급비용을 비용계상법으로 회계처리한 경우

수정분개 :	(차) 선급비용	×××	(대) 보험료	×××
재수정분개:	(차) 보험료	×××	(대) 선급비용	×××

③ 미수수익을 기입한 경우

수정분개 : (차) 미수수익 ××× (대) 이자수익 ×××

재수정분개: (차) 이자수익 ××× (대) 미수수익 ×××

④ 미지급비용을 기입한 경우

수정분개 : (차) 광고료 ××× (대) 미지급비용×××

재수정분개: (차) 미지급비용××× (대) 광고료 ×××

⑤ 소모품을 비용계상법으로 처리한 경우

수정분개 : (차) 소모품 ××× (대) 소모품비 ×××

재수정분개: (차) 소모품비 ××× (대) 소모품 ×××

[예제] (주)호텔강원도는 2011년 10월 1일 우리은행에서 연 12%로 ₩300,000을 차입하였다. 이자는 6개월 단위로 후급으로 지급하기로 하고, 상환은 2014년 9월 30일 하기로 하였다.

물음

(1) 2011년 10월 1일의 분개는?

(2) 2011년 12월 31일의 분개는?

(3) 2012년 1월 1일의 역분개는?

(4) 2012년 3월 말의 분개는?

(5) 2012년 1월 1일 역분개를 하지 않은 경우, 2012년 3월 말의 분개는?

풀이

	차변	금액	대변	금액
(1)	(차) 현금	300,000	(대) 장기차입금	300,000
(2)	(차) 이자비용	9,000	(대) 미지급비용	9,000
(3)	(차) 미지급비용	9,000	(대) 이자비용	9,000
(4)	(차) 이자비용	18,000	(대) 현금	18,000
(5)	(차) 미지급비용	9,000	(대) 현금	18,000
	미지급비용	9,000		

연습문제

1 (주)대학호텔은 200×년 9월 25일 소모품 ₩2,000,000을 현금으로 구입하였으며, 12월 31일 소모품 재고는 ₩100,000이다. 자산계상법 및 비용계상법을 이용하여 200×년 12월 31일 결산일에 하여야 할 분개를 하고, 해당 계정에 전기하시오.

2 (주)한국항공은 200×년 10월 20일에 거래처로부터 일시적인 임대용역을 위하여 예치금 ₩3,000,000을 받았다. 이 예치금 중 ₩2,500,000은 200×년 중 서비스가 제공되었으며, 나머지는 다음 해 1월 초순에 임대서비스를 제공할 예정이다. 12월 31일에 결산을 행하다. 수익계상법 및 부채계상법을 이용하여 200×년 결산일에 하여야 할 분개를 하고, 해당 계정에 전기하시오.

3 다음 결산정리사항을 수정분개하시오.

(1) 보험료계정 잔액이 ₩500,000이며, 이 중에서 내년분 보험료가 ₩200,000이다.
(2) 호텔건물에 대한 감가상각비가 ₩3,000,000이다.
(3) 12월분 급여 ₩5,000,000을 결산기말까지 지급하지 못하다.
(4) 12월분 사무실 임차료 ₩200,000을 결산기말까지 지급하지 못하다.
(5) 12월분 이자수입 ₩800,000을 결산기말까지 받지 못하다.
(6) 매출채권계정의 잔액이 ₩1,000,000이고 매출채권의 2%가 대손될 것으로 예상된다.

4 다음은 대학호텔의 200×년 12월 31일 현재의 총계정원장의 잔액 및 결산정리사항이다.

〈총계정원장 잔액〉

현 금	₩3,000	매출채권	₩120,000	선급보험료	₩600
건 물	250,000	매입채무	140,000	장기차입금	200,000
토 지	150,000	이자수익	800	매 출	360,000
소모품	700	이자비용	20,000	전 기 료	500
급 여	80,000	자 본 금	50,000	매 입	126,000

〈결산정리사항〉

① 선급보험료는 10월 1일에 1년분을 지급한 것으로 ₩450은 미경과분이다.
② 결산일 현재 소모품 재고액이 ₩150이다.
③ 12월분의 전화요금 ₩300을 지급하지 못하다.
④ 건물에 대한 감가상각비가 ₩12,000이다.
⑤ 매출채권 중에서 1%를 대손으로 예상하다.
⑥ 기초와 기말의 식음재료 등 재고자산은 없다.

물음

1. 수정전 시산표를 작성하시오.
2. 결산정리사항을 수정분개하시오.
3. 10위식 정산표를 작성하시오.

5 다음은 (주)서울호텔의 제10기 결산을 행하기 전 수정전시산표와 결산정리사항이다.

수정전잔액시산표

계정과목	금 액	계정과목	금 액
현 금	12,000	외 상 매 입 금	2,500
외 상 매 출 금	2,400	차 입 금	15,000
선 급 보 험 료	800	대 손 충 당 금	220
재 고 자 산*	1,200	건물감가상각누계액	3,520
소 모 품	550	비품감가상각누계액	300
토 지	38,000	자 본 금	(?)
건 물	50,000	이 익 잉 여 금	12,600
비 품	2,000	매 출	45,860
프 랜 차 이 즈	5,000	임 대 료	2,000
매 입	7,500	단기매매증권처분이익	20,000
급 료	28,000		
수 도 광 열 비	5,000		
이 자 비 용	1,750		
기 타 영 업 비	3,800		
합 계	₩158,000	합 계	₩158,000

* 재고자산은 식음재료와 상품만을 포함하고 소모품은 구분 표시한다.

〈결산정리사항〉

① 재고자산 기말재고액: ₩1,500
② 소모품의 기말재고액: ₩250
③ 당기보험료: ₩400
④ 감가상각비: 건물은 ₩800, 비품은 ₩400
⑤ 기말 미지급 수도광열비: ₩500
⑥ 식음료용역을 제공하였으나 대금 미청구분: ₩12,000
⑦ 대손은 기말채권의 4%로 추정
⑧ 프랜차이즈상각: ₩2,000

물음

1. 결산정리사항의 수정분개를 하시오.
2. 8위식 정산표를 작성하시오.
3. 결산분개를 하시오. 단, 영미식 결산법을 이용한다.
4. 대차대조표와 손익계산서를 작성하시오.

6 다음 거래에 대한 분개, 수정분개 및 재수정분개를 하시오. 회계기간은 1년이며, 결산일은 12월 말이다.

(1) 9월 1일 화재보험료 1년분 ₩12,000을 현금 지급하고 전액 보험료계정에 기록하였다.
(2) 10월 1일 사무용 소모품 ₩50,000을 현금 구입하고 소모품비계정에 기록하였다. 12월 말의 소모품재고는 ₩30,000이다.
(3) 11월 1일 사용하지 않는 건물 공간을 임대하고 임대보증금 ₩4,000,000과 1년분 임대료 ₩600,000을 선수하여 예금하다. 임대료는 전액 수익으로 기록하였다.
(4) 11월 1일 ₩1,000,000을 차입하고 6개월분 이자 ₩120,000을 선급하였다. 이자는 전액 비용으로 계상하였다.
(5) 12월 30일 급료 ₩100,000을 지급하지 못하였다.

CHAPTER | 12

기타의 재무제표

12.1 이익잉여금처분계산서·결손금처리계산서

12.2 현금흐름표

12.3 자본변동표

12.4 재무제표의 주석과 주기

12 기타의 재무제표

정보이용자에게 유용한 회계적 정보를 제공하는 재무제표(회계보고서) 중 가장 중요한 것은 손익계산서와 대차대조표이며 이들에 관해서는 이미 설명하였다. 본 장에서는 기본적 재무제표인 이익잉여금처분계산서와 결손금처리계산서, 현금흐름표, 자본변동표를 설명한 후에 재무제표 주석과 주기를 간략히 소개하고자 한다.

12.1 이익잉여금처분계산서 · 결손금처리계산서

1 이익잉여금의 처분

(1) 처분가능이익잉여금의 계산

기업이 얻은 이익은 배당 등을 통하여 사외로 유출되기도 하지만 성장, 발전을 위하여 일정한 부분은 기업 내에 유보된다. 유보된 이익을 이익잉여금이라고 한다. 이익잉여금의 처분은 주주총회에서 이익잉여금처분계산서(안)를 승인함으로써 이루어진다. 처분가능한 이익잉여금은 미처분이익잉여금과 임의적립금이입액을 합계한 금액이며, 처분액을 차감한 잔액은 차기이월미처분이익잉여금이 된다.

미처분이익잉여금(unappropriated retained earnings)은 아직 처분하지 아니한 이익잉여금이며, 전기이월이익잉여금(또는 전기이월결손금)에 회계정책변경의 누적효과, 전기오류수정손익, 중간배당액 및 당기순손익을 가감하여 계산한다. 임의적립금이입액은 과거에 유보되었던 임의적립금을 해제하여 처분가능한 이익잉여금으로 환원시키는 금액을 말한다. 처분가능이익잉여금은 <표 12-1>과 같이 계산하며 처분가능한 이익잉여금의 총액이다.

표 12-1 처분가능이익잉여금의 계산

전기이월이익잉여금(전기이월결손금)	×××
회계정책변경 누적효과(＋ 또는 －)	×××
전기오류수정손익(＋ 또는 －)	×××
중간배당액(－)	×××
당기순손익(＋ 또는 －)	×××
미처분이익잉여금	×××
임의적립금 등의 이입액(＋)	×××
합계(처분가능이익잉여금)	×××

(2) 이익잉여금의 처분과 회계처리

처분가능이익잉여금은 주주총회의 결의에 따라 일부는 배당금과 같이 사외로 유출되고 나머지는 사내로 유보된다. 이익잉여금의 처분은 다음 순서에 의하여 이루어지며, 처분되지 않은 부분은 차기로 이월되는 차기이월미처분이익잉여금으로 표시된다.

① 법정적립금 : 이익준비금, 재무구조개선적립금

② 기타처분: 주식할인발행차금상각, 배당건설이자상각, 감자차손상각 등

③ 배당금 : 현금배당, 주식배당 등

④ 임의적립금 : 사업확장적립금, 감채적립금 등 기업의 자발적인 적립금

이익잉여금의 처분은 정기주주총회에서 확정된다. 이에 따라 이익잉여금 처분에 관한 회계처리는 다음 회계연도 주주총회에서 승인을 받은 후 행하여지는

것이 원칙이다. 그러나 이익잉여금처분계산서(안)의 작성일이 회계연도의 말일을 기준으로 하기 때문에 안을 기준으로 회계연도 말에 하는 것이 보편적이다. 처분가능이익잉여금을 계산하고 이를 처분하는 과정의 분개는 다음과 같다.

• 전기이월이익잉여금의 대체
(차) 전기이월이익잉여금 ××× (대) 미처분이익잉여금 ×××

• 당기순손익의 대체
순이익의 경우: (차) 손 익 ××× (대) 미처분이익잉여금 ×××
순손실의 경우: (차) 미처분이익잉여금 ××× (대) 손 익 ×××

• 전기오류수정손익의 대체
전기오류수정이익이 발생한 경우
(차) 해당계정 ××× (대) 미처분이익잉여금 ×××
전기오류수정손실이 발생한 경우
(차) 미처분이익잉여금 ××× (대) 해당계정 ×××

• 임의적립금 등의 이입
(차) 별도적립금 ××× (대) 임의적립금이입액 ×××
○○적립금 ×××

• 이익잉여금의 처분
(차) 미처분이익잉여금 ××× (대) 이익준비금 ×××
임의적립금이입액 ××× 재무구조개선적립금 ×××
주식할인발행차금 ××
미지급배당금 ×××
임의적립금 ×××
차기이월미처분이익잉여금 ×××

(3) 이익잉여금처분계산서

이익잉여금처분계산서(statement of appropriation of retained earnings)는 이익잉여금의 처분사항을 명확히 보고하기 위한 재무보고서이다. 즉 이익잉여금처분계산서는 미처분이익잉여금, 임의적립금등의이입액, 이익잉여금처분액, 차기이월미처분이익잉여금으로 구분하여 표시한다. 즉 이익잉여금처분계산서는

<표 12-1>에서 본 바와 같이 미처분이익잉여금에 임의적립금등의이입액을 합한 당기 처분가능이익잉여금의 주주총회 결의에 따른 처분 내역을 보고하는 회계보고서이다. 이익잉여금처분계산서는 당기분과 전기분을 비교하는 형식으로 작성하도록 하고, 그 양식은 [부록 1]과 같다.

[예제] 다음은 (주)아시아나항공의 제10기 이익잉여금 관련 자료이다.

(1) 제9기의 이익잉여금 처분 후 차기로 이월된 미처분이익잉여금은 ₩200,000이다.
(2) 제10기 중 중간배당으로 ₩50,000을 현금 지급하다.
(3) 제10기의 당기순이익은 ₩280,000이다.
(4) 제10기 말에 제9기의 유형자산 감가상각비가 ₩100,000 과소계상되었음을 발견하였다.
(5) 제11기 2월 25일 주주총회에서 이익잉여금을 다음과 같이 처분하기로 의결하였다.
- 임의적립금 이입액 ₩100,000
- 이익준비금 적립 30,000
- 현금 배당 300,000
- 재무구조개선적립금 적립 50,000

(6) 제11기 3월 15일 현금배당 ₩300,000을 지급하다.

물음

1. 분개하시오.
2. 제10기의 이익잉여금처분계산서를 작성하시오.

풀이

		차변	금액		대변	금액
1. (1)	(차)	미처분이익잉여금	50,000	(대)	현금	50,000
(2)	(차)	집합손익	280,000	(대)	미처분이익잉여금	280,000
(3)	(차)	미처분이익잉여금	100,000	(대)	감가상각누계액	100,000
(4)	(차)	전기이월이익잉여금	200,000	(대)	처분전이익잉여금	300,000
		임의적립금	100,000			
(5)	(차)	처분전이익잉여금	430,000	(대)	미지급배당금	300,000
					이익준비금	30,000
					재무구조개선적립금	50,000
					차기이월미처분이익잉여금	50,000
(6)	(차)	미지급배당금	300,000	(대)	현금	300,000

2. 이익잉여금처분계산서

제10기 1월 1일 ~제10기 12월 31일

(주) 아시아나항공 처분확정일: 제11기 2월 25일

Ⅰ. 미처분이익잉여금		
1. 전기이월미처분이익잉여금	₩200,000	
2. 중간배당액	(50,000)	
3. 전기오류수정손실	(100,000)	
4. 당기순이익	280,000	₩330,000
Ⅱ. 임의적립금이입액		
1. 임의적립금	100,000	100,000
합계		430,000
Ⅲ. 이익잉여금처분액		
1. 이익준비금	30,000	
2. 재무구조개선적립금	50,000	
3. 현금배당	300,000	380,000
Ⅳ. 차기이월미처분이익잉여금		₩50,000

2 결손금의 처리

(1) 결손금의 처리내용 및 회계처리

기업의 영업성과는 당기순이익을 목표로 하지만 당기순손실이 발생하기도 한다. 만일 당기순손실이 발생하고 그 결손보전을 하고도 이월결손금이 존재하는 경우에는 이익잉여금처분계산서 대신에 결손금처리계산서를 작성하게 된다. 결손금에 대한 처리(보전)도 주주총회의 의결로 하지만, 그 처리는 상법 및 기업회계기준 등에 따라 행하게 된다. 보전해야 할 미처리결손금은 전기이월이익잉여금(또는 전기이월결손금)에 회계정책변경의 누적효과, 전기오류수정손익, 중간배당액, 당기순손익을 가감하여 계산한다.

결손금은 우선 미처분이익잉여금으로 보전하고 그래도 부족한 경우에는 임의적립금, 기타법정적립금, 이익준비금 등의 이익잉여금을 사용하고, 마지막으로 자본잉여금을 사용한다. 결손금에서 이익잉여금 또는 자본잉여금의 이입을 통한 결손금처리액을 차감한 금액은 차기이월미처리결손금으로 표시되어 차기로 이월된다.

(2) 결손금처리계산서

손실이 계속되는 경우에는 손실누적액이 미처분이익잉여금을 초과할 수 있으며 그 초과액을 결손금이라 한다. 결손금처리계산서(statement of disposition of deficit)는 결손금의 처리에 대한 내용을 제시하는 회계보고서이다. 기업회계기준상 결손금처리계산서는 당기분과 전기분을 비교하는 형식으로 작성하며 그 양식은 [부록 1]의 서식과 같다.

12.2 현금흐름표

1 현금흐름표의 의의

현금흐름표(statement of cash flows)란 일정기간 동안 기업의 현금흐름을 나타내는 재무제표이다. 현금흐름표는 일정기간 동안 현금의 변동내역을 명확하게 보고하기 위하여 현금의 유입(원천)과 유출(사용)에 관한 정보를 제공할 목적으로 작성된다. 현금흐름표 작성기준이 되는 현금의 범위는 현금및현금등가물을 의미한다. 즉 현금은 통화, 타인발행수표 등의 통화대용증권, 당좌예금 등의 요구불예금 및 현금등가물을 포함한다.

기업의 이해관계자들은 기업이 어떻게 현금을 창출하고 어디에 사용하는지에 관심이 많다. 왜냐하면, 현금은 지급수단으로 바로 이용할 수 있을 뿐만 아니라 투자활동을 위한 전제이기 때문이다.

현금흐름표는 발생주의에 의한 재무상태와 경영성과에 관한 정보가 제공할 수 없는 내용을 제공한다. 특별히 흑자도산의 예에서 보는 바와 같이 기업의 이익흐름과 현금흐름은 상이하게 나타나기 때문에 정보이용자들은 현금주의에 의한 현금흐름정보를 필요로 한다. 배당지급능력이나 채무상환능력은 기업의 현금창출능력에 의하여 좌우된다.

2 현금흐름표의 유용성

현금흐름표는 일정기간의 현금유입액과 현금유출액에 관한 정보를 기업의 활동별로 구분하여 정보이용자에게 제공하여 준다. 즉 기업의 영업활동, 투자활동, 재무활동에 따른 현금의 유입과 유출에 대한 구체적인 정보를 제공한다. 현금흐름표의 보다 구체적인 유용성은 다음과 같다.

① 미래 현금흐름에 관한 정보

현금흐름표는 미래의 현금흐름을 평가하는 데 유용한 정보를 제공한다. 현금흐름표를 손익계산서와 함께 이용하면 미래의 현금흐름액, 시기 및 불확실성을 예측하는 데 도움을 준다.

② 이익의 질에 관한 정보

손익계산서상 당기순손익의 계산시 가정과 추정 및 평가를 수반하기 때문에 신뢰성에 문제가 있을 수 있다. 그러나 현금흐름표 작성에는 이러한 문제가 없어 신뢰성 높은 정보를 제공하며, 당기순손익과 현금흐름을 비교함으로써 이익의 질을 평가할 수 있다.

③ 영업활동 수행능력에 관한 정보

영업활동능력이란 기업이 영업활동을 일정한 수준 이상으로 유지할 수 있는 능력을 말한다. 기업이 현재의 영업활동능력을 유지할 수 있고, 미래에 얼마나 성장할 수 있으며, 배당금을 지급할 수 있는지의 여부는 기업의 현금창출능력에 달려 있다. 현금흐름표는 이에 관한 정보를 제공한다.

④ 지급능력에 대한 평가

지급능력이란 부채의 만기일이 도래했을 때 이 부채를 상환할 수 있는 기업의 재무적 능력을 말하며, 유동성이란 자산을 현금으로 전환할 수 있는 능력을 말한다. 또한 재무적 신축성이란 기업이 예측하지 못한 경제적 난국을 극복할 수 있는 능력을 말한다. 현금흐름표는 영업활동에서 조달된 현금을 포함한 기업의 현금흐름정보를 통하여 기업의 지급능력, 유동성 및 재무적 신축성을 평가할 수 있는 정보를 제공한다.

⑤ 투자활동과 재무활동이 재무상태에 미친 영향에 관한 정보

투자활동과 재무활동으로 유입된 현금과 유출된 현금에 관한 정보를 제공함으로써 투자활동과 재무활동이 기업의 재무상태에 미치는 영향에 관한 정보를 제공한다.

3 현금흐름의 구분

1) 현금의 유입과 유출

현금의 유입(cash inflow)은 현금의 원천(sources of cash)이며 수익, 자산의 처분, 부채의 조달, 소유자지분의 증가를 통하여 나타난다. 특히 소유자지분의 증가는 크게 당기순이익의 증가와 자본금 및 자본잉여금의 증가로 구분된다. 또한 기업의 활동을 영업활동, 투자활동, 재무활동으로 구분하기 때문에 현금의 유입도 각 활동별로 구분하여야 한다.

한편, 현금의 유출(cash outflow)은 현금의 운용 또는 사용(uses of cash)이며 비용, 자산의 취득, 부채의 상환, 자본의 감소 등을 통하여 나타난다. 현금의 유출도 영업활동, 투자활동, 재무활동으로 구분하여 파악된다.

현금의 흐름을 요약하면 [그림 12-1]과 같다. 이와 같은 현금의 유입과 유출에 관한 정보를 제공하는 현금흐름표의 양식은 [부록 1]의 서식에서 보는 바와 같이 영업활동, 투자활동, 재무활동으로 구분 계산한다.

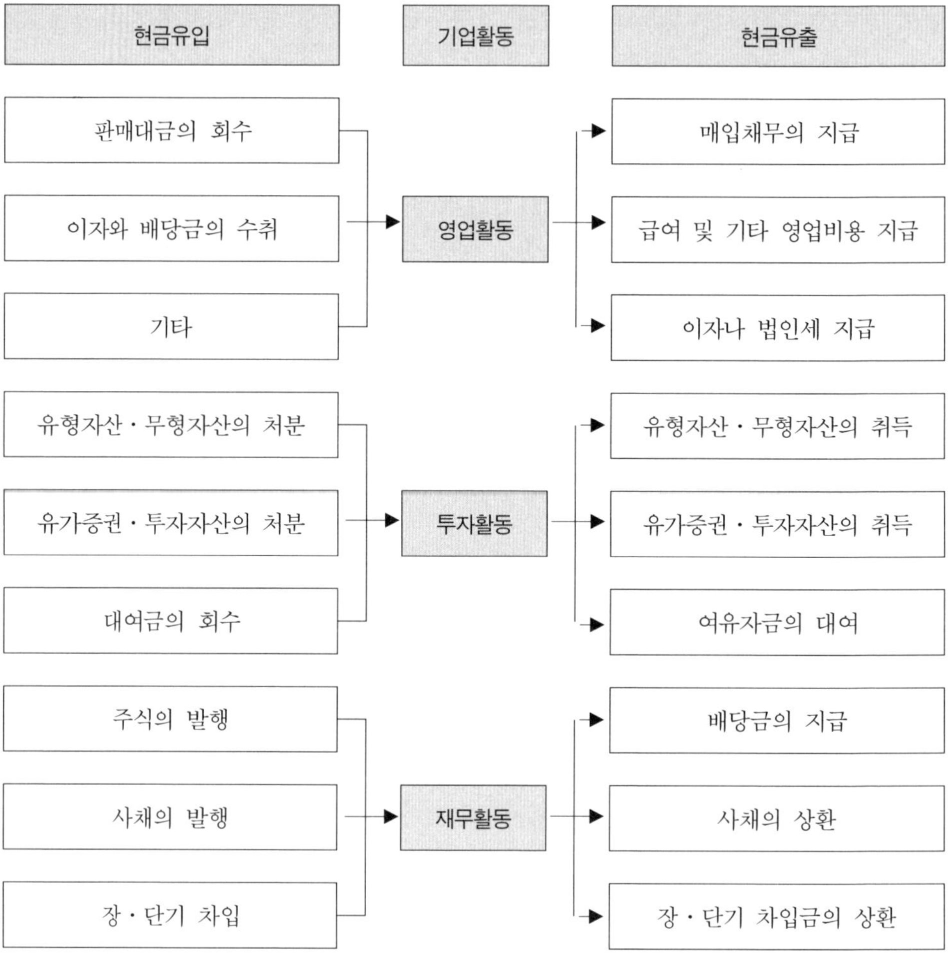

그림 12-1 현금의 유입과 유출

2) 영업활동으로 인한 현금흐름

영업활동(operating activities)이란 일반적으로 제품의 생산과 상품 및 용역의 구매와 판매활동을 말하며 투자활동과 재무활동에 속하지 아니하는 모든 거래를 포함한다. 영업활동으로 인한 현금흐름은 손익계산서항목과 관련한 것으로 당기순이익 결정에 현금효과(cash effects)를 미치는 것들이다.

영업활동으로 인한 현금유입에는 상품 및 서비스 등의 판매에 따른 현금유입(매출채권의 회수 포함), 이자수익과 배당금수익, 기타 투자활동과 재무활동에 속하지 아니하는 거래에서 발생된 현금유입이 포함된다.

반면에 영업활동으로 인한 현금유출에는 식음재료·상품 등의 구입에 따른 현금유출(매입채무의 지급 포함), 기타 상품과 용역의 공급자와 종업원에 대한 현금지출, 이자비용, 법인세 등(유형자산처분에 따른 특별부가세 제외)의 지급, 기타 투자활동과 재무활동에 속하지 아니하는 거래에서 발생된 현금유출이 포함된다.

3) 투자활동으로 인한 현금흐름

(1) 투자활동으로 인한 현금유입

투자활동(investing activities)이란 영업활동과 관련이 없는 자산의 증가나 감소를 초래하는 거래를 말한다. 일반적으로 자산 중 영업활동과 관련된 자산항목을 제외한 나머지 항목의 변동거래는 투자활동으로 분류된다. 투자활동으로 인한 현금유입에는 대여금의 회수, 유가증권의 처분, 투자자산의 처분, 유형자산의 처분 등이 포함된다. 투자활동으로 인한 현금유입을 보다 세분화하면 다음과 같다.

① 유동자산의 감소: 단기대여금 회수, 미수금 회수, 유가증권 처분 등
② 투자자산의 감소: 장기성예금 감소, 유가증권 처분, 투자부동산 처분 등
③ 유형자산의 감소: 토지, 건물, 설비, 차량운반구 등의 처분
④ 무형자산의 감소: 산업재산권 등의 처분
⑤ 기타비유동자산의 감소: 임차보증금 회수, 영업보증금 회수, 장기대여금 회수 등

(2) 투자활동으로 인한 현금유출

투자활동으로 인한 현금유출에는 현금의 대여, 유가증권의 취득, 투자자산의 취득, 유형자산과 무형자산의 취득에 따른 현금유출이 포함된다. 투자활동으로

인한 현금유출을 보다 세분화하면 다음과 같다.

① 유동자산의 증가: 현금의 단기대여, 미수금의 증가, 유가증권 취득 등
② 투자자산의 증가: 장기성예금 증가, 유가증권 취득, 투자부동산 취득 등
③ 유형자산의 증가: 토지, 건물, 설비, 차량운반구 등 취득
④ 무형자산의 증가: 영업권, 산업재산권, 프랜차이즈 등 취득
⑤ 기타비유동자산의 증가: 현금의 장기대여, 임차보증금 · 영업보증금의 증가 등

4) 재무활동으로 인한 현금흐름

(1) 재무활동으로 인한 현금유입

재무활동(financing activities)이란 영업활동과 관련이 없는 부채 및 자본의 증가나 감소를 초래하는 거래를 말한다. 재무활동으로 인한 현금유입에는 당좌차월, 단기차입금의 차입, 장기차입금의 차입, 어음의 발행, 사채의 발행, 주식의 발행 등에 따른 현금유입이 포함된다. 재무활동으로 인한 현금유입을 보다 세분화하면 다음과 같다.

① 유동부채의 증가: 당좌차월 증가, 미지급금 증가, 단기차입금 차입 등
② 비유동부채의 증가: 사채 발행, 장기차입금의 차입 등
③ 자본의 증가: 보통주 발행, 우선주 발행, 자기주식 처분 등

(2) 재무활동으로 인한 현금유출

재무활동으로 인한 현금유출에는 배당금의 지급, 유상감자, 자기주식의 취득, 차입금의 상환, 비유동자산 등의 취득에 따른 부채(미지급금)의 지급 등이 포함된다. 재무활동으로 인한 현금유출항목을 보다 세분화하면 다음과 같다.

① 유동부채의 감소: 당좌차월 감소, 미지급금 감소, 단기차입금 상환 등
② 비유동부채의 감소: 사채 상환, 장기차입금 상환 등
③ 자본의 감소: 유상감자, 자기주식 취득 등
④ 배당금의 지급: 현금배당

[예제] 현금흐름표를 작성하기 위하여 거래는 다음과 같은 6가지 유형으로 분류할 수 있다.

(a) 영업활동으로 인한 현금유입액
(b) 영업활동으로 인한 현금유출액
(c) 투자활동으로 인한 현금유입액
(d) 투자활동으로 인한 현금유출액
(e) 재무활동으로 인한 현금유입액
(f) 재무활동으로 인한 현금유출액

물음 다음 거래는 위의 6가지 유형 중 어디에 해당되는가를 분류하시오.

(1) 보유중인 유가증권의 배당금을 수령하다.
(2) 용역을 판매하고 대금은 어음으로 받아 거래은행에서 할인하였다.
(3) 미지급비용을 수표발행 지급하다.
(4) 장부가액 ₩50,000인 비품을 ₩60,000에 처분하다.
(5) 건물의 임차료를 지급하다.
(6) 산업재산권을 취득하다.
(7) 처분손익 없이 토지를 현금으로 매각하다.
(8) 단기매매증권을 처분하다.
(9) 은행에서 ₩1,000,000을 3년간 차입하다.
(10) 배당금을 현금으로 지급하다.
(11) 취득원가 ₩100,000인 자기주식을 ₩80,000에 처분하다.
(12) 매출채권을 회수하다.

풀이

(a): 1, 2, 12　　(b): 3, 5
(c): 4, 7, 8　　(d): 6
(e): 9, 11　　(f) : 10

4 현금흐름표의 작성

현금흐름표를 작성하기 위해서는 비교대차대조표, 손익계산서, 이익잉여금처분계산서(결손금처리계산서)와 기타 회계자료를 이용하여야 한다.

현금흐름표의 작성방법에는 거래분석법, T계정법, 정산표법이 있다. 각 방법을 이용한 현금흐름표의 구체적인 작성과정은 「중급회계」 교재를 참고하도록 한다. 현금흐름표 작성시 제일 중요한 과정은 영업활동에 따른 현금흐름의 계산이며 그 방법은 직접법 또는 간접법이 이용된다.

1) 직접법에 의한 영업활동 현금흐름

직접법(direct method)은 현금을 수반하여 발생한 수익 및 비용항목을 총액으로 표시하되, 현금유입액은 원천별로, 현금유출액은 용도별로 분류하여 표시하는 방법이다. 직접법은 수익 및 비용 항목별로 실제 현금의 유입과 유출 원천을 기준으로 작성하기 때문에 정보이용자들이 이해하기 쉽다.

직접법에 의한 영업활동으로 인한 현금흐름계산은 발생주의 손익계산서를 현금주의 손익계산서로 전환하는 과정을 거치게 된다. 즉 손익계산서상의 수익과 비용 금액에 현금의 유입과 유출이 없는 항목과 관련된 대차대조표계정의 증감을 가감하여 현금주의에 의한 금액을 계산한다.

매출, 매입 및 기타 주요 영업활동에 따른 개별 항목의 직접법에 의한 현금흐름의 구분은 <표 12-2>와 같다.

표 12-2 직접법에 의한 현금흐름 계산

항목		
Ⅰ. 영업활동으로 인한 현금흐름		₩2,460,000
1. 매출 등 수익활동으로부터의 유입액	₩5,800,000	
2. 매입 및 종업원에 대한 유출액	(2,250,000)	
3. 이자수익 유입액	120,000	
4. 배당금수익 유입액	80,000	
5. 이자비용 유출액	(450,000)	
6. 미지급법인세의 지급	(110,000)	
7. 기타비용 유출액	(730,000)	

2) 간접법에 의한 영업활동 현금흐름

(1) 간접법의 현금흐름 계산과정

간접법(indirect method)은 손익계산서상의 당기순이익에 조정항목들을 가감하여 영업활동으로 인한 현금흐름을 계산하는 방법으로 조정법(reconciliation method)이라고 한다. 간접법은 손익계산서상의 당기순이익에서 현금의 유출과 유입을 수반하지 않는 항목, 미래 영업활동에서의 수입·지출의 조기 계상, 투자활동과 재무활동으로 인한 수익·비용 및 영업활동과 관련된 자산·부채의 증감 등을 조정하여 영업활동으로 인한 현금흐름을 계산하는 방법이다. 즉 [그림 12-2]와 같이 손익계산서상의 당기순이익에 현금유출이 없는 비현금비용(non-cash charges) 등을 가산하고 현금유입이 없는 비현금수익(non-cash credits) 등을 차감하는 형식으로 영업활동에 따른 현금흐름을 표시한다.

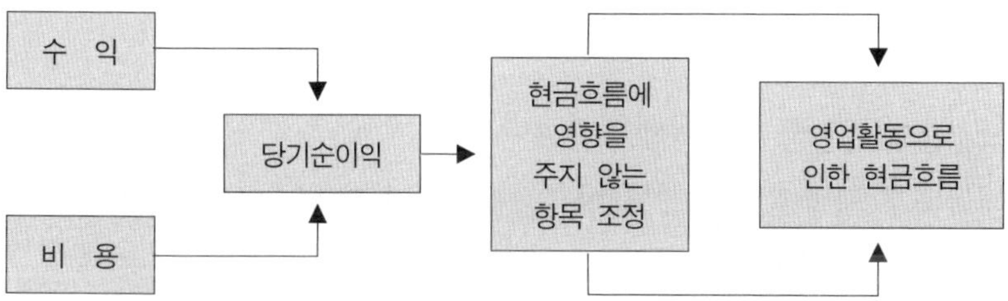

그림 12-2 간접법에 의한 영업활동 현금흐름의 계산

(2) 당기순이익에 가산항목

① 현금의 유출이 없는 영업활동 관련비용

이것은 영업비용이지만 현금유출을 수반하지 않는 항목들이다.

- 감가상각비
- 무형자산상각비
- 퇴직급여
- 대손상각비

② 현금이 유출이 없는 투자와 재무활동 관련 비용

- 투자자산, 유형자산, 무형자산의 처분손실

• 사채할인발행차금상각, 현재가치할인차금상각으로 인한 이자비용
• 유가증권감액손실
• 유가증권(현금등가물 제외)평가손실
• 유가증권(현금등가물 제외)처분손실
• 재해손실
• 외화(현금등가물 제외)환산손실

③ 현금의 유출은 있으나 영업활동에서 발생한 것이 아닌 비용
• 사채상환손실
• 장기차입금상환손실

④ 영업활동과 관련된 자산계정의 감소
• 매출채권(외상매출금, 받을어음, 장기성받을어음)의 감소액
• 재고자산의 감소액
• 선급비용의 감소액
• 선급금의 감소액
• 미수수익의 감소액
• 이연법인세자산의 감소액

⑤ 영업활동과 관련된 부채계정의 증가
• 매입채무(외상매입금, 지급어음, 장기성지급어음)의 증가액
• 선급금의 증가액
• 선수수익의 증가액
• 미지급비용의 증가액
• 이연법인세부채의 증가액

(3) 당기순이익에서 차감항목

① 현금의 유입이 없는 수익
• 대손충당금환입액
• 퇴직급여충당부채환입액

② 현금의 유입이 없는 투자와 재무활동에 관련된 수익
• 유가증권평가이익
• 비유동부채상환이익
• 사채할증발행차금, 현재가치할증차금 환입으로 인한 이자수익
• 외화(현금등가물 제외)환산이익
• 배당금수익 중 주식배당액

③ 현금의 유입은 있으나 영업활동에서 발생한 것이 아닌 수익
- 투자자산, 유형자산, 무형자산의 처분이익
- 유가증권처분이익

④ 영업활동과 관련된 자산계정의 증가
- 매출채권(외상매출금, 받을어음, 장기성받을어음)의 증가액
- 재고자산의 증가액
- 선급비용의 증가액
- 선급금의 증가액
- 미수수익의 증가액
- 이연세법인자산의 증가액

⑤ 영업활동과 관련된 부채계정의 감소
- 매입채무(외상매입금, 지급어음, 장기성지급어음)의 감소액
- 선수금의 감소액
- 선수수익의 감소액
- 미지급비용의 감소액
- 이연법인세부채의 감소액

[예제] 다음 자료를 이용하여 간접법에 의한 영업활동으로 인한 현금흐름을 계산하시오.
- 손익계산서상 당기순이익: ₩100,000
- 감가상각비: ₩5,000
- 무형자산상각비: ₩3,000
- 단기매매증권처분이익: ₩12,000
- 퇴직급여: ₩8,000
- 유형자산처분이익: ₩27,000
- 매입채무의 감소액: ₩4,000
- 재고자산 증가액: ₩18,000
- 미지급비용 증가액: ₩2,000

풀이

(1) 당기순이익		₩100,000
(2) 현금유출이 없는 비용 등의 가산		
감가상각비	₩5,000	
무형자산상각비	3,000	
퇴직급여	8,000	
미지급비용증가액	2,000	18,000
(3) 현금유입이 없는 수익 등의 차감		
단기매매증권처분이익	₩12,000	
유형자산처분이익	27,000	
매입채무감소	4,000	
재고자산증가액	18,000	61,000
영업활동으로 인한 현금흐름		₩57,000

12.3 자본변동표

1 자본변동표의 의의

자본변동표(statement of owners' equity)는 자본의 크기와 그 변동에 관한 정보를 제공하는 재무보고서로서, 자본을 구성하고 있는 자본금, 자본잉여금, 자본조정, 기타포괄손익누계액, 이익잉여금(또는 결손금)의 변동에 대한 포괄적인 정보를 제공한다. 자본변동표는 자본의 변동내용을 포괄적으로 제공하는 회계보고서이므로 주주지분변동표(statement of changes in equity)라고도 한다.

자본변동표는 재무제표간의 연계성을 제고시키며 재무제표의 이해가능성을 높인다. 대차대조표에 표시되어 있는 자본의 기초잔액과 기말잔액을 모두 제시함으로써 대차대조표와 연결할 수 있으며, 자본의 변동내용은 손익계산서와 현금흐름표에 나타난 정보와 연결할 수 있어 정보이용자들이 더욱 명확히 재무제표간의 관계를 파악할 수 있다. 즉 자본변동표는 자산, 부채, 자본 변동의 주요 원천에 대한 정보를 제공하며, 이러한 정보는 다른 재무제표 정보와 함께 사용되어야 그 유용성이 증대된다. 예를 들어, 주주에 대한 배당은 손익계산서상의 이익과 비교될 필요가 있으며, 유상증자 및 자기주식 취득과 배당은 신규 차입 및 기존 채무의 상환 등과 비교될 때 정보의 유용성이 증대되게 된다.

2 자본변동표의 기본구조

자본변동표에는 자본금, 자본잉여금, 자본조정, 기타포괄손익누계액, 이익잉여금(또는 결손금)의 각 항목별로 기초잔액, 변동사항, 기말잔액을 표시한다.

① 자본금의 변동표시 : 자본금의 변동은 유상증자나 유상감자, 무상증자나 무상감자와 주식배당 등에 의하여 발생하며, 자본금은 보통주자본금과 우선주자본금으로 구분하여 표시한다.

② 자본잉여금의 변동표시 : 자본잉여금의 변동은 유상증자나 유상감자, 무상증자나 무상감자, 결손금처리 등에 의하여 발생하며, 주식발행초과금과 기타자본잉여금으로 구분하여 표시한다.

③ 자본조정의 변동표시 : 자본조정의 변동은 자기주식, 주식할인발행차금, 출자전환채무, 감자차손, 자기주식처분손실 등에 의하여 발생하며 구분하여 표시한다.

④ 기타포괄손익누계액의 변동표시 : 기타포괄손익누계액의 변동은 매도가능증권평가손익, 해외사업환산손익, 현금흐름위험회피 파생상품평가손익 등에서 발생하며 구분하여 표시한다.

⑤ 이익잉여금의 변동표시 : 이익잉여금의 변동은 회계정책변경으로 인한 누적효과, 중대한 전기오류수정손익, 연차배당, 중간배당, 당기순손익 등으로 구분하여 표시한다. 또한 자본변동표에서 전기에 이미 보고된 이익잉여금(또는 결손금)의 금액이 당기에 발생한 회계정책의 변경이나 중대한 전기오류수정으로 인하여 변동된 경우에는 전기에 이미 보고된 금액을 별도로 표시하고 회계정책 변경이나 오류수정이 매 회계연도에 미치는 영향을 가감한 수정 후 기초 이익잉여금을 표시한다.

자본변동표는 기업회계기준과 USALI에서 제시하는 기본적 양식은 차이가 없으나 그 구성내용은 다소 상이하다. USALI에서는 자본금의 변동에 주식수의 변동을 포함하도록 하고 있으며, 자본의 순서가 다소 상이하다. USALI에서는 자본조정항목으로 자기주식만을 또한 기타포괄손익누계액으로 매도가능증권평가손익만을 제시하고 있다. USALI에서 제시하고 있는 자본변동표의 양식은 <표 12-3>과 같으며, 기업회계기준에서 제시하는 양식은 [부록 1]을 참고하도록 한다.

표 12-3 USALI의 자본변동표 양식

STATEMENT OF STOCKHOLDERS' EQUITY

	Preferred Stock		Common Stock				Treasury Stock			
	Number of Shares Outstanding	Amount	Number of Shares Outstanding	Amount	Additional Paid-In Capital	Retained Earnings	Number of Shares	Amount	Unrealized Gain (Loss) on Marketable Securities[1)]	Total Stockholders' Equity
BALANCE AT BEGINNING OF PRIOR YEAR		$		$	$	$		$	$	$
Add (Deduct)										
Net Income										
Dividends Declared										
Change in Unrealized Gains (Losses)										
Net Proceeds from Sale of Stock										
Treasury Stock Acquired										
Other										
BALANCE AT END OF PRIOR YEAR		$		$	$	$		$	$	$
Add (Deduct)										
Net Income										
Dividends Declared										
Change in Unrealized Gains (Losses)										
Net Proceeds from Sale of Stock										
Treasury Stock Acquired										
Other										
BALANCE AT END OF CURRENT YEAR		$		$	$	$		$	$	$

1) Unrealized gain or loss on marketable securities held for sale is reflected net of related income taxes.

* Cumulative foreign currency translation adjustments should also be reflected in this statement.

12.4 재무제표의 주석과 주기

1 주 석

주석과 주기는 기본 재무제표의 본문이나 부속명세서 등으로 보고하지 못한 의미있는 사항, 재무상태에 중요한 영향을 미칠 수 있는 사항, 이해를 증진시킬 수 있는 사항 등에 대하여 추가적으로 공시하는 방법이다.

주석(footnotes 또는 notes to the financial statements)은 재무제표의 해당과목 또는 금액에 기호를 붙이고 재무제표의 난외 또는 별지에 동일한 기호를 표시하여 재무제표의 본문에서 표시할 수 없는 회계정보의 내용을 추가적으로 공시하는 방법이다. 주석은 재무제표의 구성요소 중 하나이며, 재무제표의 본문과 마찬가지로 중요한 것이다. 동일한 내용의 주석이 2 이상의 과목에 관련되는 경우에는 주된 과목에 대한 주석만 기재하고 다른 과목의 주석은 기호만 표시한다. 주석의 예를 보면 <표 12-4>와 같다.

표 12-4 주석의 예

(**예** 1) 자산감액손실

당사는 공정가액으로 평가되는 자산이외에 투자(유가증권 제외), 유형 및 무형자산 등이 진부화, 물리적인 손상 및 시장가치의 급격한 하락 등의 원인으로 인하여 당해 자산의 회수가능가액이 장부가액에 현저하게 미달하는 경우 그 미달액을 자산감액손실의 과목으로 기간손익에 반영하고 있는 바, 당기 및 전기 중 자산감액손실로 처리한 금액은 없습니다.

(**예** 2) 담보제공자산

당기말 및 전기말 현재 당사의 매입채무 및 차입금 등과 관련하여 매입처 및 금융기관에 담보로 제공된 당사 소유의 자산내용은 다음과 같습니다.

(단위 : 원, 1USD)

계정과목	담보설정액		제공처	비고
	당 기	전 기		
토 지	500,000,000	500,000,000	한국관광유통(주)	상품대 담보
토지 및 건물	8,050,000,000	8,050,000,000	신한은행	차 입
〃	700,000,000	700,000,000	하나은행	차 입
〃		1,644,608,000	한국리스여신	차 입
〃	-	USD 822,000	〃	차 입
합 계	9,250,000,000	10,894,608,000 USD 822,000		

주석은 재무제표 본문에서 표시되는 항목을 보다 상세히 설명하거나 금액의 세부내역을 제시하는 수단으로 활용된다. 또한 주석은 재무제표 항목에 대한 보충적 정보도 전달하며, 우발사항 또는 약정사항과 같이 재무제표에 인식되지 않는 항목에 대한 추가적인 정보를 포함하여야 한다.

기업회계기준과 USALI에서는 상당히 많은 주석사항들을 열거하고 있다. 기업회계기준에서 요구하고 있는 주석사항을 보면 다음과 같이 3가지로 분류할 수 있다.

① 재무제표 작성기준 및 중요한 거래와 회계사건의 회계처리에 적용한 회계정책

② 기업회계기준에서 주석공시를 요구하는 사항

③ 대차대조표, 손익계산서, 이익잉여금처분계산서(또는 결손금처리계산서), 현금흐름표 및 자본변동표의 본문에 표시되지 않은 사항으로서 재무제표를 이해하는데 필요한 추가 정보

위의 ③에 해당하는 예를 들면 다음과 같다.

- 기업의 개황, 주요 영업내용 및 최근의 경영환경변화
- 사용이 제한된 예금
- 발행주식 중 상호주식 등 법령에 의하여 의결권이 제한되어 있는 경우에는 그 내용
- 자기 또는 타인을 위하여 제공하고 있거나 타인으로부터 제공받고 있는 담보 및 보증의 내용
- 차입약정의 중요한 위반사항
- 천재지변, 파업, 화재, 중요한 사고 등에 관한 내용과 결과
- 기업이 가입하고 있는 보험의 종류, 보험금액 및 보험에 가입된 자산의 내용
- 물가 및 환율변동과 같이 기업에 중요한 영향을 미치는 불확실성 및 위험요소
- 당해 회계연도 개시일전 2년 내에 결손보전을 한 경우에는 결손보전에 충당된 자본잉여금이나 이익잉여금의 명칭과 금액 및 결손보전을 승인한 주주총회일
- 제조원가 또는 판매비와관리비에 포함된 급여, 퇴직급여, 복리후생비, 임차료, 감가상각비, 이자비용, 세금과공과 등 부가가치계산에 필요한 계정과목과 그 금액

2 주 기

주기(parenthetical explanations)는 재무제표상의 해당과목 다음에 그 회계사실의 내용을 간단한 문구 또는 숫자로 괄호 안에 표시하는 것이다. 주기는 간단 명료하게 서술되어야 하며, 단지 기본적 정보를 보완하는 역할을 하도록 하여야 한다.

주기의 예로는 대차대조표의 이익잉여금에 표시되는 당기순이익, 대차대조표의 자본금에 대한 수권주식수, 발행주식수, 주당 액면가액 등을 들 수 있다. 대차대조표상의 자본금에 대한 주기의 예를 보면 <표 12-5>와 같다.

표 12-5 자본금에 대한 주기의 예

자본금	
(수권주식수: 보통주 100,000주, 우선주 30,000주)	
(1주당 금액: 보통주 ₩5,000, 우선주 ₩5,000)	
1. 보통주 자본금(발행주식수: 50,000주)	₩250,000,000
2. 우선주 자본금(발행주식수: 10,000주)	50,000,000
자본금합계	₩300,000,000

연습문제

1 다음은 (주)서울관광농원의 제3기 이익잉여금 관련 자금이다.

(1) 제3기 초 전기이월이익잉여금은 ₩800,000이다.

(2) 제3기 중 중간배당으로 현금 ₩120,000을 지급하였다.

(3) 제3기의 당기순이익은 ₩450,000이었다.

(4) 제3기 말 제2기중 특허권상각비를 ₩70,000 과소계상하였음을 발견하였다.

(5) 제4기 2월 28일 주주총회에서 다음과 같이 의결하였다.

• 현금배당	₩400,000	• 이익준비금 적립	₩40,000
• 임의적립금이입액	100,000	• 별도적립금 적립	200,000

(6) 제4기 3월 15일 현금배당 ₩400,000을 지급하다.

물음 1. 이익잉여금관련 분개를 하시오.
2. 이익잉여금처분계산서를 작성하시오.

2 다음 자료는 (주)경주호텔의 제20기 중 자료이다.

(1) 당기순이익	₩4,000,000	(2) 감가상각비	200,000
(3) 투자자산처분손실	40,000	(4) 처분한 투자자산 장부가액	500,000
(5) 재고자산의 증가	180,000	(6) 무형자산상각비	50,000
(7) 매출채권 대손상각비	150,000	(8) 객실비품의 취득	700,000
(9) 현금배당금 지급	250,000		

물음 제20기 중 현금의 증가 또는 감소액은 얼마인가?

3 다음은 (주)서울호텔의 제10기 중 영업활동으로 인한 현금흐름을 계산하기 위한 자료이다.

(1) 당기순이익	₩1,000,000	(2) 매출채권대손상각비	₩150,000
(3) 미지급비용 감소	20,000	(4) 재고자산평가손실	40,000
(5) 투자자산처분이익	60,000	(6) 단기매매증권평가이익	120,000
(7) 사채상환이익	50,000	(8) 매출채권의 증가	80,000
(9) 재고자산의 감소	30,000	(10) 매입채무의 감소	180,000

물음 영업활동으로 인한 현금흐름액을 계산하시오.

4 다음은 (주)한국관광농원의 제5기와 제6기의 비교대차대조표이다.

	제5기 말	제6기 말
현금및예금	₩50,000	₩70,000
매출채권	170,000	210,000
재고자산	270,000	200,000
건물	350,000	250,000
토지	210,000	210,000
자산합계	₩1,050,000	₩940,000
매입채무	190,000	126,000
미지급법인세	30,000	20,000
감가상각누계액	100,000	50,000
자본금	380,000	380,000
자본잉여금	100,000	100,000
이익잉여금	250,000	264,000
부채와 자본합계	₩1,050,000	₩940,000

〈제6기의 추가자료〉

- 당기순이익은 ₩199,000이며, 배당금지급액은 ₩185,000이었다.
- 건물 ₩100,000을 현금으로 구입하였다.
- 매출액은 ₩950,000, 매출원가는 ₩550,000, 현금지급 판매비와관리비 ₩150,000, 감가상각비 ₩15,000, 법인세비용 ₩40,000이었다.
- 일부 건물을 처분하였으며 처분이익이 ₩4,000 발생하였다.

물음 1. 간접법을 이용하여 영업활동으로 인한 현금흐름액을 계산하시오.

2. 직접법을 이용하여 영업활동으로 인한 현금흐름액을 계산하고, 현금흐름표를 작성하시오.

CHAPTER | 13

재무제표분석

13 재무제표분석

본 교재의 대부분은 거래의 기록과 재무제표의 작성에 관한 설명이었다. 재무제표는 정보이용자에게 유용한 정보를 제공하기 위하여 기업의 재무상태나 경영성과를 요약한 보고서이다. 다만, 재무제표의 수치를 그대로 이용하기보다는 일정한 방법에 의하여 분석을 행하고 그 결과를 이용하는 것이 바람직하다. 본 장에서는 재무비율을 중심으로 재무제표분석을 어떻게 행할 수 있는가를 살펴보기로 한다.

13.1 재무제표분석의 본질

1 재무제표분석의 의의

기업의 재무상태, 경영성과 등에 대한 정보를 제공하는 재무제표는 다양한 이해자집단이 그들의 의사결정에 이용할 수 있다. 그러나 재무제표 자체에 대한 단순한 검토보다는 다양한 재무제표들의 관계에서 산출되는 정보나 기간별 또는 기업 간의 비교정보가 제공될 때보다 구체적이고 체계적이며 객관적인 정보를 얻을 수 있다.

재무제표분석(financial statement analysis)이란 기업이 제공하는 재무제표를 이용하여 기업의 재무상태와 경영성과를 보다 구체적으로 평가하기 위하여 정보를 가공하는 것이다. 즉 이해관계자의 의사결정의 질을 높일 수 있도록 재무제표가 담고 있는 내용을 구체적인 필요정보로 가공할 수 있도록 설계된 정보가공시스템(information processing system)이다.

2 재무제표분석의 목적

재무제표분석은 기업의 경제적 실상을 파악하여 재무적 강점과 취약점, 재무적 건강상태를 평가하여 합리적 의사결정을 도와주고자 한다. 금융기관의 신용분석, 투자자에 의한 투자분석, 관리자에 의한 경영관리분석을 위하여 재무제표분석은 그 출발점이다. 구체적인 재무제표분석 목적은 다음과 같다.

① 경영성과의 분석: 미래의 이익력에 대한 분석이다.

② 재무상태의 분석: 부채의 지급능력 등을 평가하기 위한 재무구조(financial structure)의 분석이다.

③ 재무상태 변동의 분석: 일정기간 동안의 기업재무상태의 변화를 분석하는 것으로 현금흐름 또는 자금흐름에 대한 분석이 중심이 된다.

3 재무제표분석의 기준

분석은 계산된 수치나 비율 등에 대한 좋고 나쁨을 판단하기 위하여 일정한 비교기준을 이용한다. 비교의 방법은 기업내 비교(intra-firm comparison)와 기업간 비교(inter-firm comparison)가 있다. 비교의 기준은 다음 두 가지로 나눌 수 있다.

① 기업의 과거성과: 기업 내 비교의 기준이며 시계열분석(time series analysis)을 이용한다.

② 표준비율: 기업간 비교의 기준이며 다음 세 가지가 이용가능하다.

- 이상적 표준비율(ideal standard ratio): 유동비율 200%, 당좌비율 100% 등 기업의 업종과 규모 등을 고려하지 않고 설정된 절대적 기준비율이다.
- 산업평균비율(industry average ratio): 기업이 속한 산업의 평균비율이다. 한국은행 간행 "기업경영분석"의 산업별 평균값이 그 예이다.
- 경쟁기업의 비율: 당해 기업과 경쟁관계에 있는 기업이나 산업 내 최우량 기업의 비율을 비교기준으로 이용한다.

4 재무제표분석의 한계

재무제표분석은 공시된 재무제표를 이용하기 때문에 다음과 같은 회계의 본질적인 한계성을 그대로 내포하게 된다.

- 역사적 원가를 평가의 주된 기준으로 이용함으로 재무제표의 자산가치는 실제 시장가치와 차이가 있다.
- 재무제표는 과거에 대한 자료이므로 의사결정자가 미래의 불확실성을 어떻게 평가하는가에 따라 그 결과는 달라질 수 있다.
- 대체적인 회계처리방법으로 인하여 처리방법이 상이한 기업 간의 비교는 불합리할 수 있다.

13.2 재무제표분석의 방법

재무제표분석 방법은 크게 실수분석과 비율분석으로 나눌 수 있다. 실수분석(實數分析)은 한 기간 또는 여러 기간의 재무수치 자체를 실수 그대로 관찰하는 방법이다. 즉 특정 항목의 증감 변화액이나 손익분기점 등의 변화를 분석하는 방법이다. 반면에 비율분석은 다양한 항목들 간의 관계를 비율로 계산하고 그 비율의 크기, 변화 등을 관찰하는 분석방법이다. 실수분석보다는 비율분석이 일반적이며, 이하에서는 비율분석방법인 추세분석법, 구성비율분석법, 재무비율분석법을 소개한다.

1 추세분석법

추세분석(trend analysis)은 일정기간 동안의 재무제표 항목의 증감이나 변화추세를 파악하여 경영성과와 재무상태의 개선 또는 악화 여부를 분석하는 것이며, 수평적 분석(horizontal analysis)이라고 한다. 이는 재무제표상 각 항목의 기준년도 수치를 각각 100%로 정하고, 그 후 비교기간의 각 연도 수치를 100%에 대한 지수로 표시한다.

$$\text{비교년도의 지수} = \frac{\text{비교년도의 항목 금액}}{\text{기준년도의 항목 금액}} \times 100$$

[예제] 다음은 (주)서울호텔의 2012년부터 2016년까지의 매출액 등 4가지 항목에 대한 자료이다. 추세분석을 하시오.

항 목	단 위	2012년	2013년	2014년	2015년	2016년
매출액	백만원	₩28,830	₩33,150	₩38,787	₩37,476	₩41,800
당기순손익	백만원	414	720	(880)	1,515	3,231
보통주당순손익	원	498	855	(1,023)	1,716	3,654
보통주당배당금	원	660	480	480	480	600

* ( )는 손실을 의미함.

풀이

서울호텔의 추세분석표

(단위: %)

항 목	2012년	2013년	2014년	2015년	2016년
매출액	100	115.0*	134.5	130.0	145.0
당기순손익	100	175.5	(212.6)	365.8	781.1
보통주당순손익	100	171.7	(205.4)	344.6	715.7
보통주당배당금	100	72.7	72.7	72.7	90.9

$* \ \frac{₩33,150}{₩28,830} \times 100 = 115.0$

(주)서울호텔의 5년간 네 가지 항목에 대한 추세분석표를 보면 매출액은 2015년을 제외하고 증가하는 추세를 보이고 있다. 그러나 당기순이익은 변화가 아주 심하게 나타나고 있다. 즉 2012년의 100에 비하여 2014년 -212.6으로 감소되었으나 2015년 365.8, 2016년에는 다시 781.1로 증가되고 있다. 당기순손익의 커다란 증감에 따라 보통주당순손익도 큰 폭으로 변동하고 있으며, 그 변화의 형태(pattern)는 당기순손익과 유사한 모습을 보여주고 있다. 그러나 보통주당배당금은 2012년의 100에서 2013년에는 72.7로 감소하였으나, 그 후 일정하게 유지되었다가 2016년에 90.9로 증가하고 있다. 특이한 것은 2014년 엄청난 당기순손실에도 불구하고 배당은 전년 수준으로 유지하고 있는 것이다. 또한 2015년과 2016년의 현저한 당기순이익 증가에도 불구하고 배당수준은 2012년보다도 낮다.

2 구성비율분석법

구성비율분석(component percentage analysis)은 어느 한 시점 또는 기간의 재무제표상의 총계(예: 대차대조표상의 자산합계, 손익계산서상 매출액)를 100%로 하고 이에 대한 각 항목들의 백분율을 계산한 재무제표를 작성하여 비교를 하는 방법이다. 이는 수직적 분석(vertical analysis) 또는 백분비분석이라 하며, 분석을 위하여 작성되는 재무제표를 공통형재무제표(common size financial statements) 또는 백분율재무제표라고 한다. 이는 재무제표 구성요소들이 차지하는 상대적 중요성을 비교하는 데 유용하다. 또한 비교재무제표를 작성한다면 각 구성요소들의 변화를 쉽게 알 수 있다. 다만, 구성비율은 다른 구성항목의 변동이나 기준이 되는 총자산이나 매출액의 변동에 따라 변화할 수 있다는 문제점을 갖는다.

<표 13-1>은 (주)경산호텔의 공통형 대차대조표와 손익계산서이다. 이 호텔의 3년간 공통형 대차대조표를 보면 유동자산과 자본금의 구성비가 증가하고 있으며, 유형자산과 유동부채의 구성비는 감소하고 있다. 또한 공통형 손익계산서를 보면 매출총이익률은 매년 개선되고 있음을 보여준다. 그 이유로는 매출원가의 구성비가 낮아지고 있기 때문이다. 또한 2015년 영업이익 구성비만이 전년대비 감소하고 모든 해의 당기순이익 구성비는 증가를 보이고 있다. 다만, 구성비율분석은 구성항목의 변동, 손익계산서의 매출액과 같이 기준이 되는 금액의 변동에 의하여 발생할 수 있다.

표 13-1 공통형 대차대조표와 손익계산서

대차대조표

(주)경산호텔 (단위: %)

항 목	2014. 12. 31	2015. 12. 31	2016. 12. 31
유동자산	9.5	12.3	15.3
투자자산	8.2	5.5	4.2
유형자산	82.2	81.8	80.2
무형자산	0.1	0.4	0.3
자산총계	100.0	100.0	100.0
유동부채	55.4	53.0	51.5
비유동부채	29.2	28.6	29.2
자 본 금	10.3	12.5	13.6
자본잉여금	0.2	0.5	0.4
이익잉여금	4.9	5.4	5.3
부채와 자본총계	100.0	100.0	100.0

손익계산서

(주)경산호텔 (단위: %)

항 목	2014년	2015년	2016년
매출액	100.0	100.0	100.0
매출원가	55.6	54.8	53.2
매출총이익	44.4	45.2	46.8
판매비와관리비	33.2	34.4	34.3
영업이익	11.2	10.8	12.5
영업외수익	3.7	4.1	4.2
영업외비용	9.2	8.2	8.9
법인세비용차감전순이익	5.7	6.7	7.8
법인세비용	1.9	2.2	2.4
당기순이익	3.8	4.5	5.4

3 재무비율분석법

재무비율분석(financial ratio analysis)은 재무제표상의 다양한 항목들 간의 관계를 비율로 계산하여 기업의 재무상태나 경영성과를 평가하는 기법이다. 재무비율분석은 비율의 계산이 간단하고, 이해하기 쉬우며, 구체적이고 복잡한 재무분석을 행하기 전의 예비분석으로 이용된다. 제3절에서는 다양한 재무비율을 설명하고자 한다.

13.3 재무비율의 종류

1 유동성비율

유동성(liquidity)은 단기적 유동부채를 상환하기 위한 기업의 지급능력을 말한다. 그러므로 유동성비율은 단기부채를 상환할 수 있는 단기지급능력을 평가하는 비율로서 유동비율, 당좌비율, 방어기간 등이 대표적이다.

1) 유동비율(current ratio)

유동비율은 단기채무를 상환할 수 있는 유동자산이 얼마나 되는가를 나타내는 비율이며, 유동자산을 유동부채로 나누어 계산한 백분율이다. 이 비율이 200% 이상이면 이상적으로 본다. 이 비율은 은행이 기업의 단기지급능력 판단에 이용하여 왔기 때문에 은행가비율(banker's ratio)이라고도 한다. 이 비율은 기업의 유동성을 평가하는데 가장 많이 이용되는 재무비율이다.

$$\text{유동비율} = \frac{\text{유동자산}}{\text{유동부채}}$$

2) 당좌비율(quick ratio)

당좌비율은 당좌자산을 비유동부채로 나눈 비율로 유동비율보다 더 엄격히 단기채무의 지급능력을 측정하기 위한 비율이다. 산성시험비율(acid-test ratio)이라고도 하며, 이상적 표준비율은 100%이다.

$$\text{당좌비율} = \frac{\text{당좌자산}}{\text{유동부채}}$$

3) 방어기간(defensive interval)

방어기간은 당좌자산(또는 방어자산)을 1일 평균 영업활동에서 사용되는 현금비용으로 나눈 값으로 영업비용 방어기간을 말한다. 영업비용 방어기간은 연간 현금지출 영업비용의 지급능력을 평가하며, 방어기간이 길수록 지급능력은 양호하다. 방어기간 계산시 감가상각비, 무형자산상각비와 같은 현금지출을 요하지 않는 비용은 제외한다.

$$\text{방어기간(일)} = \frac{\text{당좌자산}}{(\text{연간영업활동비용} - \text{비현금비용}) \div 365\text{일}}$$

2 안전성비율

안전성비율(stability ratio)은 기업이 어느 정도 타인자본에 의존하고 있으며, 건전한 재무구조를 유지하고 있는가를 나타내는 비율이다. 이는 레버리지비율(leverage ratio) 또는 보상비율(coverage ratio)이라고도 한다.

1) 부채비율(debt to equity ratio)

부채비율은 부채(타인자본)를 자본(지기자본, 소유주지분)으로 나누어 계산하며, 채권자의 위험을 평가하는 비율이다.

$$\text{부채비율} = \frac{\text{부채(타인자본)}}{\text{자본(자기자본)}}$$

2) 자기자본비율(net worth to total assets)

자기자본비율은 총자본 중에서 자기자본이 차지하는 비율이다. 총자본은 타인자본인 부채와 자기자본인 자본을 합한 것이다. 즉 총자본은 총자산과 동일하다. 자기자본비율의 반대개념은 부채구성비율(debt to total assets)이다.

$$\text{자기자본비율} = \frac{\text{자기자본}}{\text{총자본}} \qquad \text{부채구성비율} = \frac{\text{부채}}{\text{총자본}}$$

3) 이자보상비율(times interest earned 또는 interest coverage ratio)

이자보상비율은 이자비용과 법인세를 차감하기전 이익을 이자비용으로 나누어 계산하며, 이자비용을 어느 정도로 부담할 능력을 갖고 있는가를 이익과 대비한 것이다. 이 비율은 이자비용 지급의 안전도를 나타내며, 이 비율이 높을수록 안전도가 높다고 본다.

$$\text{이자보상비율} = \frac{\text{이자비용} + \text{법인세차감전순이익}}{\text{이자비용}}$$

4) 고정비율(fixed ratio)

고정비율은 비유동자산을 자기자본으로 나누어 계산하며, 이상적인 표준비율은 100% 이하이다. 이는 자본의 고정화 정도를 나타내는 비율이며, 비유동자산은 자기자본으로 충당하는 것이 장기적 안전성 측면에서 바람직하다고 본다.

$$\text{고정비율} = \frac{\text{비유동자산}}{\text{자기자본}}$$

5) 고정장기적합률(fixed assets to net worth and fixed liabilities)

고정장기적합률은 비유동자산을 자기자본과 비유동부채의 합인 장기자본으로 나눈 값이며, 장기자본의 고정화 정도를 측정하는 비율이다.

$$\text{고정장기적합률} = \frac{\text{비유동자산}}{\text{자기자본} + \text{비유동부채}}$$

3 활동성비율

활동성비율(activity ratio)은 자산을 얼마나 효율적으로 이용하고 있는가를 나타내는 비율이다. 이 비율은 대개 1년 동안의 매출액(또는 매출원가)을 각종 자산금액으로 나누어 계산한 회전율비율(turnover ratio)로 표시한다. 자산은 일정시점의 잔액보다는 기초시점과 기말시점의 평균금액을 이용하는 것이 바람직하다.

회전율을 이용하여 회수기간(collection period) 또는 회전기간을 계산할 수 있다. 회수기간은 자산이 1회전하는데 소요되는 기간을 말한다. 회수기간이 짧을수록 자산이 효율적으로 관리되고 있음을 의미한다. 회전율과 회수기간은 역(逆)의 관계에 있어 회전율이 높을수록 회수기간은 짧아지고, 회전율이 낮을수록 회수기간은 길어진다.

1) 매출채권회전율(trade receivables turnover)

이는 신용매출액 즉 외상매출액을 평균매출채권으로 나누어 계산한 비율이다. 이 비율이 높을수록 매출채권의 관리와 현금화속도가 빠르다.

$$\text{매출채권회전율} = \frac{\text{외상매출액}}{\text{평균매출채권}} \qquad \text{매출채권 회수기간} = \frac{365\text{일}}{\text{매출채권회전율}}$$

2) 재고자산회전율(inventory turnover)

이는 매출원가를 평균재고자산으로 나눈 비율이며, 일정기간 동안에 재고자산이 몇 번 정도 현금이나 외상채권으로 전환하였는가를 나타낸다. 재고자산에 따라 원재료회전율, 제품회전율, 상품회전율로 보다 세분화할 수 있다.

$$\text{재고자산회전율} = \frac{\text{매출원가}}{\text{평균재고자산}} \qquad \text{재고자산 회전기간} = \frac{\text{365일}}{\text{재고자산회전율}}$$

3) 총자산회전율(total assets turnover)

이는 매출액을 평균총자산으로 나누어 계산한 값으로 총사산의 효율성을 평가하기 위한 비율이다.

$$\text{총자산회전율} = \frac{\text{매출액}}{\text{평균총자산}} \qquad \text{총자산회전기간} = \frac{\text{365일}}{\text{총자산회전율}}$$

4 수익성비율

수익성비율(profitability ratio)은 기업의 가용자원으로부터 얻은 수익성, 즉 경영성과를 측정하는 비율이다. 수익성비율에는 이익을 매출액 또는 자본으로 나누어 계산한 이익률과 주당순이익, 주가수익률, 배당성향 등이 포함된다.

1) 매출액이익률(profit margin ratio 또는 return on sales)

매출액이익률은 매출로부터 얼마만큼의 이익을 얻고 있는가를 나타내는 비율이며, 이익을 매출액으로 나누어 계산한다. 이익을 어떤 이익을 이용하느냐에 따라 다음 세 가지로 나눌 수 있다.

매출총이익률 = 매출총이익 ÷ 매출액
매출액영업이익률 = 영업이익 ÷ 매출액
매출액순이익률 = 당기순이익 ÷ 매출액

2) 총자본이익률(return on investment: ROI 또는 return on assets: ROA)

총자본이익률 또는 총자산이익률은 통상 당기순이익을 평균총자산으로 나누어 계산한다. 총자본이익률은 매출액순이익률과 총자산회전율을 곱하여 계산하기도 한다.

$$\text{총자본이익률} = \frac{\text{당기순이익}}{\text{평균총자산}} = \frac{\text{당기순이익}}{\text{매출액}} \times \frac{\text{매출액}}{\text{평균총자산}}$$
$$= \text{매출액순이익률} \times \text{총자산회전율}$$

3) 자기자본이익률(return on equity: ROE)

이는 현재 주주와 잠재적 투자자의 입장에서 수익성 측정의 기본적인 지표이다. 이 비율은 당기순이익을 평균자기자본으로 나눈 것이며, 소유주지분 특히 보통주주지분의 효율적 이용도를 측정한다. 총자본이익률에 비하여 자기자본이익률이 높을 경우 기업은 지분의 대체(trading on the equity)에 의하여 이익이 있음을 의미한다. 보통주식뿐만 아니라 우선주를 발행한 경우에는 당기순이익에서 우선주 배당금을 차감한 금액을 평균 보통주자본으로 나누어 보통주자본이익률을 계산한다.

$$\text{자기자본이익률} = \frac{\text{당기순이익}}{\text{평균자기자본}} \text{ 또는 } \frac{\text{당기순이익} - \text{우선주배당금}}{\text{평균보통주자기자본}}$$

4) 주당순이익(earnings per share: EPS)

주당순이익은 보통주식 1주당 순이익이 얼마인가를 나타내는 수치이며, 보통주 당기순이익을 가중평균한 사외유통 보통주식수로 나누어 계산한다. 보통주

당기순이익은 당기순이익에서 우선주배당금을 차감하여 계산하며, 가중평균 사외유통 보통주식수는 보통주식의 사외유통기간을 가중평균하여 계산한다.

$$주당순이익 = \frac{당기순이익 - 우선주배당금}{가중평균\ 유통\ 보통주식수}$$

5) 주가수익률(price earnings ratio: PER)

주가수익률은 주식의 시장가격을 주당순이익(EPS)으로 나눈 값이며, 순이익 1원에 대하여 투자자들이 얼마의 대가를 지불하고 있는가를 나타내는 지표이다. 이는 P/E비율 또는 주가수익배수라고도 한다.

주가수익률이 낮을수록 기업실적에 비하여 주가가 저평가되었음을 의미하므로 저PER주의 가격 상승 가능성은 높다. 또한 현재의 주가가 기업의 미래이익에 대한 투자자들의 기대를 반영한 것이라면, 높은 성장성이 예상되는 기업의 PER는 낮은 성장이 예상되는 기업에 비하여 높게 나타난다.

$$주가수익률 = \frac{주당시장가격}{주당순이익}$$

6) 배당수익률(dividend yield)

배당수익률은 주당배당금을 주당시가로 나누어 계산하며, 현재의 주가를 기준으로 한 수익률을 의미한다. 이는 투자자가 배당으로 얻는 수익률을 의미한다.

$$배당수익률 = \frac{주당배당금}{주당시장가격}$$

7) 배당성향(dividend payout ratio)과 배당보상률(dividend cover)

배당성향은 배당지급률이라고도 하며 당기순이익에서 배당금이 차지하는 비율이다. 또한 배당보상률은 당기순이익을 배당금으로 나누어 계산한 것이며 배당금이 얼마나 안전한가를 나타내주는 지표이다.

$$\text{배당성향} = \frac{\text{배당금}}{\text{당기순이익}} \qquad \text{배당보상률} = \frac{\text{당기순이익}}{\text{배당금}}$$

5 생산성비율

생산성비율(productivity ratios)은 투입(input)요소(예: 자본, 노동력 등)에 대한 산출(output)의 비율로 생산요소를 얼마나 효율적으로 이용하였는가를 측정하는 지표이다. 대개 산출요소로 부가가치가 이용되며 이를 부가가치생산성이라 한다.

부가가치(value added)란 기업이 생산활동을 통하여 새로이 창출한 가치를 말한다. 부가가치는 기업이 창출한 총가치인 매출액에서 외부로부터 조달받은 기존가치를 차감하여 계산한다. 부가가치 계산의 일반식은 "법인세비용차감전순이익+ 노무비 + 금융비용 + 임차료 + 감가상각비 + 세금과공과"이다.

1) 부가가치율(ratio of value added to sales)

부가가치율은 기업이 생산, 판매활동을 통하여 창출한 부가가치를 매출액으로 나누어 계산한다.

$$\text{부가가치율} = \frac{\text{부가가치}}{\text{매출액}}$$

2) 자본생산성(capital productivity)

자본생산성은 투자된 자본이 창출한 부가가치를 측정하는 지표이며 부가가치를 총자본으로 나누어 계산한다. 이는 투자자본 1원당 부가가치이며, 총자본투자효율이라고도 한다. 이는 부가가치율과 총자산회전율을 곱하여 계산할 수 있다.

$$\text{자본생산성} = \frac{\text{무가가치}}{\text{총자본}} = \frac{\text{부가가치}}{\text{매출액}} \times \frac{\text{매출액}}{\text{총자본}}$$

투자효율을 측정하는 지표로는 총자본투자효율 이외에 유형자산투자효율 [부가가치 ÷ (유형자산 − 건설중인자산)], 기계투자효율[부가가치 ÷ 기계장치] 등이 있다.

3) 노동생산성(labor productivity)

노동생산성은 노동력 단위당 성과를 측정하는 지표이며, 부가가치를 종업원수로 나누어 계산한다. 이는 종업원 1인당 부가가치 생산액을 의미하며, 자본생산성과 자본집약도의 곱으로 계산된다. 자본집약도란 종업원 1인당 자본보유액을 말한다. 노동생산성이 높을수록 노동의 효율성이 높아 많은 부가가치를 생산한 것이다.

$$
\begin{aligned}
\text{노동생산성} &= \text{부가가치} \div \text{종업원수} \\
&= \frac{\text{부가가치}}{\text{총자본}} \times \frac{\text{총자본}}{\text{종업원수}} \\
&= \text{자본생산성} \times \text{자본집약도}
\end{aligned}
$$

4) 기타 생산성비율

노동장비도 = (유형자산 − 건설중인자산) ÷ 종업원수
기계장비도 = 기계장치 ÷ 종업원수
자본집약도 = 총자본 ÷ 종업원수
노동소득분배율 = 노무비 ÷ 부가가치
순이익분배율 = 당기순이익 ÷ 부가가치

6 성장성비율

성장성비율(growth ratios)은 일정기간 중 기업의 경영규모나 경영성과가 얼마나 성장(증가)하였는가를 평가하는 비율이다. 이는 기업의 경쟁력, 성장잠재력

등을 파악할 수 있는 지표이다. 성장성비율은 전기 금액을 분모로 하고 당기의 증가액을 분자로 계산한다. 성장성은 측정 대상에 따라 매출액증가율(growth rate of sales), 총자산증가율(growth rate of total assets), 주당순이익증가율(growth rate of earnings per share), 주당배당증가율(growth rate of dividend per share) 등을 계산할 수 있다.

- $\text{매출액증가율} = \dfrac{(\text{당기매출액} - \text{전기매출액})}{\text{전기매출액}}$
- $\text{총자산증가율} = \dfrac{(\text{기말총자산} - \text{기초총자산})}{\text{기초총자산}}$
- $\text{주당순이익증가율} = \dfrac{(\text{당기주당순이익} - \text{전기주당순이익})}{\text{전기주당순이익}}$
- $\text{주당배당증가율} = \dfrac{(\text{당기주당배당금} - \text{전기주당배당금})}{\text{전기주당배당금}}$

7 기 타

1) 주당 장부가치(book value per share)

주당 장부가치는 보통주 또는 우선주의 지분을 각각의 사외유통주식수로 나누어 계산한다.

$$\text{보통주당 장부가치} = \frac{\text{보통주지분}}{\text{사외유통 보통주식수}}$$

$$\text{우선주당 장부가치} = \frac{\text{우선주지분}}{\text{사외유통 우선주식수}}$$

2) 주가순자산비율(price book-value ratio: PBR)

주가순자산배수율은 주당순자산에 대하여 주가가 얼마나 높은지를 측정하는 지표이며, 주가순자산배수율이라고도 한다. 이는 주가수익률에 순자산이익률을 곱하여 계산한다. 순자산이익률은 자기자본이익률을 말한다.

$$주가순자산비율 = 주당시장가격 \div 주당순자산$$
$$= \frac{주당시장가격}{주당순이익} \times \frac{주당순이익}{주당순자산}$$
$$= 주가수익률 \times 순자산이익률$$

3) 총주주수익률(total shareholder return: TSR)

총주주수익률은 주주가 특정 기업의 주식을 보유하는 기간동안 얻은 이익을 취득가격으로 나누어 계산한다. 보유기간의 이익은 배당이익과 주식평가이익을 포함한다. 이 비율은 일정기간 동안 기업의 주식가치가 얼마나 높아졌는가를 측정하는 지표이다.

$$총주주수익률 = \frac{배당이익 + (매각가격 - 취득가격)}{주식의\ 취득가격}$$

4) 기타비율

① 고객당 매출액 = 매출액 ÷ 총고객수
② 좌석당 매출액 = 매출액 ÷ 총좌석수
③ 종업원당 매출액 = 매출액 ÷ 총종업원수
④ 종업원당 판매고객수 = 총고객수 ÷ 총종업원수
⑤ 좌석회전율 = 총고객수 ÷ 총좌석수
⑥ 객실판매율(투숙률) = 판매객실수 ÷ 판매가능한 객실수
⑦ 평균객실요율 = 실제평균객실료 ÷ 잠재평균객실료
⑧ 객실부문수율 = 투숙률 × 평균객실요율

연습문제

1 부가가치(value added 또는 added value)의 개념은 무엇이며, 왜 부가가치가 중요시되는가를 설명하시오. 또한 부가가치를 증대시킬 수 있는 방법은 무엇인가를 계산식을 기초로 설명하시오.

2 (주)옥천물산은 관광상품 도매업을 하는 유통회사이다. 다음은 회사의 제15기(회계기간 1월 1일부터 12월 31일까지)의 대차대조표와 손익계산서이다.

[대차대조표]

과목	금액
현금	₩100,000
단기매매증권	150,000
외상매출금	180,000
받을어음	70,000
재고자산	750,000
유형자산	2,750,000
자산합계	₩4,000,000
외상매입금	₩300,000
지급어음	500,000
장기차입금	400,000
사채	600,000
보통주자본금	1,200,000
우선주자본금	300,000
이익잉여금	700,000
부채와자본합계	₩4,000,000

[손익계산서]

과목	금액
매출액	₩9,500,000
매출원가	6,000,000
매출총이익	₩3,500,000
급료와 임금	2,000,000
감가상각비	600,000
임차료	300,000
세금과공과	100,000
접대비	50,000
영업이익	₩450,000
이자비용	130,000
기부금	50,000
재고자산감모손실	70,000
법인세전이익	₩200,000
법인세비용	80,000
당기순이익	₩120,000

(1) 장기차입금의 이자율은 연 10%, 사채의 액면이자율은 연 15%이다.
(2) 종업원수는 80명이다. 또한 우선주 배당률은 10%이다.

물음 다음을 계산하시오.

(1) 이자보상률　(2) 고정장기적합률　(3) 보통주 자기자본이익률
(4) 재고자산회전율　(5) 매출채권회전율　(6) 노동생산성
(7) 자본생산성　(8) 노동장비율　(9) 자본집약도

3 다음은 (주)서울여행사와 (주)부산여행사의 제10기에 대한 재무제표자료의 일부분이다. 1년은 360일로 계산한다. 또한 매출과 매입은 모두 외상거래로 이루어진다.

	(주)서울여행사	(주)부산여행사
매출액	₩8,000,000	₩12,000,000
이자비용	550,000	850,000
당기순이익	1,200,000	2,400,000
평균총자산	8,791,210	15,000,000
평균매출채권	533,330	1,000,000

물음 1. 두 회사의 매출액이익률, 총자산회전율, 총자본이익률을 비교하고 수익성을 평가하시오.

2. 두 회사의 매출채권회전율과 매출채권 회수기간을 비교하고 매출채권관리의 효율성을 평가하시오.

4 북한강변에 위치하고 있는 (주)북한강호텔은 80개의 객실과 40석의 한식당을 가지고 있다. 이 호텔은 8월 중 5개의 객실이 보수로 인하여 판매할 수 없는 상태이었다. 한식당에 근무하는 종업원수는 월평균 10명이었다. 이 호텔의 8월 중 영업관련 자료는 다음과 같다. 8월 중 영업일은 30일이다.

(1) 객실매출액	₩93,600,000	(2) 객실판매수	1,800실
(3) 식당식료매출액	45,209,000	(4) 투숙객수	4,500명
(5) 식당음료매출액	13,000,000	(6) 식당고객수	4,250명
(7) 식료매출원가	17,500,000	(8) 객실부문노무비	₩28,000,000
(9) 음료매출원가	5,800,000	(10) 식당부문노무비	15,000,000
(11) 잠재평균객실료	58,000	(12) 식료평균재고액	700,000

물음 다음을 계산하시오.

(1) 객식판매율 (2) 평균객실요율 (3) 객실부문수율

(4) 음료매출원가율 (5) 식료회전기간 (6) 좌석당 매출액

(7) 1일 좌석회전율

CHAPTER | 14

외화환산회계 · 프랜차이즈 회계 · 호텔영업부문회계

14

외화환산회계·프랜차이즈 회계·호텔영업부문회계

본 장에서는 우선 외화거래의 의의와 환율의 개념을 살펴보고 이를 어떻게 기록하는가를 학습하고 외화자산과 외화부채를 결제일이나 결산일에 어떻게 환산하는가를 살펴보기로 한다. 다만, 외화표시 재무제표의 환산은 "중급회계"나 "고급회계" 교재를 참고하기로 하고 본서에서는 생략하고자 한다. 또한 호텔산업이나 외식산업에서 일반화되고 있는 프랜차이즈계약에 따른 회계처리의 내용을 살펴보기로 한다. 마지막으로 호텔기업 회계부문의 조직도와 업무를 살펴보고 영업부문별 영업회계의 내용을 설명하고자 한다.

14.1 외화환산회계

1 외화거래의 환산

1) 외화거래의 의의

외화환산(foreign currency translation)이란 외화로 표시된 거래나 외화로 표시된 재무제표를 자국의 통화, 즉 보고통화(reporting currency)로 바꾸는 과정을 말한다. 외화환산은 외화거래의 환산과 외화재무제표의 환산으로 나눌 수 있다. 외화거래란 우리나라의 통화단위인 원화(₩)가 아닌 미국의 달러화(U $), 일본의 엔화(￥)와 같은 타국통화를 이용한 거래를 말한다. 특히 자산이나 부채가 원화가 아닌 외화로 확정되는 경우 이를 외화자산 또는 외화부채라고 한다. 외국통화(foreign currency, 줄여서 외화라고 함)를 매개로 한 거래는 환율의 변화에 따라 원화로 환산한 금액이 변화하기 때문에 환위험을 내포하게 된다. 환위험이란 변동환율제 하에서 미래의 불확실한 환율변동에 따라 경제적 가치가 변동할 가능성을 말한다.

2) 환율

(1) 환율의 의의

외화나 외화에 대한 청구권(예: 외화매출채권과 외화매입채무 등)을 외환(foreign exchange)이라 하며, 외환 1단위를 얻기 위하여 지불해야 하는 자국통화의 수량을 환율이라 한다. 즉 환율(exchange rate)이란 일정 시점에서 서로 다른 통화의 교환비율을 말한다. 이러한 환율은 국가의 소득수준, 경기수준, 이자율, 경제정책과 통화정책 등에 따라 변동한다.

(2) 환율의 분류

회계처리를 위한 목적으로 환율은 다음 세 가지로 분류할 수 있다.

① 역사적 환율(historical exchange rate): 이는 경제적 사건이 발생하여 외화자산이나 외화부채에 관련된 거래가 발생한 시점의 환율을 말한다. 외국인에게 객실을 외화로 판매한 시점이나 외국에서 자금을 차입한 경우 차입시점의 환율을 말한다.

② 현행환율(current exchange rate): 이는 결산일, 즉 대차대조표 작성일의 환율을 말한다.

③ 평균환율(average exchange rate): 이는 일정기간 동안의 환율을 평균한 것이다.

(3) 환율변동의 영향

환율은 언제나 변화하기 때문에 외화자산이나 외화부채의 가치도 변화한다. 환율의 변화는 상승과 하락으로 나눌 수 있다. 예를 들어, 종전에 1달러에 ₩1,300이던 것이 ₩1,500으로 환율이 상승하였다면 미국 통화에 비하여 우리 통화의 가치가 하락한 것이며 이를 원화 절하(切下, depreciation)라고 한다. 환율이 상승하면 외화자산과 외화부채의 원화 환산액은 커진다. 반대로 1달러가 ₩1,300에서 ₩1,200으로 환율이 하락하였다면 미국 통화에 비하여 우리 통화의 가치가 상승한 것이기 때문에 원화 절상(切上, appreciation)이라고 한다. 환율이 하락하면 외화자산과 외화부채의 원화 환산액은 작아진다.

3) 외화거래의 환산

외화거래의 환산(translation of foreign currency transactions)은 기중에 외화로 거래된 것을 원화로 바꾸는 것이다. 외화거래는 현금거래와 신용거래로 구분할 수 있다.

(1) 외화현금거래

외화현금거래는 외화거래의 발생시점과 대금결제시점이 동일하기 때문에 외화환산으로 인한 손익이 발생하지 않는다. 외화환산은 거래일의 환율을 이용하여 기록한다. 예를 들어, 외국인으로부터 객실 및 식음료 용역을 제공하고 그 대금을 U$300으로 받아 은행예금하였다. 이 때 환율이 1U$은 ₩1,300이라면 다음과 같이 분개한다.

(차) 현　　금　　390,000　　　(대) (외화)매출　　390,000

(2) 외화신용거래

외화신용거래는 외화에 의하여 채권이나 채무가 발생하는 거래이다. 이러한 거래는 외화거래의 발생시점과 대금결제시점이 상이하기 때문에 환율의 변동에 따라 외화환산으로 인한 손익이 발생한다. 외화에 의한 채권(외화자산)과 외화에 의한 채무(외화부채)의 발생은 일단 거래일의 환율을 이용하여 환산한 금액으로 기록한다. 그 예를 보면 다음의 [예제]와 같다.

[예제] 다음은 어느 호텔의 외화신용거래이다. 분개하시오.

(1) 1월 1일: 미국여행사가 주선한 고객에게 객실 및 식음료용역을 U$ 1,000어치 판매하고 대금은 3개월 후(3월 31일)에 받기로 하다. 이 때 환율은 1U$은 ₩1,320이다.

(2) 3월 31일: 단기운영자금으로 미국계 은행으로부터 U$ 5,000을 6개월 기한(상환일 8월 31일)으로 차입하여 은행 예입하다. 이 때의 환율은 1U$은 ₩1,300이다.

(3) 7월 1일: 미국에서 양주를 U$ 2,000어치 수입하고 그 대금은 3개월 후(9월 30일)에 갚기로 하였다. 이 때의 환율은 1U$은 ₩1,350이다.

(4) 10월 1일: 장기운영자금으로 미국계 은행으로부터 U$ 10,000을 3년 기한으로 차입하여 은행 예입하다. 이 때의 환율은 1U$은 ₩1,300이다.

풀이

(1) (차)	외화매출채권	1,320,000	(대) (외화)매출	1,320,000
(2) (차)	현　　금	6,500,000	(대) 외화단기차입금	6,500,000
(3) (차)	재고자산	2,700,000	(대) 외화매입채무	2,700,000
(4) (차)	현　　금	13,000,000	(대) 외화장기차입금	13,000,000

(3) 외환차손익

외화신용거래에 의하여 계상된 외화자산의 회수나 외화부채의 상환과 같은 대금결제가 결산일 이전에 이루어지는 경우, 거래일과 대금결제일의 환율이 상이하기 때문에 그 결제금액이 변동할 수 있다. 이와 같이 외화자산의 회수 또는 외화부채의 상환시 환율변동으로 인하여 발생하는 손익을 외환차손익이라고 한다. 외환차익(gain on foreign exchange conversion)은 영업외수익이며, 외환차손(loss from foreign exchange conversion)은 영업외비용이다.

[예제] 앞서의 [예제] 자료를 이용하며, 다음의 거래를 분개하시오.

(1) 3월 31일: 1월 1일 판매한 외화외상매출금 U$1,000을 송금받다. 1 U$은 ₩1,380이다.

(2) 8월 31일 : (1)의 차입금을 은행에 U$5,000 상환하다. 1 U$은 ₩1,350이다.
(3) 9월 30일 : 7월 1일 발생한 매입채무 U$2,000을 상환하다. 1 U$은 ₩1,320이다.

풀이

	차변	금액		대변	금액
(1)	(차) 현 금	1,380,000		(대) 외화매출채권	1,320,000
				외환차익	60,000
(2)	(차) 외화단기차입금	6,500,000		(대) 현 금	6,750,000
	외환차손	250,000			
(3)	(차) 외화매입채무	2,700,000		(대) 현 금	2,640,000
				외환차익	60,000

2 외화자산과 외화부채의 환산

1) 외화환산의 방법

외화자산과 외화부채의 환산은 결산일에 보유하고 있는 외화자산과 외화부채를 원화로 환산하는 것을 말한다. 즉 이는 대금결제일이 아직 도래하지 않아 기말에 보유하고 있는 외화자산과 외화부채의 잔액을 환산하는 것이다. 외화자산과 외화부채의 환산방법으로는 다음 세 가지를 들 수 있다.

(1) 화폐성·비화폐성법

화폐성·비화폐성법(monetary-nonmonetary method)은 화폐성 자산과 부채에 대해서는 결산일의 현행환율을 적용하고 비화폐성 자산과 부채 그리고 자본에 대해서는 역사적 환율을 적용하는 방법이다. 화폐성 항목이란 재화나 용역의 미래가치에 관계 없이 일정한 화폐액을 청구할 수 있는 권리나 지급하여야 할 의무를 말한다. 화폐성 자산에는 현금, 매출채권, 대여금, 미수금 등이 포함되며, 화폐성 부채에는 매입채무, 선수금, 차입금, 사채 등이 포함된다. 이는 기업회계기준상 외화자산과 외화부채의 환산원칙으로 채택하고 있는 방법이다.

(2) 현행환율법

현행환율법(current rate method)은 모든 자산과 부채는 현행환율로 환산하고

자본은 역사적 환율로 환산하며, 수익과 비용은 평균환율(거래일의 환율을 적용할 수 있으면 거래일 환율)을 이용하여 환산하는 방법이다. 기업회계기준에서 해외지점, 해외사무소, 해외종속법인 등의 외화표시 재무제표 환산에 원칙으로 채택하고 있는 방법이다.

(3) 유동성·비유동성법

유동성 · 비유동성법(current-noncurrent method)은 유동자산과 유동부채는 현행환율을 적용하고 유형자산, 비유동부채, 자본은 역사적 환율을 적용한다. 또한 수익과 비용은 평균환율을 적용하나 유형자산에 대한 감가상각비와 무형자산상각비만은 역사적 환율을 적용하여 환산하는 방법이다.

2) 외화환산손익

기업회계기준은 화폐성 외화자산과 외화부채를 결산시점에서 현행환율을 적용하여 대차대조표가액으로 하도록 하며, 비화폐성 외화자산과 외화부채는 자산을 취득하거나 부채를 부담한 당시의 역사적 환율을 적용하여 평가하도록 하고 있다. 이에 따라 외화예금, 외화매출채권, 외화대여금 등과 같은 외화자산과 외화매입채무, 외화차입금과 같은 외화부채는 결산일의 환율로 환산하게 되고 환산손익이 발생한다. 결산일에 행하는 외화환산에 따라 발생하는 이익을 외화환산이익(gain on foreign currency translation)이라 하며, 이는 영업외수익으로 분류한다. 또한 결산일에 행하는 외화환산에 따라 발생하는 손실을 외화환산손실(loss from foreign currency translation)이라 하며, 이는 영업외비용으로 분류한다.

[예제] 다음은 (주)대한항공의 외화거래 내역이다. 이 회사의 결산일은 12월 말이다. 분개하시오.

(1) 2013년 10월 1일 미국여행사에 U$ 2,000의 운송용역을 판매하고 대금은 6개월 후에 받기로 하다. 1U$은 ₩1,380이다.

(2) 2013년 11월 1일 미국의 은행으로부터 U$ 10,000을 2년 후 상환조건으로 장기차입하다. 1U$은 ₩1,450이다.

(3) 2013년 12월 31일 결산을 하다. 1U＄은 ₩1,400이다.
(4) 2014년 3월 31일 (1)의 외상대금을 회수하다. 1U＄은 ₩1,350이다.
(5) 2014년 12월 31일 결산을 하다. 1U＄은 ₩1,420이다.
(6) 2015년 10월 31일 (2)의 차입금을 상환하다. 1U＄은 ₩1,380이다.

풀이

(1)	(차) 외화매출채권	2,760,000	(대)	(외화)매출	2,760,000
(2)	(차) 현 금	14,500,000	(대)	외화장기차입금	14,500,000
(3)	(차) 외화매출채권	40,000	(대)	외화환산이익	40,000
	(차) 외화장기차입금	500,000	(대)	외화환산이익	500,000
(4)	(차) 현 금	2,700,000	(대)	외화매출채권	2,800,000
	외환차손	100,000			
(5)	(차) 외화환산손실	200,000	(대)	외화장기차입금	200,000
(6)	(차) 외화장기차입금	14,200,000	(대)	현 금	13,800,000
				외환차익	400,000

14.2 프랜차이즈회계

1 프랜차이징의 의의

롯데리아, BBQ, McDonald's, KFC, Hardees 등 외식산업에서 아주 일반화된 마케팅기법의 하나가 프랜차이징이다. 프랜차이징(franchising)이란 계약에 의하여 특정 지역에서 일정기간 동안 사업을 할 수 있도록 권리를 부여하는 마케팅 또는 유통의 한 형태이다. 대개 프랜차이즈사업(체인사업)은 소매영업을 체인화한 영업형태를 말한다. 이 경우 배타적인 권리를 부여하고 재화나 용역을 공급하는 자를 프랜차이저(franchiser : 가맹본사, 프랜차이즈 판매자)라고 하며, 권리를 인수하는 독립된 소매점을 프랜차이지(franchisee : 가맹점, 프랜차이즈구매자)라고 한다. 프랜차이즈계약에 따라 가맹점은 일정한 상권 내에서 독점적 판매권을 가지는데 이를 프랜차이즈(franchises)라 한다.

프랜차이즈사업의 요체는 가맹본사와 동일한 이미지로 가맹점이 영업활동을 하는 것이다. 따라서 본사는 가맹점에게 상호나 상표 등(브랜드)의 사용권과 영업기법을 제공하고 가맹점은 소정의 대가를 지급한다. 외식업체 중심으로 발전한 프랜차이즈사업은 학원 · 미장원 · 아동복 등 전 소매분야로 급속히 확산되고 있는 추세이다. 프랜차이즈 본사와 그 가맹점 사이에 이루어지는 경제적 자원의 흐름의 운영구조는 [그림 14-1]과 같다.

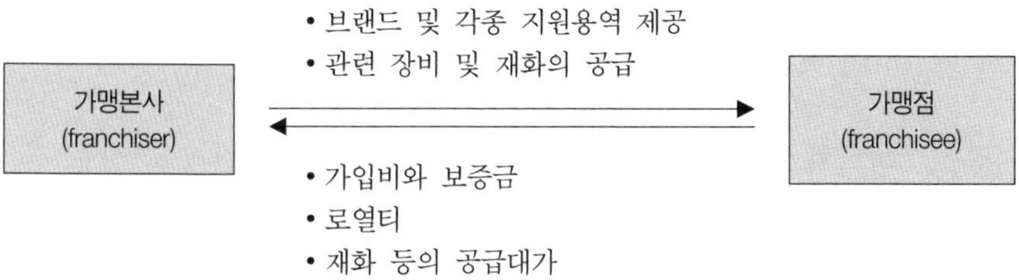

그림 14-1 프랜차이즈사업의 운영구조

2 프랜차이즈 관련 수수료

프랜차이즈 본사가 직면하는 회계적 과제는 프랜차이즈수익의 인식시점을 결정하는 것이고, 가맹점의 과제는 무형자산 또는 프랜차이즈비용을 인식하는 것이다. 프랜차이즈거래는 재화의 판매와 용역의 제공 그리고 설비의 대여 등이 혼합된 거래로서, 경우에 따라 계약상(형식적) 대가와 경제적 실질이 다를 수 있으며 또 계약조건이 가맹점별로 상이할 수도 있다. 본사입장에서 프랜차이즈 관련 수익은 다음 세 가지로 나눌 수 있다.

(1) 창업지원용역수수료

창업지원용역수수료(initial franchises fee: 창업수수료)는 프랜차이즈 계약시 가맹점이 본부에 지급하는 착수금으로 본사가 제공하는 브랜드사용권, 독점판매권 및 창업지원용역에 대한 대가이다. 우리나라에서는 이를 가입비, 가맹비, 입회비 등으로 부르는데 계약을 해지하더라도 반환하지 않는 게 일반적이다.

(2) 운영지원용역수수료

운영지원용역수수료(continuing franchises fee: 운영수수료)는 본사가 계약기간 동안 위의 권리를 제공하고 아울러 광고 및 판매촉진, 품질관리, 교육훈련 등 영업활동을 계속 지원하는 데 대한 대가이다. 운영수수료는 로열티(royalty)를 말하는데 매출액의 일정비율을 정기적으로 지급하는 것이 관행이다.

(3) 상품, 설비 및 기타 유형자산의 공급

본사는 브랜드의 동일성을 유지하는 데 필요한 제품의 원재료, 상품 등과 같은 재고자산이나 설비 등과 같은 유형자산을 직접 공급(판매 또는 대여)하거나 공급처를 지정할 수 있다. 이 때 공급가격은 적정이익이 가산된 가격이다.

경우에 따라 본사는 계약이행보증금 등을 별도로 요구할 수도 있는데, 이는 계약해지시 반환된다. 또한 가맹점이 제3자로부터 영업점을 임차하고 지급하는 임차보증금이나 임차료 등은 본부와는 무관하다. 가맹점의 경우 이들 가운데 무형자산(프랜차이즈)으로 인식할 수 있는 것은 프랜차이즈가입비(창업수수료)이다.

3 프랜차이즈수익의 인식기준

프랜차이즈수익은 창업지원용역과 운영지원용역에 대한 수수료, 상품이나 설비의 공급 그리고 경영기법의 제공에 대한 대가 등으로 구성된다. 이들은 계약조건에 따라 독립적일 수도 있고 다른 항목에 포함될 수도 있다. 프랜차이즈수익은 수수료 등을 부과하는 목적에 따라 다음과 같이 인식한다.

(1) 창업수수료

창업수수료는 원칙적으로 본사가 제공할 모든 창업지원용역과 그 밖의 의무(가맹점 입지선정, 직원교육, 자금조달, 광고 및 판촉 지원 등)가 대부분이 이행된 시점에서 수익으로 인식한다. 가맹점의 경우 지급한 창업수수료는 무형자산인 프랜차이즈계정으로 계상한 후, 일정한 내용년수에 걸쳐 상각을 한다.

그러나 창업수수료가 장기간에 걸쳐 회수되고 이를 완전히 회수하는데 상당한 불확실성이 존재하는 경우에는 현금을 회수하는 시점에 수익으로 인식한다. 또한 프랜차이즈 계약조건에 따른 창업수수료라 하더라도 실질적인 창업지원용역의 대가로 볼 수 없는 경우에는 창업수수료의 일부를 이연시켜 경제적 실질을 반영하는 방법으로 처리한다. 즉 창업수수료는 다음 두 가지 조건이 충족될 때 수익으로 인식한다.

① 본사가 제공할 모든 창업지원용역과 그밖에 주요 의무가 대부분 이행되어야 한다.

② 창업수수료의 회수가 거의 확실해야 한다.

- 본 사: (차) 현 금 ××× (대) 프랜차이즈수익* ×××

* 현금 수령액 중 일부를 미래로 이연시키는 경우에는 대변에 이연프랜차이즈수익(또는 선수프랜차이즈수익) 이라는 부채계정으로 기입한다.

- 가맹점: (차) 프랜차이즈 ××× (대) 현 금 ×××

(2) 운영수수료

운영수수료는 수수료의 명칭에 관계 없이 운영지원용역이 제공된 시점에서 수익으로 인식한다. 여기에는 독립적으로 수취하는 운영수수료와 앞서 설명한 창업수수료의 일부를 포함한다. 가령 운영수수료가 운영지원용역의 원가를 회수하고 적정이익을 보장하는 데 충분하지 못한 경우에는 창업수수료의 일부를 이연하여 운영지원용역을 제공하는 시점에서 수익으로 인식한다.

- 본 사: (차) 현금 ××× (대) 프랜차이즈수익 ×××
- 가맹점: (차) 프랜차이즈수수료 ××× (대) 현금 ×××

운영수수료는 대개 매출액을 기준으로 하는 매출액비례수수료의 형태이다. 그러나 경우 따라 광고 및 판매촉진활동이나 영업장관리 등을 위한 분담수수료나 예약시스템이용수수료(reservation fee) 등도 있다. 만일 운영수수료에 이러한 목적을 위한 금액이 포함되어 있는 경우에는 프랜차이즈수익으로 인식하지 않고 미실현수익으로 계상한 후 제공하여야 할 용역을 제공한 시점에서 실현수익으로 대체한다.

(3) 상품 또는 설비의 공급

상품 또는 설비를 제공하는 경우에는 그 자산을 인도하거나 소유권을 이전하는 시점에 제공자산의 공정가액을 기초로 산정한 금액을 수익으로 인식한다. 그런가 하면 본사는 계약에 따라 제3자에게 판매하는 가격보다 저렴하거나 적정 판매이익이 보장되지 않는 가격으로 재고자산이나 설비자산을 가맹점에 판매하는 기간에 수익으로 인식한다.

(4) 거래의 대리 또는 중개

본사가 단순히 가맹점을 대리하여 거래하는 경우 본사는 수익을 인식하지 않는다. 예를 들면, 본사가 가맹점에 공급할 물품을 대신 주문하여 원가로 가맹점에 인도하는 거래에서는 수익이 발생하지 않는다.

[예제] (주)놀부보쌈은 2011년 1월 1일 그들의 이름으로 4년간 영업을 하고자 하는 프랜차이즈 가맹점으로부터 창업수수료로 ₩400,000, 가맹점 매출액의 3%를 운영수수료로 받기로 한 프랜차이즈계약을 체결하였다. 2011년 12월말 가맹점의 매출액은 ₩5,000,000이었다. 모두 현금거래가 있었다고 가정한다. 또한 프랜차이즈는 정액법으로 상각한다.

물음

1. 2011년 1월 1일과 12월 31일 본사와 가맹점 입장에서 분개하시오.
2. 창업수수료는 광고 및 판매촉진활동 등을 연차적으로 하는 조건인 경우, 본사 입장에서의 분개를 하시오.

풀이

1. (1) 1월 1일

본 사:	(차) 현금	400,000	(대) 프랜차이즈수익	400,000
가맹점:	(차) 프랜차이즈	400,000	(대) 현금	400,000

(2) 12월 31일

본　사:	(차) 현금	150,000	(대) 프랜차이즈수익	150,000
가맹점:	(차) 프랜차이즈수수료	150,000	(대) 현금	150,000
	(차) 프랜차이즈상각비	100,000	(대) 프랜차이즈	100,000

2. 1월 1일	(차) 현금	400,000	(대) 이연프랜차이즈수익	400,000
12월 31일	(차) 현금	150,000	(대) 프랜차이즈수익	150,000
	(차) 이연프랜차이즈수익	100,000	(대) 프랜차이즈수익	100,000

[예제] 2010년 7월 1일 김삿갓 씨는 (주)한국피자헛과 5년간 프랜차이즈계약을 맺고 피자가게를 운영하기로 하고 가입비는 ₩1,200,000, 계약이행보증금은 ₩100,000으로 하였다. 가입비는 반환하지 않고 보증금은 계약종료시점에 반환된다. 가입비 가운데 절반은 계약시점에 지급하고 나머지는 매년 6월 30일 ₩200,000씩 3회에 걸쳐 지급하기로 하였다. 또한 매출액의 3%를 로열티로 매 연말에 지급하기로 하였다.
(주)한국피자헛은 가입비를 받는 대가로 광고 및 판매촉진, 실내장식, 교육훈련 등 김삿갓 씨의 영업개시에 필요한 용역을 제공하기로 하였으며. 2010년 8월 31일 모든 용역을 제공하였다. 2010년 12월 31일 김삿갓 씨는 매출액을 ₩10,000,000으로 보고하였다. 또한 2011년 6월 30일 가입비 ₩200,000이 결제되었다. 현재가치계산은 하지 않으며, 프랜차이즈는 정액법으로 상각한다.

물음

1. (주)한국피자헛 입장에서 2010년 7월 1일, 2010년 8월 31일, 2010년 12월 31일, 2011년 6월 30일의 분개를 하시오.
2. 김삿갓 씨 입장에서 2010년 7월 1일, 2010년 12월 31일, 2011년 6월 30일의 분개를 하시오.
3. (주)한국피자헛은 이 가맹점의 성패를 예측할 수 없는 것으로 판단하고 있다. 따라서 프랜차이즈가입비 가운데 나머지 할부금의 회수가능성이 매우 불확실하다. (주)한국피자헛의 2010년 7월 1일, 2010년 12월 31일, 2011년 6월 30일의 분개는?
4. (주)한국피자헛은 김삿갓 씨에게 주방설비를 ₩500,000에 구입하여 제공하였다. (주)한국피자헛이 계상할 수익은 얼마인가?

풀이

1. (주)한국피자헛 입장

• 2010년 7월 1일

(차) 현　　금	600,000	(대) 이연프랜차이즈수익	1,200,000
프랜차이즈매출채권	600,000		
(차) 현　　금	100,000	(대) 프랜차이즈보증금(비유동부채)	100,000

• 2010년 8월 31일
(차) 이연프랜차이즈수익 1,200,000 (대) 프랜차이즈수익 1,200,000
• 2010년 12월 31일
(차) 현 금 300,000 (대) 프랜차이즈수익 300,000
• 2011년 6월 30일
(차) 현 금 200,000 (대) 프랜차이즈매출채권 200,000

2. 김삿갓 씨 입장
• 2010년 7월 1일
(차) 프랜차이즈 1,200,000 (대) 현 금 600,000
프랜차이즈미지급금 600,000
(차) 영업보증금(투자자산) 100,000 (대) 현 금 100,000
• 2010년 12월 31일
(차) 프랜차이즈상각비 120,000 (대) 프랜차이즈 120,000
(차) 프랜차이즈수수료 300,000 (대) 현 금 300,000
• 2010년 6월 30일
(차) 프랜차이즈미지급금 200,000 (대) 현 금 200,000

3. (주)한국피자헛 입장 : 현금회수시점에서 수익을 인식한다.
• 2010년 7월 1일
(차) 현 금 600,000 (대) 프랜차이즈수익 600,000
• 2010년 12월 31일
(차) 현 금 300,000 (대) 프랜차이즈수익 300,000
• 2011년 6월 30일
(차) 현 금 200,000 (대) 프랜차이즈수익 200,000

4. 없다. 프랜차이즈 본부가 단순히 가맹점을 대리하여 가맹점에 공급할 물품을 대신 주문하여 원가로 가맹점에 인도하는 거래의 경우 수익은 발생하지 않는다.

14.3 호텔영업부문회계

1 호텔회계부서의 조직도

호텔회계부서의 조직도를 살펴보면 [그림 14-2]와 같다. 호텔규모나 채택하고 있는 회계시스템의 종류에 따라 다소 차이는 있으나 [그림 14-2]는 일반적인 특급호텔 회계부서의 조직도로 재경부 이사 하에 재경부 차장 그리고 여신, 수입심사, 경리, 자재관리, 원가관리 및 정보기술을 담당하는 팀장들과 직원들로 구성되어 있다. 여신담당 직원은 여신과 외상매출 담당자로 구성되어 있으며 경리담당 직원은 급여, 소액 현금관리 캐셔, 외상매입 및 비유동자산 담당자로 구성되어 있다. 또한 자재담당 직원은 자재관리 및 검수담당자로 구성되어 있다. 호텔회계 부서의 명칭은 호텔마다 조금씩 차이가 있으며 대부분 경리부, 회계부 또는 재경부로 불려지고 있다.

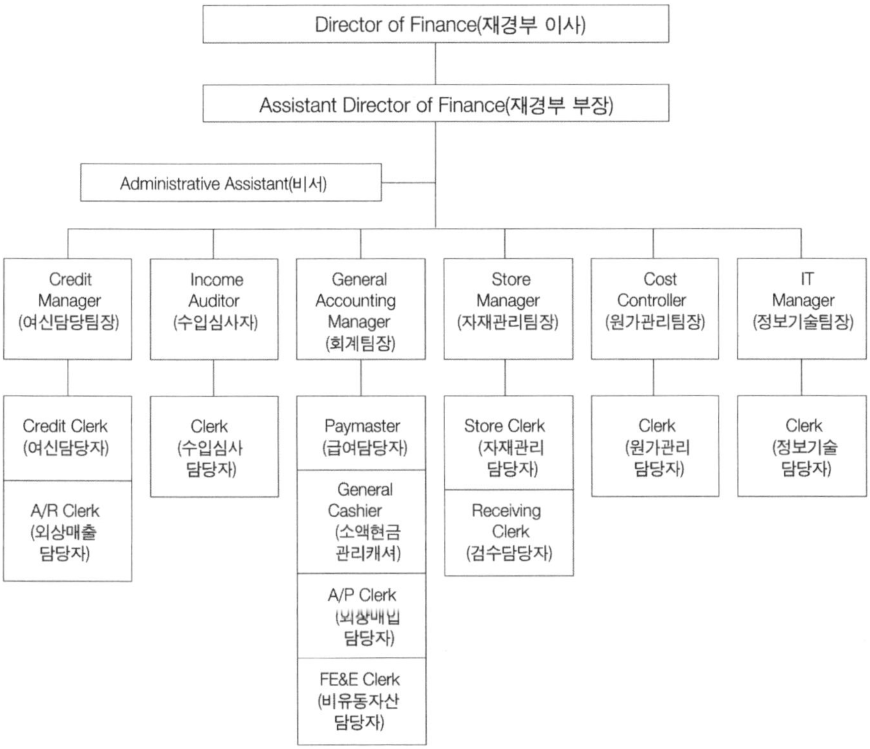

그림 14-2 **호텔회계부서의 조직도**

2 호텔회계부서의 주요 업무

호텔회계부서는 경리업무뿐만 아니라 다양한 업무를 함께 수행하고 있다. 일반적으로 특급호텔 회계부서에서 처리하고 있는 업무를 구체적으로 살펴보면 다음과 같다.

(1) 여신관리업무

불량채권 처리업무 및 신용결제에 따른 청구서 작성 및 확실한 회수를 위해 철저한 사전·사후관리를 한다.

(2) 외상매출 관리업무

호텔에서 외상으로 판매한 각종 상품과 서비스에 대한 청구서 작성 및 세금계산서를 발행한다.

(3) 수입심사업무

전일 발생한 각 영업장의 당일 매상보고서를 근거로 매상고와 명세가 일치하는가를 검사하고, 누락 및 오류된 자료가 없는가를 감사한다.

(4) 급여관리업무

호텔 종사원들의 급료와 임금뿐만 아니라 퇴직금·상여금·휴가비·복리후생비 등을 관리한다.

(5) 소액 현금관리업무

호텔 내의 모든 업장에서 하루 영업 중에서 발생한 현금의 입금 및 출금을 관리한다.

(6) 외상매입 관리업무

식음료 외상매입과 같이 호텔에서 지불해야 하는 외상매입금과 관련된 출납업무를 한다.

(7) 비유동자산 관리업무

호텔 건물, 구축물, 비품 및 차량 운반구 등 비유동자산을 관리한다.

(8) 자재관리 및 검수업무

각종 재고자산의 적정 재고 수량과 필요한 신규 구매량을 파악하고 현품이 주문한 내용과 일치하는가를 확인한다.

(9) 원가관리업무

일일 식자재의 단가와 금액을 계산하여 그날의 소비 식재료 원가를 파악한다.

(10) 정보기술관리업무

호텔의 프론트, 식음료 업장, 객실 및 기타 부문의 영업정보 및 효율적 운영을 위한 전산시스템을 관리한다.

(11) 총괄회계관리업무

회계연도 말에 회계기간 중 발생한 모든 계정기록을 계산 정리하는 결산 총괄업무를 한다.

3 객실부문회계

객실부문에서 객실판매와 관련된 회계처리를 다루는 영역으로 예전에는 프론트 데스크에 객실부문의 회계처리를 담당하는 직원인 프론트 오피스 캐셔(front office cashier)가 있었으나, 근래에 와서는 신속한 서비스와 업무의 효율화를 위해 프론트 데스크 전 직원이 HIS, FIDELIO와 같은 호텔정보시스템 프로그램이 내장된 호텔전산시스템기기를 이용하여 객실예약, 숙박등록 및 캐셔링(cashiering) 업무를 함께 처리하고 있다. 프론트 데스크 직원들이 수행하고 있는 캐셔링 업무를 보다 구체적으로 살펴보면 다음과 같다.

표 14-1 고객원장

GUEST ACCOUNT							
Room	Rate	Arrive	Depart	Folio No.	#Of Guest	Clerk	Page
1054	490,000	5/02/2011	5/03/2011	534937	1	HYO	1

DEWIT, SEVERIN MR
ONE ROPEMAKER ST
LONDON,
EC2Y955

A-STANDARD FOLIO

DATE	DESCRIPTION		REFERENCE	AMOUNT
5/02/11	INTERNATIONAL CALL 2117/00134660122136	1054	22272005	13,520
5/02/11	ROOM SERVICE 22:11	1054	5614	45,375
5/02/11	INTERNATIONAL CALL 2331/00134932211000	1054	22447001	2,710
5/02/11	INTERNATIONAL CALL 2332/00134660122136	1054	22449001	2,710
5/02/11	INTERNATIONAL CALL 2334/00134932211000	1054	22453001	2,710
5/02/11	MOBIL PHONE	1054	22516001	440
5/02/11	ROOM REVENUE	1054	78	490,000
5/02/11	SERVICE CHARGE ON RM	1054	79	49,000
5/02/11	SVC TAX	1054	80	4,900
5/02/11	LAUNDRY 09:09	1054	1806	159,060
5/03/11	ROOM SERVICE 09:09	1054	5651	63,525
5/03/11	HONOR BAR	1054	134	16,500
5/03/11	CASH PAID OUT SENDING	1054	919	100,000
5/03/11	AMERICAN EXPRESS 020515690	1054	902	961,270CR

C/O Clerk HYO Time-9:48 * BALANCE DUE *

- 10% SERVICE CHARGE AND 10% V.A.T WILL BE ADDED. ______________________
  SIGNATURE
- I AGREE THAT LIABLITY FOR THIS BILL IS NOT WAIVED AND AGREE TO BE HELD PRESONALLLY LIABLE IN THE EVENT THAT THE INDICATED PERSON. COMPANY OR ASSOCIATION FAILS TO PAY FOR ANY PART OR THE FULL AMOUNT OF THESE CHARGES. ______________________
  BILL TO:

(1) 고객원장을 개설한다.

고객이 호텔 프론트에서 숙박등록절차를 마치면 프론트 데스크 직원은 숙박등록카드의 기재 내용을 컴퓨터에 입력하여 각 고객의 원장을 만든다. 이것을 고객원장이라고 하며 여기에는 객실 매출, 봉사료, 부가가치세 및 세탁비와 같이 고객이 투숙기간 중 전 영업부문에서 발생시킨 거래금액이 기입된다. <표 14-1>은 특급 호텔 고객원장의 예로 투숙객이 이용한 객실요금, 전화 요금, 룸서비스 요금 및 서비스 요금과 부가가치세액이 기재되어 있다.

(2) 정산업무를 수행한다.

고객이 퇴숙하고자 할 때 호텔전산시스템기기를 이용하여 고객원장에 기록되어 있는 모든 청구금액을 정산하고 고객이 타 업장을 이용한 적이 있는가를 확인한 후 최종 정산을 한다.

(3) 환전업무를 수행한다.

호텔 투숙 고객이 보유하고 있는 외국환 통화 및 여행자수표를 환율에 따라 원화로 교환해 주는 업무를 수행한다.

(4) 시재금을 관리한다.

호텔은 정상적인 영업수행을 위해 영업에 필요한 일정액의 현금을 보유하고 있어야 하는데 이것을 시재금이라고 한다. 시재금은 업장별로 호텔별로 책정금액이 조금씩 다르나 만원 권부터 10원짜리 동전까지 골고루 준비한다. [그림 14-3]는 한 특급 호텔 시재금의 예이다.

그림 14-3 시재금

(5) 일일보고서를 제출한다.

프론트 데스크 매니저는 컴퓨터 시스템에 의해 자동으로 처리된 매니저 일일보고서를 총지배인, 객실 지배인, 마케팅 팀장, 재경부 팀장에게 제출한다. 매니저 일일보고서에는 하루 동안 판매된 객실수, 객실 점유율, 평균 객실가격 등이 기재된다. <표 14-2>는 특급 호텔 일일보고서의 예이다.

(6) 자금 입금 봉투(fund deposit envelope)를 보낸다.

입금된 통화와 수표를 비교하여 그 명세를 봉투에 적고 봉합하여 제너럴 캐셔(general cashier)에게 보낸다. 자금 봉투의 앞면에는 현금의 수량과 금액을 뒷면에는 수표 발행 은행명, 수표번호 및 수량과 금액을 기재한 후 담당 캐셔의 서명과 확인자의 서명을 날인하여 제출하게 된다.

표 14-2 매니저 일일보고서

OCCUPANCY STATISTICS					
	CURRENT			LAST	
	TODAY	P-T-D	FISCAL YTD	TODAY	P-T-D
TOTAL ROOMS	505	1010	61610	507	1014
VACANT/INSPECTED	66	201	11383	52	121
VACANT/CLEAN	2	3	24	1	1
VACANT/PICK UP	0	1	79	0	0
VACANT/DIRTY	1	1	91	0	0
OUT OF ORDER	29	62	9781	16	25
ROOMS RENTED	407	742	40252	438	867
% OF TOTAL ROOMS	80.6%	73.5%	65.3%	86.4%	85.5%
HOUSE USE ROOMS	12	22	721	12	25
% OF TOTAL ROOMS	2.4%	2.2%	1.2%	2.4%	2.5%
% OF ROOMS RENTED	3.0%	3.0%	1.8%	2.7%	2.9%
COMP ROOMS	0	0	152	2	9
% OF TOTAL ROOMS	0%	0%	.3%	.4%	.9%
% OF ROOMS RENTED	0%	0%	.4%	.5%	1.0%
NON-COMP/HSE USE ROOMS	395	720	39379	424	833
% OF TOTAL ROOMS	78.2%	71.3%	63.9%	83.6%	82.2%
% OF ROOMS RENTED	97.1%	97.0%	97.8%	96.8%	96.1%
GUEST IN-HOUSE	540	964	52960	608	1197
AVG. GUESTS/ROOM	1.3	1.3	1.3	1.4	1.4
COMP # OF GUESTS	0	0	226	4	13
AVG. RATE/ROOM W/COMPS	288,107	282,565	238,790	251,551	251,233
AVG. RATE/GUEST W/COMPS	216,766	217,126	181,280	183,809	184,427
AVG. SALES/ROOM W/COMPS	507,811	528,913	455,777	515,566	443,893
AVG. SALES/GUEST W/COMPS	382,067	406,422	346,008	376,726	325,857
AVG. RATE/ROOM WO/COMPS	288,107	282,565	239,711	252,738	253,947
AVG. RATE/GUEST WO/COMPS	216,766	217,126	182,070	185,079	186,541
AVG. SALES/ROOM WO/COMPS	507,811	528,913	457,536	517,998	448,689
AVG. SALES/GUEST WO/COMPS	382,067	406,422	347,516	379,328	329,593

MISC. STATISTICS					
	CURRENT			LAST	
	TODAY	P-T-D	FISCAL YTD	TODAY	P-T-D
ARRIVALS	151	303	16133	142	306
DEPARTURE	75	161	15953	139	266
NUMBER OF NO-SHOWS	4	16	446	7	10
% OF TOTAL ROOMS	.8%	1.6%	.7%	1.4%	1.0%
% OF TOTAL ARRIVALS	2.6%	5.0%	2.7%	4.7%	2.0%

RUN DATE: 5/03/2011, RUN TIME: 4:02:13, REPORT DATE: 5/04/2011

4 식음료부문회계

식음료영업은 식당, 음료 및 주류 영업장, 연회장에서 이루어지고 있으며 호텔마다 갖추고 있는 식음료 시설의 종류와 수준은 상이하다. 위와 같은 식음료 업장에서 발생되는 식음료판매와 관련된 회계처리를 다루는 영역이 식음료회계이다. 식음료업장의 회계 담당자를 식음료 캐셔라고 하며, 다음과 같은 업무를 수행한다.

(1) 계산서(bill)를 발행한다.

웨이터나 웨이트리스가 고객으로부터 주문을 받아 주문서를 작성하여 캐셔에게 전달하면 캐셔는 주문서를 근거로 식음료회계기를 이용하여 계산서(bill)를 작성한 후 인쇄하여 웨이터나 웨이트리스를 통해 고객에게 제시한다. [그림 14-4]는 특급 호텔 식음료 업장에서 발행한 계산서로 식료 또는 음료명과 서비스 요금 및 부가가치세가 명기되어 있다.

(2) 정산업무를 수행한다.

고객이 식사 후 직접 식음료 캐셔(food & beverage cashier)에게 가서 계산서를 제시하고 요금을 정산하거나 또는 테이블에서 웨이터나 웨이트리스를 통해 정산할 수도 있다.

(3) 시재금을 관리한다.

업장별로 호텔별로 책정 금액이 조금씩 다르나 시재금을 만원권부터 10원짜리 동전까지 골고루 준비한다.

(4) 일일 매출보고서를 제출한다.

업무를 종료할 때 식음료 캐셔(food & beverage cashier)는 컴퓨터 시스템에 의해 자동으로 처리된 식음료 업장별 일일 매출보고서를 경리부(재경부)로 제출한다. 이 보고서에는 총매출액, 서비스 요금, 세금 및 할인요금이 표시된다.

또한 입금된 통화와 수표를 비교하여 그 명세를 봉투에 적고 봉합하여 제너럴 캐셔(general cashier)에게 보낸다.

〈식당의 계산서〉

HANAZONO
2113 JAPAN DNR CASHR 3
17/2 8346 GST 2
MAY02'02 7:37AM
1 AWABI-TE 25000
1 WA-TEI 23000
SUBTOTAL 48000
10% SERVICE CHRG 4800
TAX 5280
TOTAL PAID 58080
4599005057771709
09639486 APPROV
KEB/ VISA 58080
---2113 CLOSED MAY02 8:03AM----
ROOM # : ________
GUEST NAME : ________
SIGNATURE : ________

〈바 업장의 계산서〉

THE BAR
306 CHO YOUNG JOO 2
27/1 3480 GST 1
MAY02'02 5:38PM
1 HEINEKEN 9500
2 HEINEKEN 19000
SUBTOTAL 28500
10% SERVICE CHRG 2850
TAX 3135
TOTAL PAID 34485
4028580000530007
00048522 APPROV
C.C./ VISA 34485
---2082 CLOSED MAY02 6:22PM----
ROOM # : ________
GUEST NAME : ________
SIGNATURE : ________

그림 14-4 식음료 업장의 계산서

5 기타부문회계

호텔 내의 기타 영업부문과 관련된 회계처리를 살펴보면 다음과 같다.

1) 미니 바(mini bar)회계

호텔에 따라서 아너 바(honor bar)로 불리기도 하는데, 룸 메이드(room maid)는 매일 오전 체크아웃(check-out)시간 직전에 각 객실별 미니바(mini bar) 이용

상황을 체크하여 프론트 직원에게 통보하거나 호텔에 따라서 직접 객실에서 룸 메이드(room maid)가 전기를 하기도 한다. 프론트 데스크 직원에게 통보를 하는 경우 프론트 데스크 직원은 고객이 사용한 미니 바(mini bar) 품목을 고객계정(guest ledger 또는 guest account)에 전기하여 고객이 퇴숙할 때 정산하도록 한다.

2) 전화수입회계

전화수입은 시내전화, 시외전화, 국제전화로 구분되며, 시내전화 요금은 호텔의 자동도수기 장치에 객실별로 요금이 기록된다. 시외전화와 국제전화는 call accounting system interface를 통해 자동적으로 고객계정(guest ledger)에 전기되기도 하고, 경우에 따라서는 교환원이 고객의 요청에 따라 전화를 연결시키고 시간당 통화요금을 계산하여 계산서(bill)를 프론트 데스크 직원에게 제출하여 퇴숙시 객실요금과 함께 정산하도록 한다.

3) 팩스와 텔렉스(Fax & Telex) 수입회계

고객이 호텔의 팩스(fax)와 텔렉스(telex) 기계를 사용하면 담당자는 계산서(bill)를 작성하여 프론트 데스크 직원에게 보내 고객계정(guest ledger)에 전기하도록 한다.

4) 세탁수입회계

세탁수입은 일반 세탁(laundry), 드라이클리닝(dry cleaning), 다림질(pressing)에서 발생하며 대상 고객은 투숙객 및 외래객으로 구분할 수 있다.

(1) 투숙객의 세탁물

세탁봉투(laundry bag)에 신청서와 함께 세탁물을 넣어 세탁소로 보낸다. 세탁소에서는 세탁물을 수거한 후 계산서(bill)를 작성하여 프론트 데스크 직원에게 보내 고객계정(guest ledger)에 전기시키도록 한다.

(2) 외래객의 세탁물

외래객이 세탁물을 호텔 세탁소에 접수하면 세탁물 접수원은 보관증을 작성하여 고객에게 제시한다. 세탁 완료 후 접수원은 고객으로부터 세탁보관증을 회수하고 캐셔(cashier)가 작성한 계산서(bill)를 제시하여 요금을 수납받는다.

5) 주차장 수입회계

고객이 주차장 입구에 도착하면 주차정리원은 타임펀치(time punch)를 해서 주차권을 전달한다. 운전자는 주차 후 출구를 통해 나가고자 할 때 타임펀치된 주차권을 캐셔(cashier)에게 제출하면 캐셔는 주차시간을 계산하여 주차권에 액수를 적는다. 운전자는 주차요금을 지불하고 캐셔는 영수증을 교부한다. 마감시 캐셔는 주차권을 근거로 하여 일보를 작성하고 이를 재경부에 제출한다.

연습문제

1 다음은 어느 호텔의 외화거래 내역이다. 분개하시오.

(1) 1월 1일: 미국여행사가 주선한 고객에게 객실 및 식음료용역을 U$ 3,000어치 판매하고 대금은 2개월 후(3월 1일)에 받기로 하다. 이 때 환율은 1U$은 ₩1,200이다.

(2) 2월 1일: 단기운영자금으로 미국계 은행으로부터 U$ 5,000을 6개월 기한(상환일 8월 31일)으로 차입하여 은행 예입하다. 이때의 환율은 1U$은 ₩1,300이다.

(3) 3월 1일: (1)의 대금을 수령하다. 환율은 1U$은 ₩1,150이다.

(4) 7월 1일: 미국에서 양수를 U$ 2,000어치 수입하고 그 대금은 3개월 후(9월 30일)에 갚기로 하였다. 이 때의 환율은 1U$은 ₩1,350이다.

(5) 8월 31일: (2)의 차입금을 이자 U$200과 함께 상환하다. 환율은 1U$은 ₩1,320이다.

(6) 9월 1일: 장기운영자금으로 미국계 은행으로부터 U$ 10,000을 3년 기한으로 차입하여 은행 예입하다. 이때의 환율은 1U$은 ₩1,250이다.

(7) 9월 30일: (4)의 외상대금을 지급하다. 이때의 환율은 1U$은 ₩1,320이다.

(8) 12월 31일: 결산시 (6)에 대한 수정분개를 하다. 환율은 1U$은 ₩1,280이다.

2 2011년 1월 1일 (주)서울콘도는 (주)현주컴퓨터와 프랜차이즈계약을 체결하고 고객을 위한 PC실을 개설하였다. 계약기간은 3년이며 창업수수료로 ₩900,000, PC실 매출액의 2%를 운영수수료로 받기로 하였다. 2011년 12월말 (주)서울콘도의 PC실 매출액은 ₩10,000,000이었다. 모두 현금 거래가 있었다고 가정한다. 프랜차이즈는 정액법으로 상각한다.

물음

1. 2011년 1월 1일과 12월 31일 (주)서울콘도(프랜차이지)와 (주)현주컴퓨터(프랜차이저) 입장에서 분개하시오.
2. 창업수수료는 광고 및 판매촉진활동 등을 연차적으로 하는 조건인 경우, (주)현주컴퓨터 입장에서의 분개를 하시오.

3 (주)벽제갈비는 2010년 5월 1일 제주에 위치한 가맹점과 계약금 ₩950,000(반환하지 않는 조건임)을 받고 매년 매출액의 1%를 받는 조건으로 개업일인 7월 1일부터 5년간 프랜차이즈계약을 체결하였다. 가맹점은 계약시 변호사비용으로 ₩50,000을 지급하였다. 가맹점은 2010년 6월 15일 영업용 점포를 전세로 얻고, 보증금 ₩2,000,000을 지급하였으며, 7월 1일 영업을 시작하였다. 가맹점의 매출액은 2010년 ₩3,000,000, 2011년 ₩8,000,000이다. 프랜차이즈는 정액법으로 상각한다.

물음

1. (주)벽제갈비 입장에서 2010년 5월 1일과 12월 31일, 2011년 12월 31일의 분개를 하시오.
2. 가맹점 입장에서 2010년 5월 1일, 6월 15일, 12월 31일 그리고 2011년 12월 31일의 분개를 하시오.

4 2011년 7월 1일 사오정 씨는 (주)롯데리아와 4년간 프랜차이즈계약을 맺고 햄버거 가게를 운영하기로 하고 가입비는 ₩1,200,000, 계약이행보증금은 ₩80,000으로 하였다. 가입비는 반환되지 않으며, 보증금은 계약종료시점에 반환된다. 가입비 가운데 절반은 계약시점에 지급하고, 나머지는 매년 6월 30일 ₩200,000씩 3회에 걸쳐 지급하기로 하였다. 또한 매출액의 2%를 로열티로 매 연말에 지급하기로 하였다. (주)롯데리아는 가입비를 받는 대가로 광고 및 판매촉진, 실내장식, 교육훈련 등 김삿갓씨의 영업개시에 필요한 용역을 제공하기로 하였으며. 2011년 9월 30일 모든 용역을 제공하였다. 2011년 12월 31일 사오정씨는 매출액을 ₩15,000,000으로 보고하였다. 또한 2012년 6월 30일 가입비 ₩200,000이 결제되었다. 현재가치계산은 하지 않으며, 프랜차이즈는 정액법으로 상각한다.

물음

1. (주)롯데리아 입장에서 2011년 7월 1일, 9월 30일, 12월 31일, 2012년 6월 30일의 뷴개를 하시오.
2. 사오정 씨 입장에서 2011년 7월 1일, 2011년 12월 31일, 2012년 6월 30일의 분개를 하시오.
3. (주)롯데리아는 이 가맹점의 성패를 예측할 수 없는 것으로 판단하고 있다. 따라서 프랜차이즈가입비 가운데 나머지 할부금의 회수가능성이 매우 불확실하다. (주)롯데리아의 2011년 7월 1일, 12월 31일, 2012년 6월 30일의 분개는?

CHAPTER |

부 록

Ⅰ. 기업회계기준상 재무제표 양식

Ⅱ. 화폐의 시간가치 계산표

I 기업회계기준상 재무제표 양식

다음은 기업회계기준서의 내용에 따라 작성된 재무제표 및 주석으로 기재하는 포괄손익계산서 양식의 예시이다.

1. 대차대조표 양식

대차대조표

제×기 20××년×월×일 현재
제×기 20××년×월×일 현재

회사명 (단위: 원)

과 목	당 기		전 기	
자 산				
유동사산		×××		×××
당좌자산		×××		×××
현금및현금성자산	×××		×××	
단기투자자산	×××		×××	
매출채권	×××		×××	
선급비용	×××		×××	
이연법인세자산	×××		×××	
……	×××		×××	
재고자산		×××		×××
제품	×××		×××	
재공품	×××		×××	
원재료	×××		×××	
……	×××		×××	
비유동자산		×××		×××
투자자산		×××		×××
투자부동산	×××		×××	
장기투자증권	×××		×××	
지분법적용투자주식	×××		×××	
……	×××		×××	
유형자산		×××		×××
토지	×××		×××	
설비자산	×××		×××	
(−) 감가상각누계액	(×××)		(×××)	
건설중인자산	×××		×××	
……				
무형자산		×××		×××
영업권	×××		×××	
산업재산권	×××		×××	
개발비	×××		×××	
……	×××		×××	
기타비유동자산		×××		×××
이연법인세자산	×××		×××	
……	×××		×××	
	×××		×××	
자 산 총 계		×××		×××

과 목	당 기		전 기	
부 채				
유동부채		×××		×××
단기차입금	×××		×××	
매입채무	×××		×××	
미지급법인세	×××		×××	
미지급비용	×××		×××	
이연법인세부채	×××		×××	
……	×××		×××	
비유동부채		×××		×××
사채	×××		×××	
신주인수권부사채	×××		×××	
전환사채	×××		×××	
장기차입금	×××		×××	
퇴직급여충당부채	×××		×××	
이연법인세부채	×××		×××	
……	×××		×××	
부 채 총 계		×××		×××
자 본				
자본금		×××		×××
보통주자본금	×××		×××	
우선주자본금	×××		×××	
자본잉여금		×××		×××
주식발행초과금	×××		×××	
……	×××		×××	
자본조정		×××		×××
자기주식	×××		×××	
……	×××		×××	
기타포괄손익누계액		×××		×××
매도가능증권평가손익	×××		×××	
해외사업환산손익	×××		×××	
현금흐름위험회피파생상품평가손익	×××		×××	
……	×××		×××	
이익잉여금(또는 결손금)		×××		×××
법정적립금	×××		×××	
임의적립금	×××		×××	
미처분이익잉여금(또는 미처리결손금)	×××		×××	
자 산 총 계		×××		×××
부채 및 자본 총계		×××		×××

2. 손익계산서 양식(중단사업손익이 있을 경우)

손 익 계 산 서

제×기 20××년×월×일부터 20××년×월×일까지
제×기 20××년×월×일부터 20××년×월×일까지

회사명 (단위: 원)

과 목	당 기		전 기	
매출액		×××		×××
매출원가		×××		×××
기초제품(또는 상품)재고액	×××		×××	
당기제품제조원가 (또는 당기상품매입액)	×××		×××	
기말제품(또는 상품)재고액	(×××)		(×××)	
매출총이익(또는 매출총손실)		×××		×××
판매비와관리비		×××		×××
급여	×××		×××	
퇴직급여	×××		×××	
복리후생비	×××		×××	
임차료	×××		×××	
접대비	×××		×××	
감가상각비	×××		×××	
무형자산상각비	×××		×××	
세금과공과	×××		×××	
광고선전비	×××		×××	
연구비	×××		×××	
경상개발비	×××		×××	
대손상각비	×××		×××	
……	×××		×××	
영업이익(또는 영업손실)		×××		×××
영업외수익		×××		×××
이자수익	×××		×××	
배당금수익	×××		×××	
임대료	×××		×××	
단기투자자산처분이익	×××		×××	
단기투자자산평가이익	×××		×××	
외환차익	×××		×××	
외화환산이익	×××		×××	
지분법이익	×××		×××	
장기투자증권손상차손환입	×××		×××	
유형자산처분이익	×××		×××	
사채상환이익	×××		×××	
전기오류수정이익	×××		×××	
……	×××		×××	

과 목	당 기		전 기	
영업외비용		×××		×××
이자비용	×××		×××	
기타의대손상각비	×××		×××	
단기투자자산처분손실	×××		×××	
단기투자자산평가손실	×××		×××	
재고자산감모손실	×××		×××	
외환차손	×××		×××	
외화환산손실	×××		×××	
기부금	×××		×××	
지분법손실	×××		×××	
장기투자증권손상차손	×××		×××	
유형자산처분손실	×××		×××	
사채상환손실	×××		×××	
전기오류수정손실	×××		×××	
……	×××		×××	
법인세비용차감전계속사업손익		×××		×××
계속사업손익법인세비용		×××		×××
계속사업이익(또는 계속사업손실)		×××		×××
중단사업손익 (법인세효과: ×××원)		×××		×××
당기순이익(또는 당기순손실)		×××		×××
주당손익				
기본주당계속사업손익		×××원		×××원
기본주당순손익		×××원		×××원
희석주당계속사업손익		×××원		×××원
희석주당순손익		×××원		×××원

3. 손익계산서 양식(중단사업손익이 없을 경우)

손 익 계 산 서

제×기 20××년×월×일부터 20××년×월×일까지
제×기 20××년×월×일부터 20××년×월×일까지

회사명 (단위: 원)

과 목	당 기		전 기	
매출액		×××		×××
매출원가		×××		×××
기초제품(또는 상품)재고액	×××		×××	
당기제품제조원가 (또는 당기상품매입액)	×××		×××	
기말제품(또는 상품)재고액	(×××)		(×××)	
매출총이익(또는 매출총손실)		×××		×××
판매비와관리비		×××		×××
급여	×××		×××	
퇴직급여	×××		×××	
복리후생비	×××		×××	
임차료	×××		×××	
접대비	×××		×××	
감가상각비	×××		×××	
무형자산상각비	×××		×××	
세금과공과	×××		×××	
광고선전비	×××		×××	
연구비	×××		×××	
경상개발비	×××		×××	
대손상각비	×××		×××	
……	×××		×××	
영업이익(또는 영업손실)		×××		×××
영업외수익		×××		×××
이자수익	×××		×××	
배당금수익	×××		×××	
임대료	×××		×××	
단기투자자산처분이익	×××		×××	
단기투자자산평가이익	×××		×××	
외환차익	×××		×××	
외화환산이익	×××		×××	
지분법이익	×××		×××	
장기투자증권손상차손환입	×××		×××	
유형자산처분이익	×××		×××	
사채상환이익	×××		×××	
전기오류수정이익	×××		×××	
……	×××		×××	

과 목	당 기		전 기	
영업외비용		×××		×××
이자비용	×××		×××	
기타의대손상각비	×××		×××	
단기투자자산처분손실	×××		×××	
단기투자자산평가손실	×××		×××	
재고자산감모손실	×××		×××	
외환차손	×××		×××	
외화환산손실	×××		×××	
기부금	×××		×××	
지분법손실	×××		×××	
장기투자증권손상차손	×××		×××	
유형자산처분손실	×××		×××	
사채상환손실	×××		×××	
전기오류수정손실	×××		×××	
……	×××		×××	
법인세비용차감전순손익		×××		×××
법인세비용		×××		×××
당기순이익(또는 당기순손실)		×××		×××
주당손익				
기본주당순손익		×××원		×××원
희석주당순손익		×××원		×××원

4. 이익잉여금처분계산서 양식

이익잉여금처분계산서

제 × 기	20××년×월×일부터 20××년×월×일까지	제 × 기	20××년×월×일부터 20××년×월×일까지
처분예정일	20××년×월×일	처분확정일	20××년×월×일

회사명　　　　　　　　　　　　　　　　　　　　　(단위: 원)

과 목	당 기		전 기	
미처분이익잉여금		×××		×××
전기이월미처분이익잉여금	×××		×××	
(또는 전기이월미처리결손금)				
회계정책변경누적효과	–		×××	
전기오류수정	–		×××	
중간배당액	×××		×××	
당기순이익(또는 당기순손실)	×××		×××	
임의적립등의이입액		×××		×××
×××적립금	×××		×××	
×××적립금	×××		×××	
합 계		×××		×××
이익잉여금처분액		×××		×××
이익준비금	×××		×××	
기타법정적립금	×××		×××	
주식할인발행차금상각액	×××		×××	
배당금	×××		×××	
현금배당				
주당배당금(률) 보통주 : 당기 ××원(%)				
전기 ××원(%)				
우선주 : 당기 ××원(%)				
전기 ××원(%)				
주식배당				
주당배당금(률) 보통주 : 당기 ××원(%)				
전기 ××원(%)				
우선주 : 당기 ××원(%)				
전기 ××원(%)				
사업확장적립금	×××		×××	
감채적립금	×××		×××	
……	×××		×××	
차기이월미처분이익잉여금		×××		×××

5. 결손금처리계산서 양식

결손금처리계산서

제 × 기	20××년×월×일부터 20××년×월×일까지	제 × 기	20××년×월×일부터 20××년×월×일까지
처분예정일	20××년×월×일	처분확정일	20××년×월×일

회사명 (단위: 원)

과 목	당 기		전 기	
미처리결손금		×××		×××
전기이월미처분이익잉여금 (또는 전기이월미처리결손금)	×××		×××	
회계정책변경누적효과	–		×××	
전기오류수정	–		×××	
중간배당액	×××		×××	
당기순이익(또는 당기순손실)	×××		×××	
결손금처리액		×××		×××
임의적립금이입액	×××		×××	
법정적립금이입액	×××		×××	
자본잉여금이입액	×××		×××	
차기이월미처리결손금		×××		×××

6. 현금흐름표 양식

현금흐름표(직접법)

제×기 20××년×월×일부터 20××년×월×일까지
제×기 20××년×월×일부터 20××년×월×일까지

회사명　　　　　　　　　　　　　　　　　　　　　　　　　　　　(단위: 원)

과목	제×(당)기		제×(전)기	
	금액		금액	
Ⅰ. 영업활동으로 인한 현금흐름		×××		×××
가. 매출등수익활동으로부터의 유입액				
나. 매입 및 종업원에 대한 유출액				
다. 이자수익유입액				
라. 배당금수익유입액				
마. 이자비용유출액				
바. 미지급법인세의 지급				
사. ········				
Ⅱ. 투자활동으로 인한 현금흐름		×××		×××
1. 투자활동으로 인한 현금유입액				
가. 단기금융상품의 처분				
나. 유가증권의 처분				
다. 토지의 처분				
라. ········				
2. 투자활동으로 인한 현금유출액				
가. 현금의 단기대여				
나. 단기금융상품의 취득				
다. 유가증권의 취득				
라. 토지의 취득				
마. 개발비의 지급				
바. ········				
Ⅲ. 재무활동으로 인한 현금흐름		×××		×××
1. 재무활동으로 인한 현금유입액				
가. 단기차입금의 차입				
나. 사채의 발행				
다. 보통주의 발행				
라. ········				
2. 재무활동으로 인한 현금유출액				
가. 단기차입금의 상환				
나. 사채의 상환				
다. 유상감자				
라. ········				
Ⅳ. 현금의 증가(감소)(Ⅰ+Ⅱ+Ⅲ)		×××		×××
Ⅴ. 기초의 현금		×××		×××
Ⅵ. 기말의 현금		×××		×××

현금흐름표(간접법)

제×기 20××년×월×일부터 20××년×월×일까지
제×기 20××년×월×일부터 20××년×월×일까지

회사명________ (단위: 원)

과목	제×(당)기		제×(전)기	
	금액		금액	
Ⅰ. 영업활동으로 인한 현금흐름		×××		×××
1. 당기순이익(손실)				
2. 현금의 유출이 없는 비용등의 가산				
가. 감가상각비				
나. 퇴직급여				
다. …………				
3. 현금의 유입이 없는 수익등의 차감				
가. 사채상환이익				
나. ――――				
4. 영업활동으로 인한 자산·부채의 변동				
가. 재고자산의 감소(증가)				
나. 매출채권의 감소(증가)				
다. 이연법인세차의 감소(증가)				
라. 매입채무의 증가(감소)				
마. 미지급법인세의 증가(감소)				
바. 이연법인세대의 증가(감소)				
사. …………				
Ⅱ. 투자활동으로 인한 현금흐름		×××		×××
1. 투자활동으로 인한 현금유입액				
가. 단기금융상품의 처분				
나. 유가증권의 처분				
다. 토지의 처분				
라. …………				
2. 투자활동으로 인한 현금유출액				
가. 현금의 단기대여				
나. 단기금융상품의 취득				
다. 유가증권의 취득				
라. 토지의 취득				
마. 개발비의 지급				
바. …………				
Ⅲ. 재무활동으로 인한 현금흐름		×××		×××
1. 재무활동으로 인한 현금유입액				
가. 단기차입금의 차입				
나. 사채의 발행				
다. 보통주의 발행				
라. …………				
2. 재무활동으로 인한 현금유출액				
가. 단기차입금의 상환				
나. 사채의 발행				
다. 유상감자				
라. …………				
Ⅳ. 현금의 증가(감소)(Ⅰ+Ⅱ+Ⅲ)		×××		×××
Ⅴ. 기초의 현금		×××		×××
Ⅵ. 기말의 현금		×××		×××

7. 자본변동표 양식

자 본 변 동 표

제×기 20×3년 1월 1일부터 20×3년 12월 31일까지
제×기 20×2년 1월 1일부터 20×2년 12월 31일까지

회사명 (단위: 원)

구 분	자본금	자본 잉여금	자본조정	기타포괄 손익누계액	이익 잉여금	총 계
20×2. 1. 1(보고금액)	1,000,000	-	-	50,000	250,000	1,300,000
회계정책변경누적효과					24,000	24,000
전기오류수정					300,000	300,000
수정후 이익잉여금					574,000	1,624,000
연차배당					(10,000)	(10,000)
처분후 이익잉여금					564,000	1,614,000
중간배당					(10,000)	(10,000)
유상 증자	500,000	250,000				750,000
당기순이익					294,400[1)]	294,400
자기주식 취득			(12,000)			(12,000)
매도가능증권평가손익				(15,000)		(15,000)
해외사업환산손익				(30,000)		(30,000)
20×2. 12. 31	1,500,000	250,000	(12,000)	5,000	848,400	2,591,400
20×3. 1. 1(보고금액)	1,500,000	250,000	(12,000)	5,000	630,000	2,373,000
회계정책변경누적효과					18,400	18,400
전기오류수정					200,000	200,000
수정후 이익잉여금					848,400	2,591,400
연차배당					(50,000)	(50,000)
처분후 이익잉여금					798,400	2,541,400
중간배당					(30,000)	(30,000)
유상 증자	500,000	350,000				850,000
당기순이익					388,640[2)]	388,640
자기주식 취득			(18,000)			(18,000)
매도가능증권평가손익				15,000		15,000
해외사업환산손익				(10,000)		(10,000)
20×3. 12. 31	2,000,000	600,000	(30,000)	10,000	1,157,400	3,737,040

1) 400,000(20×2년 보고 당기순이익) − 5,600(회계정책변경효과) − 100,000(전기오류수정효과) = 294,400

2) 500,000(회계정책변경과 전기오류수정 반영하기 전 20×3년 당기순이익) − 11,360(회계정책변경효과) − 100,000(전기오류수정효과) = 388,640

Ⅱ 화폐의 시간가치 계산표

1. 목돈의 현재가치

$$P=\frac{1}{(1+r)^n}$$

기간수 (n)	기간이자율(r) 1%	2%	3%	4%	5%	6%	7%	8%	9%	10%
1	.9901	.9804	.9709	.9615	.9524	.9434	.9346	.9259	.9174	.9091
2	.9803	.9612	.9426	.9246	.9070	.8900	.8734	.8573	.8417	.8264
3	.9706	.9423	.9151	.8890	.8638	.8396	.8163	.7938	.7722	.7513
4	.9610	.9238	.8885	.8548	.8227	.7921	.7629	.7350	.7084	.6830
5	.9515	.9057	.8626	.8219	.7835	.7473	.7130	.6806	.6499	.6209
6	.9420	.8880	.8375	.7903	.7462	.7050	.6663	.6302	.5963	.5645
7	.9327	.8706	.8131	.7599	.7107	.6651	.6227	.5835	.5470	.5132
8	.9235	.8535	.7894	.7307	.6768	.6274	.5820	.5403	.5019	.4665
9	.9143	.8368	.7664	.7026	.6446	.5919	.5439	.5002	.4604	.4241
10	.9053	.8203	.7441	.6756	.6139	.5584	.5083	.4632	.4224	.3855
11	.8963	.8043	.7224	.6496	.5847	.5268	.4751	.4289	.3875	.3505
12	.8874	.7885	.7014	.6246	.5568	.4970	.4440	.3971	.3555	.3186
13	.8787	.7730	.6810	.6006	.5303	.4688	.4150	.3677	.3262	.2897
14	.8700	.7579	.6611	.5775	.5051	.4423	.3878	.3405	.2992	.2633
15	.8613	.7430	.6419	.5553	.4810	.4173	.3624	.3152	.2745	.2394
16	.8528	.7284	.6232	.5339	.4581	.3936	.3387	.2919	.2519	.2176
17	.8444	.7142	.6052	.5134	.4363	.3714	.3166	.2703	.2311	.1978
18	.8360	.7002	.5874	.4936	.4155	.3503	.2959	.2502	.2120	.1799
19	.8277	.6864	.5703	.4746	.3957	.3305	.2765	.2317	.1945	.1635
20	.8195	.6730	.5537	.4564	.3769	.3118	.2584	.2145	.1784	.1486
21	.8144	.6598	.5375	.4388	.3589	.2942	.2415	.1987	.1637	.1351
22	.8034	.6468	.5219	.4220	.3418	.2775	.2257	.1839	.1502	.1228
23	.7954	.6324	.5067	.4057	.3256	.2618	.2109	.1703	.1378	.1117
24	.7876	.6217	.4919	.3901	.3101	.2470	.1971	.1577	.1264	.1015
25	.7798	.6095	.4776	.3751	.2953	.2330	.1842	.1460	.1160	.0923
26	.7720	.5976	.4637	.3604	.2812	.2198	.1722	.1352	.1064	.0839
27	.7644	.5859	.4502	.3468	.2678	.2074	.1609	.1252	.0976	.0763
28	.7568	.5744	.4371	.3335	.2551	.1656	.1504	.1159	.0895	.0693
29	.7493	.5631	.4243	.3207	.2429	.1846	.1406	.1073	.0822	.0630
30	.7419	.5521	.4120	.3083	.2314	.1741	.1314	.0994	.0754	.0573
35	.7059	.5000	.3554	.2534	.1813	.1301	.0937	.0676	.0490	.0356
40	.6717	.4529	.3066	.2083	.1420	.0972	.0668	.0460	.0318	.0221
45	.6391	.4102	.2644	.1712	.1113	.0727	.0476	.0313	.0207	.0137
50	.6080	.3715	.2281	.1407	.0872	.0543	.0339	.0213	.0134	.0085

기간수 (n)	기간이자율(r) 11%	12%	13%	14%	15%	16%	17%	18%	19%	20%
1	.9009	.8929	.8850	.8772	.8696	.8621	.8547	.8475	.8403	.8333
2	.8116	.7972	.7831	.7695	.7561	.7432	.7305	.7182	.7062	.6944
3	.7312	.7118	.6931	.6750	.6575	.6407	.6244	.6086	.5934	.5787
4	.6587	.6355	.6133	.5921	.5718	.5523	.5337	.5158	.4987	.4323
5	.5935	.5674	.5428	.5194	.4972	.4761	.4561	.4371	.4190	.4019
6	.5346	.5066	.4803	.4556	.4323	.4104	.3898	.3704	.3521	.3349
7	.4817	.4523	.4251	.3996	.3759	.3538	.3332	.3139	.2959	.2791
8	.4339	.4039	.3762	.3506	.3269	.3050	.2848	.2660	.2487	.2326
9	.3909	.3606	.3329	.3075	.2843	.2630	.2434	.2255	.2090	.1938
10	.3522	.3220	.2946	.2697	.2472	.2267	.2080	.1911	.1756	.1615
11	.3173	.2875	.2607	.2366	.2149	.1954	.1773	.1619	.1476	.1346
12	.2858	.2567	.2307	.2076	.1869	.1685	.1520	.1372	.1240	.1122
13	.2575	.2292	.2042	.1821	.1625	.1452	.1299	.1163	.1042	.0935
14	.2320	.2046	.1807	.1597	.1413	.1252	.1110	.0985	.0876	.0779
15	.2090	.1827	.1599	.1401	.1229	.1079	.0949	.0835	.0736	.0649
16	.1883	.1631	.1415	.1229	.1069	.0930	.0811	.0708	.0618	.0541
17	.1696	.1456	.1252	.1073	.0929	.0802	.0693	.0600	.0520	.0451
18	.1523	.1300	.1103	.0946	.0803	.0691	.0592	.0508	.0437	.0376
19	.1377	.1161	.0981	.0829	.0703	.0596	.0506	.0431	.0367	.0313
20	.1240	.1037	.0863	.0723	.0611	.0514	.0433	.0365	.0303	.0261
21	.1117	.0926	.0768	.0633	.0531	.0443	.0370	.0309	.0259	.0217
22	.1007	.0326	.0680	.0560	.0462	.0382	.0316	.0262	.0218	.0181
23	.0907	.0738	.0601	.0491	.0402	.0329	.0270	.0222	.0183	.0151
24	.0817	.0659	.0532	.0431	.0349	.0284	.0231	.0188	.0154	.0126
25	.0736	.0588	.0471	.0378	.0304	.0245	.0197	.0160	.0129	.0105
26	.0663	.0525	.0417	.0331	.0264	.0211	.0169	.0135	.0109	.0087
27	.0597	.0469	.0339	.0291	.0230	.0182	.0144	.0115	.0091	.0073
28	.0538	.0419	.0325	.0255	.0200	.0157	.0123	.0097	.0077	.0061
29	.0485	.0374	.0289	.0224	.0174	.0135	.0105	.0082	.0064	.0051
30	.0437	.0334	.0256	.0196	.0151	.0116	.0090	.0070	.0054	.0042
35	.0259	.0189	.0139	.0102	.0075	.0055	.0041	.0030	.0023	.0017
40	.0154	.0107	.0075	.0053	.0037	.0026	.0019	.0013	.0010	.0007
45	.0091	.0061	.0041	.0027	.0019	.0013	.0009	.0006	.0004	.0003
50	.0054	.0035	.0022	.0014	.0009	.0006	.0004	.0003	.0002	.0001

2. 연금의 현재가치

$$PA_n = \sum_{t=1}^{n} \frac{1}{(1+r)^t}$$

기간수 (n)	1%	2%	3%	4%	5%	6%	7%	8%	9%	10%
										기간이자율(r)
1	0.9901	0.9804	0.9616	0.9615	0.9524	0.9434	0.9346	0.9259	0.9174	0.9091
2	1.9704	1.9416	1.9165	1.8861	1.8594	1.8334	1.8080	1.7833	1.7591	1.7355
3	2.9410	2.8839	2.8286	2.7751	2.7232	2.6730	2.6243	2.5771	2.5313	2.4868
4	3.9020	3.8077	3.7171	3.6299	3.5460	3.4651	3.3872	3.3121	3.2397	3.1699
5	4.8534	4.7135	4.5797	4.4518	4.3295	4.2124	4.1002	3.9927	3.8897	3.7908
6	5.7955	5.0614	5.4172	5.2451	5.0757	4.9173	4.7665	4.6229	4.4859	4.3553
7	6.7282	6.4720	6.2303	6.0021	5.7864	5.5824	5.3893	5.2064	5.0330	4.8684
8	7.6517	7.3255	7.0197	6.7327	6.4632	6.2098	5.9713	5.7466	5.5348	5.3349
9	8.5660	8.1622	7.7861	7.4353	7.1078	6.8017	6.5152	6.2469	5.9952	5.7590
10	9.4713	8.9826	8.5302	8.1109	7.7217	7.3601	7.0236	6.7101	6.4177	6.1446
11	10.368	9.7868	9.2526	8.7605	8.3064	7.8869	7.4987	7.1390	6.8052	6.4951
12	11.255	10.575	9.9540	9.3851	8.8633	8.3838	7.9427	7.5361	7.1607	6.8137
13	12.134	11.348	10.635	9.9856	9.3936	8.8527	8.3577	7.9038	7.4869	7.1034
14	13.004	12.106	11.296	10.563	9.8986	9.2950	8.7455	8.2442	7.7862	7.3667
15	13.865	12.849	11.938	11.118	10.380	9.7122	9.1079	8.5595	8.0607	7.6061
16	14.718	13.578	12.561	11.652	10.838	10.106	9.4466	8.8514	8.3136	7.8237
17	15.562	14.292	13.166	12.166	11.274	10.477	9.7632	9.1216	8.5436	8.0216
18	16.398	14.992	13.756	12.659	11.690	10.828	10.059	9.3719	8.7556	8.2014
19	17.226	15.679	14.324	13.134	12.085	11.158	10.336	9.6036	8.9501	8.3649
20	18.046	16.351	14.877	13.590	12.462	11.470	10.594	9.8181	9.1285	8.5136
21	18.857	17.011	15.415	14.029	12.821	11.764	10.835	10.017	9.2922	8.6487
22	19.660	17.658	15.937	14.451	13.163	12.042	11.061	10.201	9.4424	8.7715
23	20.456	18.292	16.444	14.857	13.489	12.303	11.272	10.371	9.5802	8.8832
24	21.243	18.914	16.935	15.247	13.799	12.550	11.469	10.529	9.7066	8.9847
25	22.023	19.524	17.413	15.622	14.094	12.783	11.654	10.675	9.8266	9.0770
26	22.795	20.121	17.877	15.983	14.375	13.003	11.826	10.810	9.9290	9.1609
27	23.560	20.707	18.327	16.330	14.643	13.210	11.987	10.935	10.027	9.2372
28	24.316	21.281	18.764	16.663	14.898	13.406	12.137	11.051	10.116	9.3066
29	25.066	21.844	19.188	16.984	15.141	13.591	12.278	11.158	10.198	9.3696
30	25.808	22.397	19.600	17.292	15.373	13.765	12.409	11.258	10.274	9.4269
35	29.409	24.999	21.487	18.665	16.374	14.498	12.948	11.655	10.567	9.6442
40	32.835	27.356	23.115	19.793	17.159	15.046	13.332	11.925	10.757	9.7791
45	36.095	29.490	24.519	20.720	17.774	15.456	13.605	12.108	10.881	9.8628
50	39.196	31.424	25.730	21.482	18.256	15.762	13.801	12.233	10.962	9.9148

기간수 (n)	11%	12%	13%	14%	15%	16%	17%	18%	19%	기간이자율(r) 20%
1	0.9009	0.8929	0.8850	0.8772	0.8696	0.8621	0.8547	0.8475	0.8403	0.8333
2	1.7125	1.6901	1.6681	1.6467	1.6257	1.6052	1.5852	1.5656	1.5465	1.5278
3	2.4437	2.4018	2.3612	2.3216	2.2832	2.2459	2.2096	2.1743	2.1399	2..1065
4	3.1024	3.0373	2.9745	2.9137	2.8550	2.7982	2.7432	2.6901	2.6386	2..5887
5	3.6959	3.6048	3.5172	3.4331	3.3522	3.2743	3.1993	3.1272	3.0576	2.9906
6	4.2305	4.1114	3.9975	3.8887	3.7845	3.6847	3.5892	3.4976	3.4098	3.3255
7	4.7122	4.5638	4.4226	4.2883	4.1604	4.0386	3.9224	3.8115	3.7057	3.6046
8	5.1461	4.9676	4.7988	4.6389	4.4873	4.3436	4.2072	4.0776	3.9544	3.8372
9	5.5370	5.3282	5.1317	4.9464	4.7716	4.6065	4.4506	4.3030	4.1633	4.0310
10	5.8892	5.6502	5.4262	5.2161	5.0188	4.8332	4.6586	4.4941	4.3389	4.1925
11	6.2065	5.9377	5.6869	5.4527	5.2337	5.0286	4.8364	4.6560	4.4865	4.3271
12	6.4924	6.1944	5.9176	5.6603	5.4206	5.1971	4.9884	4.7932	4.6105	4.4392
13	6.7499	6.4235	6.1218	5.8424	5.5831	5.3423	5.1183	4.9095	4.7147	4.5327
14	6.9819	6.6282	6.3025	6.0021	5.7245	5.4675	5.2293	5.0081	4.8023	4.6106
15	7.1909	6.8109	6.4624	6.1422	5.8474	5.5755	5.3242	5.0916	4.8759	4.6755
16	7.3792	6.9740	6.6039	6.2651	5.9542	5.6685	5.4053	5.1624	4.9377	4.7296
17	7.5488	7.1196	6.7291	6.3729	6.0472	5.7487	5.4746	5.2223	4.9897	4.7746
18	7.7016	7.2497	6.8399	6.4674	6.1280	5.8178	5.5339	5.2732	5.0333	4.8122
19	7.8393	7.3658	6.9380	6.5504	6.1982	5.8775	5.5845	5.3162	5.0700	4.8435
20	7.9633	7.4694	7.0248	6.6231	6.2593	5.9288	5.6278	5.3527	5.1009	4.8696
21	8.0751	7.5620	7.1015	6.6870	6.3125	5.9731	5.6648	5.3837	5.1263	4.8913
22	8.1757	7.6446	7.1695	6.7429	6.3587	6.0113	5.6964	5.4099	5.1486	4.9094
23	8.2664	7.7184	7.2297	6.7921	6.3988	6.0442	5.7234	5.4321	5.1668	4.9245
24	8.3481	7.7843	7.2829	6.8351	6.4338	6.0726	5.7465	5.4509	5.1822	4.9371
25	8.4217	7.8431	7.3300	6.8729	6.4641	6.0971	5.7662	5.4669	5.1951	4.9476
26	8.4881	7.8957	7.3717	6.9061	6.4906	6.1182	5.7831	5.4804	5.2060	4.9563
27	8.5478	7.9426	7.4086	6.9352	6.5135	6.1364	5.7975	5.4919	5.2151	4.9636
28	8.6016	7.9844	7.4412	6.9607	6.5335	6.1520	5.8099	5.5016	5.2223	4.9697
29	8.6501	8.0218	7.4701	6.9830	6.5509	6.1656	5.8204	5.5093	5.2292	4.9747
30	8.6938	8.0552	7.4957	7.0027	6.5660	6.1772	5.8294	5.5168	5.2347	4.9789
35	8.8552	8.1755	7.5856	7.0700	6.6166	6.2153	5.8582	5.5386	5.2512	4.9915
40	8.9511	8.2433	7.6344	7.1050	6.6418	6.2335	5.8713	5.5482	5.2582	4.9966
45	9.0079	8.2825	7.6609	7.1232	6.6543	6.2421	5.8773	5.5523	5.2611	4.9986
50	9.0417	8.3045	7.6572	7.1327	6.6605	6.2463	5.8801	5.5541	5.2623	4.9995

찾 아 보 기

〈한글색인〉

[ㄱ]

[ㄴ]

[ㄷ]

[ㅈ]

[ㅊ]

〈영문색인〉

[S]

[T]

[U]

[V]

[W]

[Y]

공저자 소개

유희경

경원대학교 관광경영학과 교수, 경영학박사, 공인회계사

원철식

영산대학교 호텔경영학과 교수, 경영학박사

김수정

부천대학 관광경영과 교수, 경영학박사

[제4판] 관광산업 회계학원론

2002년 9월 10일 초 판 1쇄 발행
2015년 1월 25일 제4판 2쇄 발행

지은이 유희경 · 원철식 · 김수정
펴낸이 진욱상 · 진성원
펴낸곳 백산출판사
교 정 편집부
본문디자인 오양현
표지디자인 오정[illegible]

저자와의 합의하에 인지첩부 생략

등 록 1974년 1월 9일 제1-72호
주 소 서울시 성북구 정릉로 157(백산빌딩 4층)
전 화 02-914-1621/02-917-6240
팩 스 02-912-4438
이메일 editbsp@naver.com
홈페이지 www.ibaeksan.kr

ISBN 89-7739-490-2
값 20,000원